ELOGIOS PARA *DESISTIR*

"Este livro brilhante e divertido documenta uma grande falha das ações e decisões humanas: o preconceito contra a desistência. Aprendi muito com suas histórias envolventes sobre erros e suas ótimas recomendações. Você também terá essa experiência."

— Daniel Kahneman, vencedor do Prêmio Nobel de Economia e autor do best-seller #1 do *New York Times*, *Rápido e devagar: Duas formas de pensar*

"Toda escola de negócios ensina a começar novos empreendimentos, mas poucas instruem como encerrá-los na hora certa. Este livro preenche essa lacuna com novas perspectivas brilhantes e histórias fantásticas. Desista já do que está fazendo e comece a ler este livro."

— Richard Thaler, vencedor do Prêmio Nobel de Economia e coautor do best-seller *Nudge: Como tomar melhores decisões sobre saúde, dinheiro e felicidade*

"Envolvente, relevante e cientificamente fundamentado, *Desistir* é uma joia que lhe permitirá viver com mais eficiência."

— Katy Milkman, autora do best-seller *Como mudar*

"*Desistir* é um daqueles raros livros que, ao mesmo tempo, é transformador e contribui de forma legitimamente importante. Se você nunca tinha pensado na desistência como uma vantagem competitiva, prepare-se, esta obra vai abrir os seus olhos."

— David Epstein, autor do best-seller *Por que os generalistas vencem em um mundo de especialistas*

"Não é todo dia que dizemos: 'este livro mudou a minha vida'. Este é um desses casos."

"Somente uma jogadora de pôquer poderia escrever este livro clássico sobre quando e — mais importante — como desistir de uma mão ruim nos negócios, nos investimentos, nos relacionamentos e na vida."

— Ryan Holiday, autor do best-seller #1 do
New York Times, A quietude é a chave

"A sabedoria mais importante na vida é a de reconhecer quando persistir e quando desistir. Annie Duke oferece um mar de conhecimento para ajudá-lo a descobrir se está na hora de entregar o jogo."

— Adam Grant, autor do best-seller #1 do
New York Times, Pense de novo: O poder de saber o que você não sabe
e apresentador do podcast do TED, *WorkLife*

"Um revolucionário livro de estratégia sobre riscos e tomadas de decisão escrito por uma das melhores pensadoras do ramo."

— Shane Parrish, apresentador do podcast *The Knowledge Project*

"O contrário de uma grande virtude também é uma virtude. E *Desistir* é o complemento dialético perfeito para *Garra*. Combine essas duas virtudes em seu caráter e viva de maneira mais gratificante."

— Philip Tetlock, autor do best-seller *Superprevisões*

"Desistir não é apenas uma arte; é também uma ciência — e não há ninguém mais adequado que Annie Duke para nos ensiná-la nesses dois aspectos."

— Brian Christian, coautor de *Algoritmos Para Viver:
A ciência exata das decisões humanas*

"É a primeira vez desde Kenny Rogers que uma especialista em contar histórias demonstra de forma tão evidente a importância de saber quando permanecer e quando ceder, ou apresenta uma estratégia mais clara para, em vez de apenas desistirmos, determinarmos quando é hora de largar tudo."

— David McRaney, autor de *How Minds Change*

"Você não vai desistir de ler este livro, porque a leitura é muito gratificante, e suas lições, muito importantes, úteis e memoráveis."

— Don A. Moore, autor de *Perfectly Confident*

Desistir

É LIBERTADOR SABER
QUANDO SE AFASTAR

Desistir

ANNIE DUKE

ALTA BOOKS
GRUPO EDITORIAL
Rio de Janeiro, 2024

Desistir

Copyright © 2024 Alta Books

Alta Books é uma empresa do Grupo Editorial Alta Books (STARLIN ALTA EDITORA E CONSULTORIA LTDA.)

Copyright © 2022 Annie Duke

ISBN: 978-85-508-2181-8

Translated from original Quit. Copyright © 2022 by Annie Duke. ISBN 9780593422991. This translation is published and sold by Por imprint of Penguin Random House LLC, the owner of all rights to publish and sell the same. PORTUGUESE language edition publishe Books, Copyright © 2024 by STARLIN ALTA EDITORA E CONSULTORIA LTDA.

Impresso no Brasil — 1ª Edição, 2024 — Edição revisada conforme o Acordo Ortográfico da Língua Portuguesa de 2

Dados Internacionais de Catalogação na Publicação (CIP) de acordo com ISBD

D877d   Duke, Annie

Desistir: é libertador saber quando se afastar / Annie Duke ; traduzido por João Costa. - Rio de Janeiro : Alta Books, 2024.
288 p. ; 15,7cm x 23cm.

Tradução de: Quit
Inclui bibliografia e índice.
ISBN: 978-85-508-2181-8

1. Autoajuda. 2. Desenvolvimento pessoal. 3. Tomada de decisão. 4. Desistência Estratégica. I. Costa, João. II. Título.

2023-2613   CDD 158.1
                 CDU 159.947

Elaborado por Odilio Hilario Moreira Junior - CRB-8/9949

Índice para catálogo sistemático:
1. Autoajuda 158.1
2. Autoajuda 159.947

Todos os direitos estão reservados e protegidos por Lei. Nenhuma parte deste livro, sem autorização prévia por escrito da editora, poderá ser reproduzida ou trans A violação dos Direitos Autorais é crime estabelecido na Lei nº 9.610/98 e com punição de acordo com o artigo 184 do Código Penal.

O conteúdo desta obra foi formulado exclusivamente pelo(s) autor(es).

Marcas Registradas: Todos os termos mencionados e reconhecidos como Marca Registrada e/ou Comercial são de responsabilidade de seus proprietários. A informa não estar associada a nenhum produto e/ou fornecedor apresentado no livro.

Material de apoio e erratas: Se parte integrante da obra e/ou por real necessidade, no site da editora o leitor encontrará os materiais de apoio (download), erra quaisquer outros conteúdos aplicáveis à obra. Acesse o site www.altabooks.com.br e procure pelo título do livro desejado para ter acesso ao conteúdo..

Suporte Técnico: A obra é comercializada na forma em que está, sem direito a suporte técnico ou orientação pessoal/exclusiva ao leitor.

A editora não se responsabiliza pela manutenção, atualização e idioma dos sites, programas, materiais complementares ou similares referidos pelos autores nes

---

        Produção Editorial: Grupo Editorial Alta Books   **Assistente Editorial:** Patricia Silvestre
              Diretor Editorial: Anderson Vieira   **Tradução:** João Costa
     Vendas Governamentais: Cristiane Mutüs   **Copidesque:** Bianca Albuquere
           Gerência Comercial: Claudio Lima   **Revisão:** Isabella Veras; Denise Himpel
         Gerência Marketing: Andréa Guatiello   **Diagramação:** Rodrigo Frazão; Joyce Mato

---

Rua Viúva Cláudio, 291 — Bairro Industrial do Jacaré
CEP: 20.970-031 — Rio de Janeiro (RJ)
Tels.: (21) 3278-8069 / 3278-8419
www.altabooks.com.br — altabooks@altabooks.com.br
Ouvidoria: ouvidoria@altabooks.com.br

Editora afiliada à:

Para meus filhos, meu ∞

SUMÁRIO

Prólogo	**A Balança Roubada**	xiii
	Garra versus Desistência	xv
	Envolto em Eufemismo	xviii
	O que a Ciência Diz	xx

PARTE 1
A Defesa da Desistência

Capítulo 1	**O Oposto de uma Grande Virtude Também É uma Grande Virtude**	3
	Os Homens Invisíveis no Topo do Mundo	5
	Desistir é uma Ferramenta de Tomada de Decisão	8
	O Canto da Sereia da Certeza	12
	O Super Bowl é um Cemitério Corporativo	13
	"Saber Quando Permanecer, Saber Quando Ceder": Mas, Principalmente, Ceder	15
Capítulo 2	**Desistir na Hora Certa Geralmente Parece Desistir Muito Cedo**	19
	Desista Enquanto Você Ainda Tem Escolha	24
	Pensando no Valor Esperado	27
	Decisões de Desistência São Decisões de Valor Esperado	30
	Viajantes do Tempo Vindos do Passado	33
	Jogando Cara ou Coroa	35
	Saltando sobre o Tubarão	36
	O Vínculo da Desistência	37

Capítulo 3	Devo Ficar ou Devo Ir?	41
	Ganhos de Papel e Perdas de Papel	44
	Desistir Enquanto Você Está à Frente?	48
	Pegue o Dinheiro e Corra	49
	Quão Inteligente é o Dinheiro Inteligente?	51
	Obtendo Feedback Sobre as Coisas Que Você Não Faz	54

INTERLÚDIO 1
DESISTIR QUANDO O MUNDO ESTÁ ASSISTINDO 57

PARTE 2
Nas Perdas

Capítulo 4	Escalada de Compromisso	63
	Afundado até os Joelhos no Lamaçal	68
	Esperando até Doer	70
Capítulo 5	Custos Irrecuperáveis e o Medo do Desperdício	73
	O Efeito do Custo Irrecuperável	76
	Quando "Obras Públicas" é um Oxímoro	79
	Katamari	81
	Quão Grande Fica o Katamari?	84
	Contabilidade Mental	86
	O Custo Mais Difícil de Suportar	88
	A Diferença Entre Saber e Fazer	89
	Você Não Pode Fazer um Truque Mental Jedi Para Tomar uma Decisão do Zero	90
Capítulo 6	Macacos e Pedestais	93
	Tirando o Macaco das Suas Costas	96
	O Critério de Eliminação	99
	A Visão de Funil	101
	Estados e Datas	105
	Melhor, Não Perfeito	108

INTERLÚDIO 2
O OURO OU NADA 113

PARTE 3
Identidade e Outros Impedimentos

Capítulo 7   **Você Possui o Que Comprou e o Que Pensou:**
Dotação e o Viés do Status Quo   119
Um Enófilo Entre os Economistas   123
Além Disso, Se Você o Conhece, Você o Possui   126
O Efeito de Dotação   127
Times Esportivos Profissionais e Seu Crescente
Compromisso Com As Escolhas Mais Altas do Draft   129
É Difícil de Desistir do Status Quo   132
Melhor O Diabo Que Você Conhece   135
O Preço da Persistência   136

Capítulo 8   **A Coisa Mais Difícil de Desistir É de Quem**
Você É: Identidade e Dissonância   139
A Seita da Identidade   144
Dissonância Cognitiva   148
O Espelho e a Janela   150
Arriscando   152
A Identidade Errada   154
Um Raio de Esperança   155

Capítulo 9   **Encontre Alguém que Ame Você, Mas que Não**
se Importe em Ferir Seus Sentimentos   159
Otimismo (Excessivo)   164
A Diferença Entre Ser Legal e Ser Gentil   166
Alguns Treinadores Podem Suspender a Ação   168
Dividir e Conquistar   169
A Importância de Dar e Obter Permissão   171

INTERLÚDIO 3
AS FORMIGAS MARCHAM... NA MAIORIA DAS VEZES. 175

PARTE 4
O Custo de Oportunidade

Capítulo 10   *Lições Provenientes da Desistência Forçada*   181
                 Nesse Meio Tempo   185
                 O Que as Formigas Podem Nos Ensinar Sobre Planos B   188
                 Notas do Metrô de Londres   191
                 Apenas um Dia   192
                 Diversificando Suas Oportunidades   195
                 A Grande Renúncia   198

Capítulo 11   *A Miopia das Metas*   201
                 O Problema Com a Aprovação/Reprovação   203
                 Metas Fixas em um Mundo em Transição   207
                 Toda Meta Precisa de, Pelo Menos, uma Ressalva   209
                 Distinguindo o Progresso ao Longo do Caminho   212
                 A Miopia Induzida Pelas Metas   214
                 Desista de Pensar em Desperdício   216

Agradecimentos   219
Notas   223
Bibliografia   247
Índice   261

PRÓLOGO

A Balança Roubada

Em outubro de 1974, o pugilista Muhammad Ali realizou uma das maiores viradas da história do esporte ao nocautear George Foreman no famoso "The Rumble in the Jungle". Com essa vitória, Ali recuperou sua posição no campeonato de boxe na categoria peso-pesado, título que conquistou pela primeira vez ao destronar Sonny Liston uma década antes, em 1964.

Muhammad Ali enfrentou improbabilidades e adversidades inacreditáveis no caminho para esse triunfo importante. Em 1967, ele foi destituído de seu cinturão de peso-pesado após se recusar a servir na Guerra do Vietnã, sendo privado da oportunidade de lutar por três anos e meio, durante o que deveria ter sido o auge de sua carreira. Depois dessa dispensa, ele precisou batalhar por mais quatro anos para voltar à disputa e conseguir a chance de lutar contra George Foreman pelo título. A essa altura, Ali tinha quase 33 anos de idade e havia lutado profissionalmente 46 vezes.

Foreman era o grande favorito: mais jovem, maior, mais forte, invicto e considerado indestrutível. Muhammad Ali ganhou e perdeu lutas contra Joe Frazier e Ken Norton, as quais se estenderam até os últimos rounds. Nem Frazier nem Norton chegaram a durar dois rounds contra Foreman.

Quando Ali derrotou Foreman, ele consolidou seu status como o maior de todos os tempos.

Muhammad Ali tornou-se um símbolo de coragem. Contra todas as chances, em meio a um mar de opositores, ele se recusou a desistir e triunfou. Existe algum testemunho maior do poder da persistência e perseverança quando se trata de perseguir seus sonhos?

Mas a história não termina aí.

Essa mesma ousadia levou Ali a lutar por mais sete anos. De 1975 a dezembro de 1981, ele persistiu, apesar dos sinais repetidos e inequívocos de que deveria desistir. Em 1977, depois que amigos e repórteres notaram sinais da deterioração física e mental do lutador, Teddy Brenner, arranjador de lutas do Madison Square Garden (que sediou oito combates de Ali) implorou que ele se aposentasse.

O pugilista não desistiu.

Brenner seguiu com o anúncio de que o Madison Square Garden nunca sediaria outra de suas lutas. "Não quero que um dia ele venha até mim e me pergunte: 'Qual é o seu nome?' O truque no boxe é sair na hora certa, e a décima quinta rodada da noite passada (contra Earnie Shavers) foi a hora certa para Ali."

Uma semana depois, o médico esportivo do lutador, Ferdie Pacheco, depois de receber do laboratório um relatório pós-luta sobre a condição dos rins de Ali, também tentou fazer com que ele se aposentasse. Sem obter resposta, foi Pacheco quem desistiu.

Em 1978, o pugilista perdeu o título para Leon Spinks, que lutou boxe profissionalmente apenas sete vezes. Em 1980, sob circunstâncias suspeitas, Ali obteve autorização médica em Nevada para lutar contra Larry Holmes, o atual campeão. Muhammad Ali sofreu uma surra tão brutal naquela derrota que Holmes chorou após a partida.

Sylvester Stallone, que estava na plateia naquela noite, descreveu a última rodada como "assistir a uma autópsia em um homem que ainda está vivo". No entanto, Ali ainda não desistiria. Não foi desistindo que ele nocauteou George Foreman. Não foi desistindo que ele se tornou o maior.

Em 1981, Muhammad Ali não conseguiu obter licença para lutar nos Estados Unidos, o que geralmente é uma formalidade, cujos padrões entre as comissões estaduais nivelam para baixo para conseguir qualquer luta comercializável. Se o mundo já gritou: "Hora de pendurar as luvas!", está feito. Mas Ali foi em frente e lutou nas Bahamas mesmo assim.

Ele perdeu novamente, num espetáculo constrangedor até para os padrões do boxe. A produção era tão bagunçada que não conseguiram encontrar a chave do local. Forneceram apenas dois conjuntos de luvas para toda a eliminatória, então houve atrasos adicionais para desamarrar as luvas dos lutadores para que elas pudessem ser reutilizadas. Tiveram que pegar emprestado um sino para sinalizar o início e o fim de cada round.

Evidentemente, Muhammad Ali pagou um alto preço por continuar lutando até seus quase 40 anos de idade. Ele já apresentava sinais de danos neurológicos perto do fim da carreira. Todos os socos que absorveu após derrotar Foreman inquestionavelmente contribuíram para seu diagnóstico da doença de Parkinson em 1984 e seu declínio físico e mental desde então.

A persistência nem sempre é a melhor decisão, certamente o contexto importa.

A mesma *garra* que ajudou Ali a se tornar um grande campeão — admirado e reverenciado quase sem igual — tornou-se sua ruína quando o levou a ignorar os sinais de que ele deveria desistir, óbvios para qualquer pessoa que estivesse olhando de fora.

Isso que é o engraçado sobre a garra. Embora ela possa fazer com que você se apegue a coisas difíceis que valem a pena, também pode fazê-lo se apegar a coisas difíceis que não valem mais a pena.

O truque está em descobrir a diferença.

Garra versus Desistência

Nós vemos a garra e a desistência como forças opostas. Afinal, ou você persevera ou abandona o que está fazendo. Não é possível fazer as duas coisas ao mesmo tempo e, na batalha entre as duas, desistir é claramente uma derrota.

Enquanto a garra é uma virtude, desistir é um vício.

O conselho de pessoas reconhecidamente bem-sucedidas geralmente se resume à mesma mensagem: atenha-se às coisas e você terá êxito. Como disse Thomas Edison: "Nossa maior fraqueza está em desistir. A maneira mais certa de obter sucesso é sempre tentar apenas mais uma vez." A lenda do futebol Abby Wambach ecoou esse sentimento mais de um século depois, quando disse: "Você não deve ter só a competitividade, mas também a capacidade de, independentemente da circunstância que estiver enfrentando, nunca desistir."

Conselhos inspiradores semelhantes são atribuídos a outros grandes campeões e treinadores esportivos, como Babe Ruth, Vince Lombardi, Bear Bryant, Jack Nicklaus, Mike Ditka, Walter Payton, Joe Montana e Billie Jean King. Também é possível encontrar citações quase idênticas de outros grandes homens de negócios ao longo dos tempos, de Conrad Hilton a Ted Turner e Richard Branson.

Todas essas pessoas famosas — e inúmeras outras — uniram-se nas variações da expressão: "Os desistentes nunca vencem, e os vencedores nunca desistem."

É raro encontrar qualquer citação popular a favor da desistência, exceto uma atribuída a W. C. Fields: "Se na primeira você não conseguir, tente de novo e de novo. Então, desista. Não adianta ser um idiota por causa disso."

Fields dificilmente era um modelo, tendo criado uma persona pública de personagens que adoravam beber, odiavam crianças e cachorros e viviam à margem da sociedade. Essa citação não é grande contrapeso para as outras... e, na verdade, Fields não disse isso!

Por definição, qualquer pessoa que teve sucesso em algo se apegou a isso. Essa é uma constatação factual, sempre verdadeira em retrospecto. Mas isso não significa que o contrário seja verdadeiro, que, se você se apegar a alguma coisa, terá sucesso.

Olhando adiante, esse conselho não é verdadeiro nem bom. Na verdade, às vezes, ele é totalmente destrutivo.

Se você é uma cantora ruim, não importa quanto tempo continue com isso. Não se tornará a Adele. Se você tem 50 anos de idade e deseja ser uma ginasta olímpica, nenhuma quantidade de garra ou esforço possibilitará seu sucesso. Pensar o contrário é tão absurdo quanto ler um daqueles artigos sobre os hábitos dos bilionários, descobrir que eles acordam antes das 4h e imaginar que, se acordar antes desse horário, você também se tornará bilionário.

Não devemos confundir retrospectiva com previsão, que é o que esses aforismos fazem.

As pessoas se apegam o tempo todo a coisas nas quais não são bem-sucedidas, às vezes com base na crença de que, se persistirem por tempo suficiente, isso as levará ao sucesso. Às vezes, elas persistem porque os vencedores nunca desistem. De qualquer forma, muitas estão batendo a cabeça contra a parede, infelizes por acharem que há algo errado com *elas*, e não com o conselho que seguiram.

O sucesso não está no apego às coisas. Está em escolher *a coisa certa* a que se apegar e abandonar o resto.

Quando o mundo lhe diz para desistir, claro que é possível que você veja algo que ele não vê, fazendo com que persista mesmo quando outros abandonariam a causa. Mas quando o mundo está lhe gritando a plenos pulmões para desistir e você se recusa a ouvir, a garra pode se tornar uma loucura.

Muitas vezes, nós nos recusamos a ouvir.

Em parte, isso se dá porque desistir tem uma conotação negativa quase universal. Se alguém o chamasse de desistente, você consideraria um elogio? A resposta é óbvia.

Desistir significa fracassar, render-se, perder. Desistir mostra falta de caráter. Os desistentes são perdedores (exceto, é claro, quando o caso envolve a desistência de algo obviamente ruim, como cigarro, álcool, drogas ou um relacionamento abusivo).

A própria língua inglesa favorece a coragem, descrevendo aqueles que perseveram com termos positivos como *provativos, inabaláveis, firmes, resolutos, ousados, audaciosos, destemidos, valentes* e *resistentes*. Ou como dotados de *espinha ereta, fibra, impetuosidade, tenacidade* ou *perseverança*.

Assim como as palavras positivas para descrever a perseverança nos vêm à mente, também vêm os termos negativos para aqueles que desistem, todos os quais abrangem a ideia de que os desistentes são fracassados que não merecem nossa admiração. Eles são *retardatários, medrosos, derrotistas, desertores, fujões, fracos* e *covardes*. Dizemos que *desistem* e *abandonam* as coisas, *hesitam* e *vacilam*. Nós os consideramos *sem objetivo, caprichosos, frouxos, erráticos, inconstantes, sem força de vontade, inseguros, duvidosos* e até mesmo *não confiáveis*. Ou os chamamos de *vira-casacas* politicamente tóxicos.

Não é como se não houvesse palavras negativas para coragem (como *rígido* ou *obstinado*) ou palavras positivas para desistência (como *ágil* ou *flexível*). Mas se você tentar preencher uma tabela dois por dois com termos positivos e negativos para ambos os conceitos, logo verá o desequilíbrio.

No lado da perseverança, o desequilíbrio estaria relacionado às formas positivas de falar sobre coragem, que predominam sobre as negativas. Isso seria espelhado por um desequilíbrio a favor de formas negativas para se referir aos desistentes. Ao contrário de *garra*, simplesmente não existem muitas palavras positivas para *desistência*.

Uma das maiores pistas para a forma como a linguagem favorece a garra em detrimento da desistência é que um dos sinônimos daquela é *heroísmo*. Outros incluem *bravura, coragem* e *destemor*.

Quando pensamos em perseverança, principalmente diante do perigo, imaginamos o herói, que chega à beira da morte, enfrenta o abismo e persevera quando outras pessoas que estivessem em seu lugar desistiriam. Enquanto isso, aqueles que desistem são covardes.

Em um mundo onde a perseverança é quase universalmente vista como o caminho para a honra e o sucesso, a garra é a estrela. Desistir, por sua vez, é o vilão (um obstáculo a ser superado) ou, mais frequentemente, um figurante (creditado apenas como "Capanga #3" ou "Soldado Covarde" nos créditos).

Envolto em Eufemismo

Em fevereiro de 2019, Lindsey Vonn, uma das atletas mais famosas do mundo, anunciou no Instagram que estava se aposentando das corridas de esqui: "Meu corpo está totalmente arruinado e não está me deixando ter a última temporada com a qual sonhei. Ele está gritando para eu PARAR, e é hora de ouvir."

Depois de detalhar sua série mais recente de lesões, cirurgias e reabilitações (muitas das quais não havia divulgado anteriormente), ela acrescentou a seguinte mensagem: "Eu sempre digo: 'Nunca desista!' Então, para todos os jovens por aí, para meus fãs que me enviaram mensagens de encorajamento para continuar... Preciso dizer a vocês que não vou desistir! Estou apenas começando um novo capítulo."

Na primeira parte da declaração de Vonn, ela claramente, em letras maiúsculas, diz que está parando com o esqui competitivo. [Tradução: está desistindo.] Mas então, na segunda parte da declaração, a atleta nega veementemente a própria desistência recém-anunciada e, em vez disso, ela a envolve no eufemismo "começando um novo capítulo".

Se alguém conquistou o direito de desistir orgulhosamente sem questionar a própria coragem ou perseverança, esse alguém é Lindsey Vonn. As histórias de suas recuperações de acidentes graves são quase tão impressionantes quanto seu recorde incomparável de sucesso. Depois de ser transportada de avião para um hospital após um terrível acidente nas Olimpíadas de 2006, ela tentou fugir antes de ser liberada pelos médicos e competiu dois dias depois.

Em 2013, depois de sofrer uma lesão do LCA e LCM e outra fratura e passar por uma cirurgia e uma reabilitação extenuante, a atleta machucou mais uma vez os dois ligamentos reconstruídos e passou pelo mesmo processo *novamente*. Ela perdeu as Olimpíadas de Sochi e a maior parte de 2014, mas ainda voltou para vencer outras 23 corridas da Copa do Mundo entre o final de 2014 e o início de 2018.

Se Lindsey Vonn acha tão difícil simplesmente dizer que está desistindo, imagine como é para nós — meros mortais. A ideia de parar é uma pílula tão amarga de engolir que temos que tomá-la com uma colher de açúcar. Ou, neste caso, uma colher de eufemismo, sendo o mais famoso a "virada".

Se você pesquisar em qualquer grande site de venda de livros, verá que os títulos com *virada* são muito populares. Muitas obras são simplesmente intituladas *Virada* (mais uma!). Há também *The Big Pivot*, *The Great Pivot*, *Pivot with Purpose*, *Pivot to Win* e *Pivot for Success* [sem publicação no Brasil], entre inúmeros outros.

Eu certamente não estou criticando esses livros. Mas quer você diga "pivotar" ou "começando o próximo capítulo" ou "redistribuição estratégica", todas essas coisas são, por definição, uma desistência. Afinal, despojado de sua conotação negativa, desistir é apenas a escolha de parar algo que você começou.

Devemos parar com a ideia de que precisamos embrulhar a ideia de desistir em plástico-bolha e carregá-la cuidadosamente. Afinal, há muitas circunstâncias em que desistir é a escolha certa, especialmente quando o mundo diz que você deveria parar, seus rins estão parando de funcionar, ou está enfrentando outro conjunto de lesões que acabam com sua carreira. Ou quando você está em um casamento miserável, ou em um emprego sem futuro, ou em um curso que odeia.

Por que a palavra desistir recebe o tratamento Voldemort (a-palavra-que-não-deve-ser-nomeada)?

Nos dias em que as pessoas compravam sua carne em um açougue local, todo comediante tinha uma piada sobre ser enganado pela balança do açougueiro. Uma das famosas falas do comediante Milton Berle, do Borscht Belt, era esta: "Estou começando a questionar a precisão do meu açougueiro. Outro dia, uma mosca pousou em sua balança. Ela pesava 2kg."

O que Berle estava falando era um meme comum do Borscht Belt que consistia em um açougueiro "roubando" a balança, geralmente colocando o polegar nela, para enganar os clientes. A roda da fortuna de um parque de diversões poderia estar equipada com algum mecanismo que a fizesse parar em um determinado ponto de seu giro, garantindo que a casa não tivesse que pagar. Roletas obscuras nos bastidores também poderiam ser roubadas. Os dados em um jogo de dados improvisado poderiam ser trapaceados.

Quando se trata de desistir, a balança é igualmente prejudicada. O que Muhammad Ali, Lindsey Vonn, os aforismos, a linguagem e os eufemismos estão nos dizendo é que há um polegar cognitivo e comportamental inclinando a balança para a perseverança quando se trata de pesar garra versus desistência.

O que a Ciência Diz

Dada a maneira como a balança tende para a garra e nossa admiração pelas pessoas que persistem como heróis, não deveria nos surpreender que livros sobre o poder da perseverança, como *Garra*, de Angela Duckworth, e *Fora de Série: Outliers*, de Malcolm Gladwell (com suas famosas 10 mil horas), sejam tão populares.

A implicação da enorme e entusiástica audiência de tais livros é que a condição humana está inclinada a perseverar muito pouco.

Mas qualquer um que leia *Garra* e sugira que a perseverança, fora do contexto, é sempre uma virtude está interpretando mal o trabalho de Angela Duckworth. Ela nunca diria: "Apenas se apegue às coisas, e você terá sucesso." A própria autora escreveu sobre a importância de tentar muitas coisas (o que requer que você desista de muitas outras) para encontrar o que deseja manter. Duckworth, cujo livro defende a importância da persistência, certamente concordaria que saber quando parar é uma habilidade que vale a pena desenvolver.

Embora a garra possa ter vencido a batalha da mente popular, o argumento em defesa de parar mais cedo e com mais frequência também está bem estabelecido.

Existe um rico universo da ciência que estuda a tendência humana de perseverar *tempo demais*, principalmente diante de más notícias. A ciência abrange disciplinas da economia à teoria dos jogos, à psicologia comportamental, bem como tópicos desde custo irrecuperável até viés do status quo, aversão à perda, escalada de comprometimento e muito mais.

Alguns dos trabalhos mais profundos sobre o tema da tendência de persistir em demasia, tratando particularmente das circunstâncias em que fazemos isso, foram feitos por Daniel Kahneman e Richard Thaler. Kahneman ganhou o Prêmio Nobel de Ciências Econômicas em 2002, e Thaler ganhou o mesmo prêmio em 2017. Quando dois laureados com o Nobel opinam sobre o mesmo assunto, devemos prestar atenção.

E o que a ciência nos diz é que, todos os dias, de maneiras grandes e pequenas, agimos como Muhammad Ali, apegando-nos às coisas por tempo demais, mesmo frente aos sinais de que devemos desistir.

O objetivo deste livro é criar uma melhor compreensão das forças que se opõem às boas escolhas sobre o que e quando parar e às circunstâncias em que relutamos em desistir, bem como ajudar todos nós a ver o abandono de forma mais positiva para que possamos melhorar nossa tomada de decisão. Organizei este material em quatro seções, com três interlúdios.

A Parte I defenderá a desistência como uma habilidade de decisão que vale a pena desenvolver. O Capítulo 1 explica porque desistir é nossa melhor ferramenta para tomar decisões sob incerteza, dado que nos permite mudar de rumo depois que novas informações são reveladas. Também examinarei como a própria incerteza, que torna a opção de desistir tão valiosa, pode dificultar o nosso afastamento da situação. O Capítulo 2 explora por que, quando desistimos na hora certa, geralmente parece que o fizemos muito cedo. Desistir é, por fim, uma questão de previsão, o que significa que o momento da desistência é um problema de prever se o futuro será terrível, não se o presente é terrível. E um mundo cor-de-rosa é algo de que é difícil se afastar. O Capítulo 3 mergulhará na ciência da desistência, mostrando a evidência de que todos nós tendemos a calibrar mal nossas decisões de garra/desistência: Em particular, quando o mundo nos dá más notícias, tendemos a perseverar por tempo demais, mas, quando recebemos boas notícias, tendemos a desistir cedo demais.

Na Parte II, abordo especificamente como sua decisão de desistir é afetada pelo fato de você estar ganhando ou perdendo ("nas derrotas"). O Capítulo 4 apresenta o conceito de escalada de comprometimento, na qual reagimos a más notícias *aumentando* nosso comprometimento com um curso de ação destinado à derrota. O Capítulo 5 descreve por que os custos irrecuperáveis tornam tão difícil a desistência. Vou mergulhar profundamente no medo do desperdício e em como o dinheiro, tempo, esforço ou outros recursos que investimos em um curso de ação afetam negativamente nossas decisões sobre seguir em frente. O Capítulo 6 oferece estratégias para melhorar as escolhas sobre quando desistir, incluindo a importância de lidar primeiro com a parte mais difícil de um projeto, bem como formas de desenvolver referências, critérios e sinais, chamados critérios de eliminação, que ajudarão a garantir que você desista mais cedo quando persistir não for mais do seu interesse.

Na Parte III, vou me aprofundar nos vieses cognitivos que interferem no ato de desistir. O Capítulo 7 explora como a propriedade, tanto de coisas quanto de ideias, dificulta a mudança de rumo, bem como a poderosa atração do status quo. Abordarei os efeitos duplos de como o medo da incerteza e o medo da perda, associados à mudança de rumo, impedem que tracemos um novo caminho. O Capítulo 8 analisa como nossa identidade — e nosso desejo por uma identidade coerente — torna-se um impedimento para a desistência e pode nos levar a aumentar o comprometimento com escolhas desastrosas. O Capítulo 9 oferece uma estratégia adicional para mitigar os vieses cognitivos que tornam nosso afastamento algo tão difícil: ele será um treinador de desistência ou alguém que pode ver nossa situação de fora e nos ajudar a mudar de rumo quando for a hora certa.

Na Parte IV, examino o problema do custo de oportunidade. Sempre que nos comprometemos com um curso de ação, por padrão, estamos nos comprometendo a não buscar outras coisas. Como sabemos quando é hora de desistir de uma escolha em favor de outra melhor? O Capítulo 10 destaca as lições que aprendemos quando somos forçados a desistir e como aplicá-las preventivamente. O Capítulo 11 analisa o lado negativo das metas, argumentando que, embora elas sejam uma força motivadora, também podem nos motivar a nos apegarmos a coisas que não valem mais a pena. A natureza da aprovação e reprovação das metas está em desacordo com um mundo incerto e flexível, e o desejo de atingir uma meta pode nos impedir de ver outros caminhos e oportunidades disponíveis para nós. Também argumentarei por que todo objetivo precisa de ressalvas, bem como marcadores de progresso ao longo do caminho.

Espero que, como resultado da leitura deste livro, você aprenda a reconhecer porque a desistência deve ser celebrada e como isso pode se tornar uma habilidade que pode desenvolver e usar para enriquecer sua vida, incentivando você a valorizar a opcionalidade e executar melhor aquilo que se propõe a permanecer explorando para que possa mudar de forma flexível com (ou antes de) um mundo em transição.

Para ser clara, há muitas coisas difíceis que valem a pena seguir, e a resiliência e a garra vão ajudar você a fazer isso. O sucesso não é alcançado desistindo das coisas só porque são difíceis. Mas também não é alcançado apegando-se a coisas difíceis que não valem a pena.

O truque é descobrir quando perseverar e quando desistir. Este livro irá ajudá-lo a desenvolver as ferramentas para tal.

Então, mãos à obra. É hora de reabilitar a desistência.

PARTE 1

A Defesa da Desistência

CAPÍTULO 1

O Oposto de uma Grande Virtude Também É uma Grande Virtude

Não há nenhum lugar no mundo onde você esperaria ver tantas histórias sobre garra — verticalmente, pelo menos — do que a parte superior do Monte Everest. Um ambiente tão implacável requer perseverança simplesmente para sobreviver, quanto mais para chegar ao cume. Você provavelmente já ouviu muitas dessas histórias, certamente as mais famosas.

E assim, essa montanha também é um lugar apropriado para começar um livro sobre as virtudes da desistência.

Esta história do Everest é sobre três alpinistas que você provavelmente não conhece, Dr. Stuart Hutchison, Dr. John Taske e Lou Kasischke. Eles faziam parte de uma expedição comercial guiada ao Monte Everest, operada pela Adventure Consultants, uma das empresas mais bem-sucedidas e conceituadas que orientavam alpinistas até o cume na década de 1990. Sua expedição naquele ano consistia em três guias, oito escaladores do povo sherpa e oito clientes.

São necessárias várias semanas de subidas intermediárias para os membros da expedição do Acampamento 4 se aclimatarem e moverem o seu equipamento montanha acima antes que, se o tempo permitir, eles possam tentar chegar ao cume. Hutchison, Taske e Kasischke tornaram-se amigos e escalaram juntos naquele ano nas inúmeras caminhadas entre o Acampamento Base (5.300m) e o Acampamento 4 (8 mil metros).

3

4 ▪ Desistir

Empresas como a Adventure Consultants possibilitaram que alpinistas relativamente inexperientes alcançassem o cume da montanha mais alta do mundo. Tudo o que você precisava eram US$70 mil para cobrir os custos, tempo livre suficiente para passar vários meses no Nepal e estar em boas condições físicas. Este último requisito não é, obviamente, garantia de sucesso ou segurança. O ar acima de 7.600m é muito rarefeito para sustentar a vida humana por um período prolongado. Além disso, a temperatura média durante a temporada de escalada é de -26° Celsius.

Qualquer pessoa que chegue ao cume (ou chegue a qualquer lugar no alto da montanha) deve ser capaz de perseverar em condições que a maioria não suportaria.

De volta ao Acampamento Base, o líder da expedição havia enfatizado aos clientes a importância de observar rigorosamente os tempos de retorno para cada dia de subida da montanha enquanto escalavam do sopé do Everest para cada acampamento intermediário e, finalmente, para o cume.

Enquanto estava no Acampamento Base, o líder da expedição definiu o horário de retorno para às 13h do dia da escalada até o cume.

Um horário de retorno é, simplesmente, o momento em que os alpinistas devem parar sua subida, mesmo que ainda não tenham chegado ao seu destino, e retornar ao acampamento. Os horários de retorno servem para proteger os alpinistas, evitando de se colocarem em perigo na descida, que requer mais habilidade do que a subida da montanha.

Na descida, os alpinistas podem sofrer de uma combinação de fadiga, privação de oxigênio (hipóxia), congelamento, alterações climáticas, perda ou desorientação dos sentidos, queda em uma fenda e escuridão, se persistirem por muito tempo em sua tentativa de chegar ao cume. A escuridão e o cansaço multiplicam a probabilidade de cometerem um erro e escorregarem na estreita cordilheira sudeste, onde um passo em falso pode fazê-los cair 2.500m até a morte no Tibete ou 3.600m no Nepal.

Na verdade, oito vezes mais pessoas morrem na descida do Everest do que na subida.

Nenhum cliente faz os sacrifícios necessários para chegar ao topo da montanha com a intenção de parar antes de chegar a ele. E o cume não atrai somente os alpinistas amadores. Os guias de expedição assistentes provam sua habilidade ao chegar ao topo do Everest, ou fazer isso várias vezes. Líderes de expedição, competindo entre si pelos negócios, comercializam seus sucessos em levar seus clientes ao alto da montanha. Os sherpas também não são imunes a essa atração. Sua comercialização e posição local são reforçadas pela sua chegada ao cume.

Os horários de retorno existem para evitar que as pessoas tomem decisões ruins sobre continuar quando estão à sombra do cume, incorporando três conceitos cruciais em um plano de escalada. O primeiro conceito é que a persistência nem sempre é uma virtude. Se é prudente continuar subindo a montanha depende tanto das condições de escalada quanto da condição dos escaladores. Quando esses estados justificam a desistência, é uma boa decisão dar ouvidos a esses sinais.

O segundo é que a elaboração de um plano sobre quando desistir deve ser feita muito antes de enfrentar a decisão em si. Esse conceito reconhece, como Daniel Kahneman apontou, que o pior momento para tomar uma decisão é quando você está "nela". No Everest, quando o cume está ao seu alcance e o escalador sacrificou tanto para estar lá, ele está, de fato, na decisão. É quando estará menos apto para decidir sobre continuar ou desistir. É por isso que os tempos de resposta são definidos muito antes de você se deparar com essa escolha.

O terceiro conceito, e talvez o mais importante, é que o horário de retorno é um lembrete de que o verdadeiro objetivo ao escalar o Everest não é chegar ao cume. Esse é, compreensivelmente, o foco de enorme atenção, mas o objetivo final, no sentido mais amplo e realista, é retornar com segurança ao pé da montanha.

Os Homens Invisíveis no Topo do Mundo

Hutchison, Taske e Kasischke faziam parte de uma das três expedições que estavam tentando chegar ao cume no mesmo dia, e o topo da montanha estava lotado. Mais lotado do que deveria.

Na noite anterior, o líder da expedição com menos experiência anunciou que seu grupo não tentaria chegar ao cume no dia seguinte. No entanto, por volta da meia-noite (que é quando começa o dia da subida ao topo da montanha), lá estavam eles, parte do que agora era um grupo extraordinariamente grande de 34 pessoas, partindo do Acampamento 4 ao mesmo tempo.

Hutchison, Taske e Kasischke ficaram presos no final do grupamento, atrás de alguns escaladores. Esses alpinistas eram lentos e difíceis de ultrapassar porque estavam amontoados, o que era um problema, já que é preciso percorrer grande parte do caminho ao longo de uma única corda fixa (alpinistas experientes sabem se espalhar para permitir a passagem de escaladores mais rápidos). Também preso com eles estava o líder da expedição da Adventure Consultants, a quem Hutchison perguntou a certa altura quanto tempo levaria até que chegassem ao cume.

A resposta foi cerca de três horas. Nesse ponto, o líder da expedição começou a subir mais rápido, tentando passar pelo grupo de alpinistas incompetentes à sua frente.

Hutchison parou Taske e Kasischke para uma conversa. Olhando para os relógios, eram quase 11h30. Eles estavam subindo há quase doze horas. Todos os três alpinistas se lembraram do líder da expedição dizendo, no Acampamento Base, que 13h seria o horário de retorno no dia do cume.

Hutchison anunciou sua opinião: Sua tentativa de alcançar o topo da montanha fora realizada. Já passaria das 13h quando chegassem ao cume, mesmo contando com o espaço de manobra. Todos entenderam que o horário de retorno servia para protegê-los dos perigos durante a descida. Por causa do rigor do ambiente a 8 mil metros e acima, um resultado bastante provável da maioria desses perigos era, obviamente, a morte.

Taske concordou em voltar, mas Kasischke relutou em desistir. Ele precisava escalar o Everest para completar o último dos "Sete Cumes", subindo a montanha mais alta de todos os continentes. Alcançar os Sete Cumes requer um gasto significativo de tempo e dinheiro. Vários dos picos estão em áreas remotas e de difícil acesso. (Se você acha que é difícil chegar ao Everest, tente planejar uma viagem ao Vinson Massif, o ponto mais alto da Antártida.) Desistir significaria abandonar essa meta por, pelo menos, mais um ano.

Hutchison e Taske conseguiram persuadir Kasischke e, às 11h30, os três desistiram da tentativa de chegar ao cume. Eles se viraram e conseguiram — com segurança, sem intercorrências — voltar ao Acampamento 4 e, mais tarde, sair da montanha.

Provavelmente é óbvio para você o motivo de essa não ser uma história famosa. Ela é bastante monótona, afinal. Os heróis de nossa história chegaram a três horas do cume do Monte Everest, seguiram as regras e desistiram de sua tentativa. Eles nunca enfrentaram a proximidade da morte. Em vez disso, voltaram e continuaram vivendo.

Parece anticlimático. Não é o material do qual os filmes são feitos.

Mas o engraçado é que, se você leu livros sobre o Everest ou viu algum dos filmes, aposto que já ouviu a história de Hutchison, Taske e Kasischke. É que você não se lembra deles.

Nossos três alpinistas fizeram parte da temporada de escalada de 1996, narrada no famoso livro de Jon Krakauer, *No Ar Rarefeito*, bem como no popular documentário de 1998, *Everest*, e no longa-metragem de 2015, também intitulado *Everest*. O líder da expedição era Rob Hall, um dos alpinistas mais talentosos do mundo. Hall, junto aos outros quatro que chegaram ao cume naquele dia, morreram em várias partes da descida de volta ao Acampamento 4.

Na verdade, Hall era o guia que os acompanhava na parte de trás do grupo, disse que eles estavam a três horas do topo e, então, tentou passar correndo pelos escaladores lentos à frente deles.

Isso apesar de ter sido Hall quem os impressionara com a importância do horário de retorno às 13h, quando estavam reunidos com os outros clientes no Acampamento Base. Ele também definira e aplicara tempos de resposta em várias subidas intermediárias na montanha. No ano anterior, 1994, até havia voltado com um cliente chamado Doug Hansen a apenas 90m do cume.

A prudência e a experiência de Hall em estabelecer e fazer os outros cumprirem esse horário de retorno em 1995, sem dúvida, salvaram a vida de Hansen. Um dos outros guias daquele ano disse que Hansen "estava bem durante a subida, mas, assim que começou a descer, ele se perdeu mental e fisicamente; virou um zumbi, como se estivesse totalmente entorpecido."

Rob Hall ligou repetidamente para Hansen durante 1995, devolvendo sua taxa e encorajando-o, com sucesso, a tentar novamente no ano seguinte.

Hall alcançou o cume em 1996 por volta das 14h com um pequeno grupo de alpinistas. Os outros — *agora* reconhecendo que estava ficando tarde — começaram a descer rapidamente, mas Hall esperou por Hansen, que o líder acreditava estar logo atrás.

O cliente só chegou ao cume às 16h, quando estava tão exausto que não conseguiu descer o quase vertical Hillary Step. Hall não conseguiu levar Hansen para baixo e não o abandonou. Ambos morreram. Exploraremos mais adiante neste livro muitas das forças que provavelmente interferiram no julgamento de Hall. Mas, por enquanto, o que seu fracasso mostra é que, embora os horários de retorno aumentem as chances de você tomar uma decisão racional sobre desistir, eles não garantem isso.

Em meio ao caos do que aconteceu na montanha naquele dia, quase ninguém se lembra de Hutchison, Taske e Kasischke, três escaladores que seguiram as regras e voltaram para a base. Não é só que eles não sejam celebrados. É que eles não causaram impressão alguma.

São invisíveis. Por que tão poucos se lembram desses três alpinistas que sabiamente voltaram? Não é porque Krakauer falhou em contar sua história em seu livro. Ele ainda observou que "diante de uma decisão difícil, eles estavam entre os poucos que fizeram a escolha certa naquele dia."

Tendemos a pensar apenas em um lado da resposta humana à adversidade: *aqueles que vão em frente*. As pessoas que continuaram subindo a montanha se tornaram os heróis da história, trágica ou não. São eles que nos chamam a atenção, os que perseveraram, apesar de não terem respeitado o horário de retorno. A história dos alpinistas que deram meia-volta no dia do cume estava lá para ser contada, mas, aparentemente, não para ser lembrada. Não há dúvida de que desistir é uma importante habilidade de tomada de decisão. Acertar na decisão, às vezes, é uma questão de vida ou morte. Foi o que aconteceu no Everest. Mas mesmo nessa situação, parece que não nos lembramos dos desistentes.

O problema com isso é, certamente, que aprendemos a nos aprimorar nas coisas por meio da experiência, seja pela pessoal ou pela observação dos outros. E nossa capacidade de aprender experienciando depende de nos lembrarmos desses eventos.

Isso não é menos verdadeiro para decisões sobre desistir.

Como podemos aprender se nem vemos os desistentes? Pior ainda, como devemos aprender se, quando os vemos, vemo-nos de forma negativa, como pessoas que não merecem nossa admiração, como covardes ou poltrões?

Reconhecidamente, "poltrão" é uma palavra obscura nos dias de hoje, mas é um sinônimo de "desistente" que costumava ser bastante popular e tão desagradável que, se você chamasse uma pessoa disso, ela tinha o direito de desafiá-lo para um duelo. Quando Charles Dickinson chamou Andrew Jackson de covarde e poltrão em um jornal local em 1806, Jackson desafiou Dickinson para um duelo. Jackson matou seu rival, e isso não o impediu de se tornar presidente em 1829.

Se chamar alguém de desistente é motivo para ser morto, como podemos esperar que as pessoas apreciem a importância de se tornarem habilidosas em desistir?

Desistir é uma Ferramenta de Tomada de Decisão

Apesar da maneira como a garra e a desistência foram colocadas uma contra a outra, elas são, na verdade, dois lados da mesma decisão. Sempre que você está decidindo se vai parar, obviamente está decidindo simultaneamente se vai continuar e vice-versa. Em outras palavras, você não pode decidir uma coisa sem desistir da outra.

Nossos alpinistas intrépidos oferecem uma boa maneira de pensar sobre a decisão de desistir: Garra é o que faz você subir a montanha, mas desistir é o que lhe diz quando descer. Na verdade, é a opção de voltar que o permite decidir escalar a montanha em primeiro lugar.

Imagine se qualquer decisão tomada por você fosse a última e definitiva. Seja qual for a escolha, você terá que se agarrar a ela pelo resto de sua vida. Pense em quanta certeza seria necessária para poder decidir começar qualquer coisa. Imagine se você tivesse que se casar com a primeira pessoa com quem teve um encontro.

Não ter a opção de alterar o curso ou mudar de ideia seria desastroso em uma paisagem que está em transição, onde as montanhas podem se tornar morros e vice-versa. Se o pico escalado for uma geleira que está começando a derreter abaixo de você, é preciso descê-la antes de ser arrastado.

É por isso que, se eu tivesse que capacitar alguém para torná-lo um tomador de decisões melhor, a desistência seria a principal habilidade que eu escolheria, porque a opção de desistir é o que permite que você reaja a esse cenário em transição.

Qualquer decisão é, naturalmente, tomada sob algum grau de incerteza, decorrente de duas fontes diferentes, estando a maioria das nossas escolhas sujeitas a ambas.

Em primeiro lugar, o mundo é aleatório. Essa é apenas uma maneira elegante de dizer que a sorte torna difícil prever exatamente como as coisas vão acontecer, pelo menos a longo prazo. Operamos não com certezas, mas com probabilidades — e não temos uma bola de cristal que nos diga qual dentre todos os futuros possíveis será aquele que realmente ocorrerá. Mesmo que tenha certeza de que uma escolha funcionará para você, digamos, 80% das vezes, isso significa, por definição, que o mundo lhe dará um resultado ruim 20% das vezes. O nosso problema, como tomadores de decisão, é que não sabemos quando, em particular, vamos experimentar os resultados que compõem esses 20%.

Em segundo lugar, quando tomamos a maioria das decisões, não temos todos os fatos. Como não somos oniscientes, temos que tomá-las com apenas informações parciais, certamente muito menos do que precisaríamos para fazer uma escolha perfeita.

Dito isto, depois de ter estabelecido um determinado curso de ação, *novas informações se revelarão a você*. E isso é um feedback crítico.

Às vezes, essas novas informações serão novos fatos. Às vezes, podem ser maneiras diferentes de pensar ou modelar um problema ou um conjunto de dados ou os fatos que você já conhece. Outras, será uma descoberta sobre suas próprias preferências. E, é claro, algumas dessas novas informações serão sobre qual futuro você observará, seja bom ou ruim.

Quando você junta todos esses aspectos da incerteza, isso dificulta a tomada de decisões. A boa notícia é que desistir ajuda a tornar isso mais fácil.

Todo mundo já pensou: "Se eu soubesse o que sei agora, teria feito uma escolha diferente." Desistir é a ferramenta que permite que você tome uma decisão diferente quando souber essa nova informação. Isso lhe dá a capacidade de reagir à mudança do mundo, do próprio estado de conhecimento ou à própria transformação.

É por isso que é tão importante aumentar sua habilidade de desistir, porque ter essa opção é o que evitará que você fique paralisado pela incerteza ou preso para sempre em todas as decisões que tomar.

O Vale do Silício é famoso por ter mantras como "mova-se rápido e quebre as coisas" e implementá-los por meio de estratégias como a do "Produto Viável Mínimo" (MVP, do inglês *Minimum Viable Product*). Esses tipos de estratégias ágeis só funcionam se você tiver a opção de desistir. Você não pode lançar um MVP, a menos que seja capaz de recuar depois. O objetivo é obter informações rapidamente para que você possa abandonar as coisas que não estão funcionando e ficar com as que valem a pena ou desenvolver novidades que possam funcionar ainda melhor.

Desistir é o que permite às empresas maximizar a velocidade, a experimentação e a eficácia em ambientes altamente incertos. Se você está se movendo rápido, por definição, terá maior incerteza. Está gastando menos tempo para coletar e analisar informações antes de agir. Um MVP destina-se a permitir que você saia ou mude as coisas antes de investir muito tempo ou esforço em um curso de ação, ao mesmo tempo em que acelera o processo de coleta de informações, tão crucial para uma boa tomada de decisão.

Richard Pryor, enquanto, indiscutivelmente, o melhor comediante de *stand-up* do mundo de meados dos anos 1970 até o início da década de 1980, era conhecido por sua dedicação a esse tipo de estratégia para desenvolver novos textos. Pryor, embora um pouco menos familiar para a geração atual, ainda é considerado um dos comediantes mais importantes de todos os tempos pelo seu uso da comédia para, no escopo de seu sucesso, quebrar barreiras e pela sua influência sobre os comediantes desde então. Vinte anos após seu último trabalho de *stand-up*, o Comedy Central o classificou como melhor de todos os tempos. Em 2017, mais de uma década após a morte de Pryor, a *Rolling Stone* também o classificou como o maior de todos. Praticamente todos os comediantes lendários desde então o consideram o melhor, incluindo Jerry Seinfeld, Dave Chappelle, Eddie Murphy, David Letterman, Jim Carrey, Chris Rock e o falecido Robin Williams.

No auge da fama de Pryor, não apenas como comediante, mas como estrela de cinema e ícone cultural, ele agendava uma série de shows para trabalhar em novos materiais no Comedy Store da Sunset Strip. A Comedy Store era um clube pequeno, mas tão influente que era considerado impossível alguém aparecer no *The Tonight Show* sem provar seu valor nesse clube primeiro. O tempo no palco era uma mercadoria cobiçada.

Pryor era tão grande que podia subir no palco sempre que quisesse. Na verdade, assim que seu nome aparecia nos cartazes, as expectativas aumentavam. As notícias se espalhavam rapidamente por Los Angeles e pelo setor de entretenimento. A fila para os poucos ingressos dava uma volta no quarteirão. Quando ele chegava ao palco, o clima era o de início de uma luta pelo campeonato de peso-pesado.

E Pryor fazia um péssimo show.

Na primeira noite, ele aparecia sem nada preparado além de "algumas ideias", "uma ou duas piadas no máximo". O público implorava para que ele sacasse os personagens marcantes de seu último trabalho de comédia e gritasse as piadas deles. Assim que ficava claro que o comediante não daria aos expectadores o que eles queriam (ou qualquer coisa nova que fosse realmente engraçada), a gritaria diminuía. Ele se atrapalhava, por pelo menos meia hora, com materiais terríveis sob um silêncio constrangedor e embaraçoso.

Na noite seguinte, ele largava tudo o que não funcionava — que era quase tudo — e expandia qualquer coisa que desse certo. Ao final de trinta dias, ele tinha quarenta minutos de um material incrível, acabando por criar nove álbuns de comédia consecutivos indicados ao Grammy, cinco dos quais lhe renderam o prêmio.

Esta é a versão dele do MVP: visitar pequenos clubes e contar as piadas antes de resolver os detalhes, ou, às vezes, apenas improvisar um tópico e ver no que dá. Jerry Seinfeld faz isso, assim como Chris Rock e a maioria dos outros comediantes de *stand-ups* de sucesso. Eles recebem feedback do público, abandonam o que não está funcionando e desenvolvem o que dá certo.

Isso não é apenas para o pessoal do Vale do Silício e comediantes icônicos. Tentar algo e ter a capacidade de desistir é vital para a forma como todos vivemos as nossas vidas.

Um exemplo simples que todo mundo usa é o encontro romântico, que é uma versão do MVP. Você precisa saber muito menos sobre a pessoa com quem vai sair do que sobre aquela com quem vai se casar, porque você pode facilmente escolher nunca mais ver a primeira. Além disso, todos esses encontros o ajudam a revelar e refinar suas preferências e a tomar decisões muito melhores sobre relacionamentos de longo prazo.

Ter a opção de desistir permite que você se afaste quando descobrir que o que está fazendo está perdido. Se estiver perto do topo do Everest, e o tempo mudar, é melhor voltar. Se o seu médico esportivo lhe informar que seus rins estão danificados, você pode se aposentar do esporte.

O mesmo vale para uma especialização, ou o trabalho, ou a direção de sua carreira, um relacionamento, as aulas de piano, ou mesmo algo tão diminuto quanto um filme a que você está assistindo.

O Canto da Sereia da Certeza

Embora seja verdade que desistir é uma das ferramentas mais importantes para tomar boas decisões sob incerteza, também é verdade que ela é um impedimento para tomar boas decisões sobre a desistência. Isso porque desistir é, em si, uma decisão tomada sob incerteza. Assim como não é possível ter 100% de certeza de como uma decisão vai acabar quando você entra em um curso de ação, também não é possível ter 100% de certeza de como ela vai acabar quando você está pensando em sair dela.

Se você pensar em quando Hutchison, Taske e Kasischke decidiram escalar o Everest, eles não sabiam como isso funcionaria. Não sabiam como as coisas iriam acabar quando estivessem no Acampamento Base, ou como seria o dia da escalada até o cume quando eles deixassem o Acampamento 4 à meia-noite. Foi o mesmo caso, é claro, quando eles estavam decidindo às 11h30 se continuariam subindo a montanha com os outros alpinistas ou se voltariam.

Quando você decide se casar, não consegue ter certeza de como essa escolha funcionará. Quando você decide se divorciar, também não consegue saber como essa decisão funcionará. Isso é verdade, quer você esteja decidindo entrar em um curso ou trocá-lo, começar um emprego ou sair dele, iniciar um projeto ou abandoná-lo.

Quando você está avaliando se deve desistir de algo ou persistir, não consegue ter certeza se terá sucesso no que está fazendo, porque isso é probabilístico. Mas há uma diferença crucial entre as duas escolhas. Apenas uma — a de perseverar — permite que você finalmente descubra a resposta.

O desejo de certeza é o canto da sereia que nos chama a perseverar, porque ele é o único caminho para saber definitivamente como as coisas vão acabar se você continuar no caminho. Se optar por desistir, sempre ficará se perguntando: "O que aconteceria se...?" Assim como as sereias da mitologia atraíam os marinheiros com o seu canto, somos atraídos pela perseverança porque queremos *saber*. É a única maneira de evitar essa dúvida do "O que aconteceria se...?"

O problema, claro, é que, às vezes, o canto da sereia o atrai para um recife rochoso que quebra seu navio. Ou leva você à morte no topo do Everest. Na verdade, o único momento em que você consegue ter certeza de que deve desistir é quando não se trata mais de uma decisão, quando você está à beira do abismo ou já tropeçou nele. Então, não há escolha a não ser abandonar esse curso.

Desafio você a se colocar na posição de alpinista perto do topo da montanha. Imagine ter gasto todo esse tempo, esforço e dinheiro. Imagine os sacrifícios que você e sua família fizeram para chegar ao topo do Everest. Você está a algumas centenas de metros — apenas a algumas horas — do cume.

Você conseguiria voltar à base sem saber ao certo se chegaria a subir o resto da montanha, depois de tudo o que passou e tudo o que pediu aos outros? Qual seria o peso de precisar viver o resto da vida com a pergunta: "O que aconteceria se eu não tivesse desistido?"

A maioria das pessoas nessa situação não conseguiria voltar. Hutchison, Taske e Kasischke o fizeram, mas um número muito maior — os que morreram naquele dia, e muitos outros que escaparam por pouco da morte — foram incapazes de resistir ao chamado da perseverança.

O Super Bowl é um Cemitério Corporativo

Assim como você deve ser habilidoso para escolher quais colinas escalar, também precisa de habilidade para escolher quando descer. À medida que o mundo muda, devemos desistir das coisas que não estão funcionando ou que não são mais o que os outros querem ou o que queremos. Devemos examinar a paisagem, tanto para entender quando isso pode acontecer quanto para encontrar algo melhor para o qual possamos voltar nossa atenção.

Acontece que só porque você está em uma grande montanha, não significa que, necessariamente, esteja em um terreno particularmente sólido, mesmo que se encontre perto do topo. Quando Tom Brady venceu seu sétimo Super Bowl em 2021, isso foi outro lembrete, não apenas de sua excelência, mas também da surpreendente duração de sua carreira. Na verdade, examinando uma lista dos anunciantes do primeiro Super Bowl de Brady em 2002, dezenove anos antes, você pode ver que o jogador também sobreviveu a muitas empresas outrora bem-sucedidas e proeminentes. Essa lista agora é um cemitério corporativo virtual: AOL, Blockbuster, Circuit City, CompUSA, Gateway, RadioShack e Sears.

Caso você esteja se perguntando porque é tão importante ser bom em desistir para se orientar habilmente em um mundo em transição, tudo o que precisa fazer é olhar para essa lista. Se você pudesse pagar US$2 milhões por 30 segundos de tempo de antena em 2002 (são mais de US$5 milhões agora), juntamente aos custos de produção e agência para fazer um anúncio que achava que se destacaria, você seria uma empresa grande e bem-sucedida. E, presumivelmente, estaria trabalhando duro para tentar permanecer como uma grande empresa e, com sorte, ficar ainda maior.

Todas essas companhias foram inteligentes o suficiente para construir algo de muito sucesso. Elas tinham dinheiro e recursos para fazer um levantamento muito bom do cenário. No entanto, em cada caso, o mundo mudou, e elas não conseguiram desistir a tempo, persistindo até o esquecimento.

Veja o exemplo da Blockbuster. Novos concorrentes, incluindo a Netflix, surgiram. Foi desenvolvida uma tecnologia nova e disruptiva (o streaming). A Blockbuster, quando apresentada à oportunidade de adquirir a Netflix, recusou. Então, persistiu em seu negócio de alugar cópias físicas de conteúdo de entretenimento para pessoas que iam pessoalmente às suas lojas.

Todos nós sabemos o que aconteceu com ela e o que aconteceu com a Netflix.

Olhando para a Blockbuster e o restante dessa lista, você percebe que a balança pende contra a desistência não apenas para indivíduos, mas também para empresas. Isso não deveria ser surpreendente, porque as elas são um coletivo de indivíduos.

O caminho para a lucratividade sustentável de uma empresa não é apenas aderir a uma estratégia ou modelo de negócios (mesmo que ele tenha sido lucrativo no passado). Trata-se também de pesquisar e reagir à paisagem em mudança. Da mesma forma, para cada um de nós, individualmente, o caminho para a felicidade não é nos atermos de maneira cega ao que estamos fazendo, como tantos aforismos nos induzem a fazer. Precisamos ver o que está acontecendo ao nosso redor para que possamos fazer qualquer coisa que maximize nossa felicidade, nosso tempo e nosso bem-estar.

E isso geralmente significa desistir mais.

"Saber Quando Permanecer, Saber Quando Ceder": Mas, Principalmente, Ceder

Como cantou Kenny Rogers na música *The Gambler*: "Você precisa saber quando permanecer, saber quando ceder, saber quando se afastar e saber quando correr."

Observe que três dessas quatro coisas falam da desistência. Quando se trata da importância de reduzir suas perdas no pôquer, Kenny Rogers entendeu o recado.

Acontece que uma mesa de pôquer é um ótimo lugar para aprender sobre as vantagens de desistir. A desistência ideal pode ser a habilidade mais importante que separa os grandes jogadores dos amadores. Na verdade, sem a opção de abandonar a mão, o pôquer seria muito mais parecido com o bacará, um jogo sem habilidade, porque não haveria novas decisões a serem tomadas depois que as cartas são distribuídas.

Os melhores jogadores de pôquer são, de várias maneiras, melhores em desistir do que os amadores. A mais óbvia é que eles sabem quando fazê-lo.

Decidir quais mãos valem a pena jogar e quais não valem é a primeira e mais importante escolha que um jogador faz. E os profissionais são melhores nela, jogando apenas 15% a 25% das combinações iniciais de duas cartas que recebem no *Texas Hold'em*. Compare isso com um amador, que manterá suas cartas iniciais mais da metade do tempo.

Na batalha entre permanecer ou ceder, os amadores geralmente permanecem. Os profissionais geralmente cedem. Isso pode ser, em parte, porque, na escolha entre permanecer ou ceder, apenas a primeira opção permite que você saiba com certeza que nunca perderá o *pot* — ou seja, a quantidade de fichas na mesa —, que você poderia ter ganhado se tivesse apenas ficado com sua mão até a última carta.

Há um velho ditado no pôquer que diz "Quaisquer duas cartas podem vencer", o que significa que, se você mantiver sua mão, sempre haverá alguma possibilidade, não importa quão pequena ela seja, de que mesmo uma mão terrível possa triunfar.

Infelizmente, a frase não vai adiante e diz: "...mas não com frequência suficiente para isso ser lucrativo."

Lembro-me das noites seguidas que passei em uma mesa de pôquer em que um jogador sentado ao meu lado me cutucava depois de uma mão para me avisar que as cartas de que ele desistira teriam limpado a mesa. Às vezes, a situação ficava ridícula, como quando eles desistiram de um sete-dois no início da mão (a pior combinação matemática de duas cartas que você pode receber, então não é necessário pensar muito para ceder), e as cartas abertas da mesa acabariam incluindo uma sequência de sete-dois-dois. Eles invariavelmente se inclinavam e resmungavam: "Desisti da jogada no sete-dois. Teria feito um *full house*!"

Eu diria a eles: "Há uma maneira de evitar isso."

"Qual?"

"Apenas jogue todas as mãos até a última carta."

Esse conselho poderia ter sido absurdo, mas eu queria dizer que uma parte necessária do sucesso no pôquer é desistir de algumas mãos que poderiam ter ganho. Para ser bom no jogo, você só precisa aprender a conviver com isso. Jogar todas as mãos que recebe é uma maneira fácil e rápida de quebrar, já que você estaria jogando muitas mãos que não são lucrativas a longo prazo. Isso também tornaria o pôquer mais parecido com o bacará, eliminando um elemento-chave da habilidade, a opção de desistir.

Até mesmo jogar 50% de suas mãos tem um grande preço. Mas o que se recebe em troca desse custo é tranquilidade. Ao segurá-las em vez de desistir delas, você sente muito menos a dor de saber que pode estar jogando fora uma carta vencedora. Não terá que lidar com a versão turbinada de "O que aconteceria se?": observar jogadores amontoando fichas e ver outra pessoa apostando, sabendo que você poderia estar no lugar dela, se não tivesse desistido de sua mão.

Para a maioria dos jogadores, essa paz de espírito é uma força poderosa, outro canto de sereia. É uma das principais razões pelas quais os amadores jogam tantas mãos.

Se desistir é difícil para os amadores no início da mão, é ainda mais depois que o jogador compromete dinheiro no *pot*. É difícil superar o desejo de proteger a quantia que você já apostou, independentemente da probabilidade de que a próxima aposta seja uma escolha favorável.

Por causa da incerteza durante a mão — não ser capaz de ver as cartas dos outros jogadores e não conhecer as cartas que ainda estão por vir —, não é possível ter certeza de como aquela mão em particular vai acabar. Isso leva a maioria dos jogadores a continuar, em vez de reduzir suas perdas, porque, se permanecerem com a mão, ainda preservam alguma esperança de vencer. Por outro lado, se você desistir, essa é a maneira de *garantir* que perderá um *pot* e qualquer chance de recuperar o dinheiro que acabou de apostar. Se você geralmente se inclina para o lado de jogar sua mão inicial e continuar com ela até o fim, será mais provável que evite o arrependimento de desistir de uma mão que teria vencido.

Você também vai falir rapidamente. Os melhores no pôquer evitam essa armadilha.

Além disso, grandes jogadores sabem quando desistir. Quando os especialistas estão em um jogo, eles são mais propensos do que os outros a reconhecer quando as condições não são favoráveis ou quando eles não estão jogando bem. E, como esses jogadores reconhecem essas coisas, é mais provável que saiam da partida por causa disso.

Sair de um jogo é uma decisão repleta de incertezas, porque o motivo de você estar perdendo nunca fica exatamente claro. Embora possa estar jogando mal, também pode estar jogando muito bem, mas ainda perdendo no jogo por causa de uma sequência infeliz de cartas. Em outras palavras, se você quiser culpar a sorte por suas perdas e continuar jogando, sempre poderá encontrar uma maneira de fazer isso. Desistir de uma partida é o mesmo que admitir que você pode não ser bom o suficiente em comparação com os outros jogadores, que pode não ter uma vantagem no jogo em que está jogando. Isso é um golpe que poucos estão dispostos a receber no ego.

Assim como desistir de uma mão é a única maneira de garantir a derrota dessa jogada, desistir quando está perdendo é a única maneira de garantir que você não receberá aquelas fichas de volta naquele jogo. Tudo isso torna a desistência difícil quando se está perdendo.

Os profissionais especialistas em pôquer são perfeitos nessas decisões? Não. Na verdade, às vezes eles estão longe disso. Mas eles são melhores do que seus oponentes quando se trata de decidir desistir, que é tudo de que você precisa para vencer.

Quando paramos para pensar, quase todas as nossas decisões envolvem os mesmos tipos de incerteza. Devemos deixar o emprego? Devemos mudar a estratégia? Devemos abandonar o projeto? Devemos virar as costas para a montanha? Devemos fechar o negócio?

Estes são problemas difíceis. Não somos oniscientes. Não temos bolas de cristal nem máquinas do tempo. Tudo o que temos é nossa melhor avaliação de um cenário incerto e em transição e a esperança de que tenhamos aprimorado o suficiente nossas habilidades de desistir para que possamos ir embora quando as condições se voltarem contra nós.

Esta é a verdade fundamental sobre garra e desistência: o oposto de uma grande virtude também é uma grande virtude.

Resumo do Capítulo 1

- Tendemos a celebrar as pessoas que respondem à adversidade com perseverança. Os desistentes, em comparação, são invisíveis.
- Se não observarmos a tomada de decisão dos desistentes, é difícil aprender com eles.
- Desistir de um curso de ação, às vezes, é a melhor maneira de vencer a longo prazo, seja reduzindo suas perdas na mesa de pôquer ou escalando a montanha em outro dia.
- Desistir e lutar são dois lados da mesma decisão.
- A tomada de decisão no mundo real requer entrar em ação sem informações completas. Desistir é a ferramenta que nos permite reagir a novas informações que nos são reveladas *depois* de tomarmos uma decisão.
- Seguir um curso de ação é a única maneira de saber com certeza como ele vai acabar. Desistir exige aceitar não saber o que poderia ter sido.
- Ter a opção de desistir ajuda você a explorar mais, aprender mais e, por fim, encontrar as coisas certas às quais se ater.

CAPÍTULO 2

Desistir na Hora Certa Geralmente Parece Desistir Muito Cedo

Desde a primeira vez que foi exposto à internet em 1992, quando ainda era um calouro na faculdade, Stewart Butterfield foi atraído pelo potencial dela para facilitar a interação humana, especialmente além dos limites das fronteiras geográficas.

Uma década depois, em 2002, ele cofundou uma empresa para desenvolver um RPG *massive multiplayer* online ["jogo de representação de papéis online, multijogador em massa", em tradução livre]. O conceito foi chamado de *Game Neverending* ["jogo ininterrupto", em tradução livre], onde os jogadores acumulavam objetos, cooperando para criar um mundo inteiro online. Milhares adoraram o protótipo, mas a empresa achou o ambiente de financiamento hostil logo após o crash das empresas de internet. Como Butterfield me disse: "Só poucas pessoas estavam interessadas em investir em qualquer coisa relacionada à internet, mas especialmente em algo frívolo como um jogo."

Em 2004, incapaz de garantir capital, o empreendimento ficou sem dinheiro. Em um movimento de desespero final, os criadores resgataram uma característica do jogo, um inventário de objetos acumulados pelos jogadores, representado por uma caixa de sapatos com fotos. Isso se tornou o Flickr, um dos primeiros sites de compartilhamento de

19

fotos. Em 1 ano, Butterfield e seus cofundadores venderam o site para o Yahoo por US$25 milhões.

Stewart Butterfield deixou o Yahoo em 2008 e voltou à ideia de criar um jogo online aberto, cooperativo e construtor de mundos. Ele reuniu algumas pessoas de seu tempo no Flickr e fundou outra empresa de jogos, a Tiny Speck, cujo primeiro produto foi um jogo ainda mais ambicioso, o *Glitch*.

O poder da computação tinha avançado cem vezes. Toda a equipe de engenheiros e designers de Butterfield era mais experiente e capaz. O Flickr lhe deu um histórico, e o ambiente de financiamento era muito mais favorável. Tudo isso lhe concedeu maior acesso ao capital de risco. A empresa levantou US$17,5 milhões de investidores de risco, incluindo Andreessen Horowitz e Accel.

Eles lançaram o jogo publicamente em 27 de setembro de 2011. O *Glitch* parecia incrível e tinha um enredo extremamente imaginativo, descrito por fãs e críticos como "uma mistura de Monty Python e Dr. Seuss".

Em novembro de 2012, o jogo tinha um público dedicado de cerca de 5 mil usuários obstinados, que jogavam pelo menos 20 horas por semana. O problema é que esses jogadores, que pagavam uma assinatura mensal, representavam menos de 5% dos mais de 100 mil usuários que se inscreveram para experimentar o jogo de forma gratuita.

Mais de 95% dos novos jogadores jogaram o *Glitch* por menos de 7 minutos e nunca mais voltaram.

Butterfield, seus cofundadores e investidores reconheceram o problema. Eles tinham que atrair de 95 a 100 novos usuários para acabarem conseguindo 1 único jogador pagante. Decidiram ser mais agressivos com a aquisição de clientes. A estratégia deles era discreta, contando com relações públicas e com o boca a boca. Agora eles intensificaram o marketing, lançando anúncios pagos e envolvendo redes afiliadas para atrair mais pessoas para experimentar o jogo.

Eles executaram o novo plano de marketing, e estava funcionando. No fim de semana dos dias 10 e 11 de novembro, o último período de campanha, eles obtiveram 10 mil novas contas. Os usuários ativos diários, nas 15 semanas anteriores, cresceram mais de 7% semanalmente. O número de jogadores extremamente engajados, jogando pelo menos 5 dias por semana, vinha crescendo mais de 6% semanalmente.

No entanto, na noite de domingo após aquele fim de semana estelar, Stewart Butterfield se viu estressado e incapaz de dormir. No meio da noite, ele teve uma revelação, que pôs em prática no dia seguinte, segunda-feira, 12 de novembro.

Ele enviou um e-mail para seus investidores que começava com a frase: "Acordei hoje de manhã com a certeza absoluta de que o *Glitch* havia acabado."

Isso pegou os outros fundadores e investidores completamente de surpresa. Ao que tudo indicava, as coisas estavam indo bem. Na verdade, mais do que bem. O *Glitch* havia experimentado seu maior crescimento de todos os tempos. Eles ainda estavam bem capitalizados, com US$6 milhões no banco. No entanto, Butterfield estava lhes dizendo que sairia do *Glitch* e se oferecendo para devolver o capital restante aos investidores.

Em meio a todas as boas notícias da empresa, o que estava incomodando tanto Butterfield que ele não conseguia dormir? O que o estava motivando a fechar a empresa?

A resposta é que Stewart Butterfield foi capaz de vislumbrar o futuro, que lhe permitiu ver coisas que os outros não podiam (ou não queriam) ver. Quando ele olhou para a gama de resultados possíveis para o *Glitch*, a probabilidade de que o jogo acabasse sendo um rombo financeiro era muito alta.

Eles haviam acabado de experimentar seu maior crescimento em novas contas, mas ele contemplou um futuro em que eles teriam que sustentar um crescimento semanal de 7% por 31 semanas apenas para atingir o ponto de equilíbrio. E isso presumindo que os novos usuários adquiridos se converteriam em clientes pagantes na mesma taxa histórica, uma suposição bastante grande, pois era lógico que, quanto mais atenção eles conseguissem, menor seria a qualidade dela. Mesmo os 10 mil novos usuários mais recentes custaram mais dinheiro para serem adquiridos e eram de qualidade inferior aos jogadores produzidos pelos esforços de marketing anteriores.

Pior: com o tempo, os anúncios pagos atingiriam cada vez mais as centenas de milhares que já haviam testado e saído do *Glitch*. Como os anúncios saturavam o público-alvo de jogos, seu potencial para novos usuários dependeria de pessoas com pouco histórico ou interesse em jogos online. Isso reduziria as já baixas taxas de conversão do *Glitch*. Ele poderia continuar seu crescimento apenas se alcançasse um grande número de novas contas.

Todas essas métricas de crescimento, apesar dos desafios crescentes, teriam que se sustentar enquanto a Tiny Speck queimava, por oito meses, seu capital em marketing apenas para chegar ao ponto de equilíbrio. Para o jogo ter sucesso financeiro, a empresa acabaria precisando de centenas de milhares de usuários pagantes, o que significaria que dezenas de milhões de pessoas teriam que testar o jogo. Para chegar lá, ela precisaria gastar infinitamente com a aquisição de novos usuários, que seriam de qualidade cada vez menor, para capturar mais olhares e encontrar aqueles obstinados que dariam suporte ao jogo.

Os números simplesmente não batiam.

Stewart Butterfield tinha todos os motivos para negar ou ignorar o que tinha visto em sua olhadela do futuro. O *Glitch* foi um ótimo jogo. Expressou criativamente a visão dos fundadores e foi amado por uma comunidade de jogadores. Houve crescimento de novos usuários.

Você esperaria que todos os instintos do fundador de tal empreendimento fossem voltados para continuar. Butterfield dedicou quatro anos ao *Glitch*. Mais importante, ele havia apostado sua reputação no projeto. Como explicou a Reid Hoffman em um episódio do podcast *Masters of Scale* em 2017: "Você precisa convencer os investidores, a imprensa, os funcionários em potencial e os clientes. E persuadi muito as pessoas a virem trabalhar neste projeto, a deixarem de lado tudo em que estavam trabalhando antes, pedirem demissão, serem mal remuneradas em troca de patrimônio." Apesar de tudo isso, ele sabia que desistir era a decisão certa. Butterfield disse a seus investidores: "Acho que sabia disso seis semanas atrás e confundi negação com prudência (no sentido de garantir que não desistimos cedo demais). Mas há muitas coisas na coluna dos "contras".

Para todos os outros, parecia que ele estava desistindo cedo demais. Mas Stewart Butterfield, olhando para o futuro, reconheceu que talvez não tivesse desistido cedo o bastante.

Depois de explicar seu raciocínio aos outros, não está claro se ele os persuadiu a ver o que viu. Mas isso não importava muito. Se Butterfield não estava mais a bordo, não fazia sentido continuar.

A maioria das pessoas nessa posição não faria o que Butterfield fez. Apesar de tudo o que facilitava a escolha de perseverar — seus anos de compromisso com o projeto, os resultados recentes encorajadores, seus cofundadores e investidores querendo continuar, a dor que ele sentiu por ter que seguir com essa decisão e o que isso significou para seus funcionários —, ele conseguiu desistir.

Esse pode parecer um final infeliz. Butterfield era tão apaixonado por seu conceito de jogo colaborativo para múltiplos jogadores que dedicou uma década à tentativa de fazer isso acontecer. Agora ele havia falhado pela segunda vez.

Mas desistir efetivamente, quando o contexto justifica essa decisão, deveria ser a definição de um final feliz. É difícil vermos dessa forma porque processamos a desistência como um fracasso.

Stewart Butterfield viu que tinha uma mão perdida e decidiu desistir antes de queimar o capital restante da Tiny Speck. Ele impediu a empresa de colocar US$6 milhões em um investimento ruim, liberando esse dinheiro para ela investir em outras coisas com maior probabilidade de sucesso. Ele também poupou os funcionários da Tiny Speck de ficarem presos em um negócio falido, trabalhando por pouco dinheiro e com a promessa de um patrimônio, ao agir prontamente quando determinou que o patrimônio não valeria o esforço *deles*.

Essas coisas fizeram bem para Butterfield, para seus investidores e cofundadores e para seus funcionários. Não deveríamos ver isso como um final feliz por si só?

Isso levanta outra lição valiosa sobre a desistência. Quando você desiste, sobrevive para lutar outro dia, às vezes literalmente. Hutchison, Taske e Kasischke, ao desistirem de uma decisão, viveram para seguir com o resto de suas vidas. Quando os jogadores de pôquer desistem de uma mão, eles estão diminuindo suas perdas para que tenham fichas para investir em outra mão melhor. Se saem da mesa quando não estão jogando bem, eles não quebram e nem ficam sem dinheiro para jogar em outra partida em que tenham mais chance de ganhar.

Quando Stewart Butterfield saiu do *Glitch*, ele se libertou para desenvolver outro produto. O que fez prontamente, explorando o potencial de transformar o sistema de comunicação interna da equipe de desenvolvimento do jogo em uma ferramenta de produtividade independente. Ela basicamente combinou as melhores partes do e-mail e dos aplicativos de mensagens instantâneas e de texto, permitindo que os membros da equipe se comunicassem em tempo real e compartilhassem documentos e outros materiais.

Todos na empresa adoraram. Todos que sabiam da ferramenta gostaram muito. Dois dias depois de deixar o *Glitch*, a equipe estava avançando com essa novidade, incluindo os investidores que decidiram investir seu capital nesse novo produto.

Durante o tempo em que usaram a ferramenta no Tiny Speck, ela nem tinha nome. Em 14 de novembro, Butterfield criou um codinome para ela, baseado no acrônimo de "Searchable Log of All Conversation and Knowledge" ["Registro para Pesquisa de Todas as Conversas e Conhecimentos", em tradução livre].

Slack. O nome pegou.

Em agosto de 2013, o Slack anunciou o lançamento de seu produto. Em junho de 2019, o Slack se tornou público. Em seu primeiro dia como empresa pública, sua capitalização de mercado era de US$19,5 bilhões. Em dezembro de 2020, a Salesforce concordou em comprar o Slack por dinheiro, ações e assunção de dívidas em uma operação avaliada em US$27,7 bilhões.

É tentador pensar: "Isso é o que torna o final feliz, porque o Slack é o resultado dessa decisão de desistir." Mas não se engane, mesmo que Butterfield nunca tivesse buscado o desenvolvimento do Slack e apenas devolvesse o capital a seus investidores, isso seria um final feliz por si só. O fato de ele ter transformado a ferramenta de comunicação interna da Tiny Speck em algo único só o faz ainda mais feliz.

Desista Enquanto Você Ainda Tem Escolha

A história do *Glitch* destaca um dos problemas fundamentais da desistência.

Desistir na hora certa geralmente parecerá desistir muito cedo.

Se você parar a tempo, não vai parecer que algo particularmente terrível está acontecendo naquele momento específico. Isso ocorre porque desistir é um problema que trata da capacidade de vislumbrar a variedade de maneiras como o futuro pode se desenrolar e ver que a probabilidade de as coisas acabarem mal é alta demais para valer a pena continuar.

No momento em que desistir se torna a melhor escolha objetivamente, na prática, as coisas geralmente não parecerão particularmente negativas, mesmo que o presente contenha pistas que possam ajudar você a descobrir como o futuro pode se desenrolar. O problema é que, talvez por causa de nossa aversão à desistência, tendemos a racionalizar o presente e afastar as pistas que nos permitiriam ver como as coisas realmente estão ruins.

Stewart Butterfield viu como as coisas estavam ruins, apesar de todas as aparências. Ele observou o que estava acontecendo com a qualidade dos novos usuários e a quantidade deles que permaneceria para descobrir o que o futuro reservava para o *Glitch*.

No lugar de Butterfield, a maioria de nós se concentraria em uma versão cor-de-rosa do presente, ou, pelo menos, em uma que não fosse tão ruim que justificasse uma desistência. Afinal, você criou um ótimo jogo online que atraiu uma comunidade de 5 mil clientes dedicados. Parece incrível. Seus investidores estão encorajados. Seus cofundadores estão felizes. Você acabou de ter seu melhor mês de vendas e conquistou muitos novos clientes.

Você tem US$6 milhões no banco e precisa apenas resolver o problema de fazer com que mais pessoas permaneçam jogando. Todos os outros estão encorajados e esperam continuar.

Ou você está perto do topo do Everest, a apenas umas três horas do cume. Tem bastante oxigênio. Está apenas se movendo um pouco devagar, mas as condições de escalada parecem muito boas, o suficiente para que a maioria das pessoas continue subindo.

O momento ideal para Muhammad Ali se afastar pode ter sido depois que ele recuperou o título de George Foreman. Obviamente, isso exigiria habilidades sobre-humanas de viagem no tempo, talvez onisciência. Mas o momento certo foi depois de ele ter alcançado a ambição de sua vida e certamente antes de sofrer danos renais e neurológicos.

Teddy Brenner e Ferdie Pacheco não precisaram de onisciência para ver, depois da luta com Earnie Shavers em setembro de 1977, a alta probabilidade e gravidade de resultados negativos que viriam se Ali persistisse além dos 30 e poucos anos nessa perigosa profissão.

Isso ainda foi quatro anos antes de ele realmente desistir.

Não deveria surpreender que tomar boas decisões sobre a desistência requer uma viagem mental no tempo, já que o pior momento para tomar uma decisão é quando você está nele. É quando está no presente, enfrentando a decisão de cortar ou não suas perdas, incapaz de ver além do que está acontecendo agora.

Quando pensamos no futuro, muitas vezes estamos considerando nossas esperanças, nossas metas, nossas ambições. Esse otimismo significa que, com muita frequência, permitimos que um futuro desastroso se aproxime de nós, percebendo-o apenas quando está chegando à nossa porta.

Existe uma heurística bem conhecida na consultoria de gestão, segundo a qual o momento certo para demitir alguém é a primeira vez que isso passa pela sua cabeça. Essa heurística se destina a levar as empresas a tomarem essa decisão mais cedo, porque a maioria dos gerentes reluta em demitir funcionários, mantendo-os por muito tempo.

Demitir um trabalhador que não está tendo um bom rendimento é, claro, uma forma de desistência (do ponto de vista do empregador). As empresas têm que enfrentar essa situação o tempo todo. Para gerenciar sua força de trabalho, elas precisam decidir se devem demitir aqueles com baixo desempenho.

A contratação é uma decisão muito mais incerta do que a maioria das pessoas quer acreditar. Você tem o currículo de um candidato ao emprego, suas referências e algumas entrevistas. Isso é o equivalente a entrar em um relacionamento de longo prazo baseado em alguns encontros e dois amigos em comum. A taxa de sucesso da contratação de gerentes foi estimada há muito tempo em apenas 50%, o que combina completamente com a incerteza envolvida. Quanto você pode saber sobre a performance de um novo contratado antes de ele realmente fazer o trabalho por um tempo?

O que atenua o risco associado a uma decisão tão incerta é que os empregadores têm a opção de dispensar os funcionários, assim como os funcionários têm a de pedir demissão. Claro, isso significa que você precisa ser bom em exercer essa escolha. Mas decidir demitir alguém é, em si, uma decisão tomada sob incerteza que, como já exploramos em várias circunstâncias, contribui para nossa tendência de persistir por muito tempo.

É por isso que a heurística sobre quando demitir alguém é bem conhecida, mas nem sempre colocada em prática.

O erro de manter as pessoas por muito tempo depois de reconhecer que a situação não está dando certo carrega consigo um preço alto. Geoff Smart, consultor de gestão e especialista no assunto de contratação de equipes talentosas, analisou estudos feitos com os clientes de sua empresa e descobriu que, em custos tangíveis e perda de produtividade, um erro médio de contratação custa quinze vezes o salário do contratado em questão. É claro que, uma vez cometido esse erro, ficar muito tempo com o funcionário contribui para esse custo.

Isso vale para todos os nossos atrasos em mudar de rumo. Se não cortarmos nossas perdas quando necessário, elas continuarão a se acumular.

Isso expõe um equívoco comum sobre a desistência. Relutamos em nos afastar quando deveríamos porque temos a sensação de que isso retardará ou interromperá completamente o nosso progresso.

Mas é o inverso que é realmente verdadeiro.

Se você continuar em um caminho que não vale mais a pena seguir, seja um relacionamento que não está indo bem, ou uma ação em que você investiu e que está lhe fazendo perder dinheiro, ou um funcionário que contratou e não está tendo um bom desempenho, é nesse momento que você perde terreno.

Ao não desistir, você está perdendo a oportunidade de mudar para algo que criará mais progresso em direção aos seus objetivos. Sempre que fica atolado em um esforço fadado à derrota, é nessa hora que você está retardando seu progresso. Sempre que se apega a algo quando há melhores oportunidades por aí, é nessa hora que você está retardando seu progresso.

Ao contrário da crença popular, desistir o levará mais rápido aonde deseja ir.

Pensando no Valor Esperado

Para acertar na decisão de ficar ou desistir, você precisa dar um palpite sobre a probabilidade de as coisas irem do seu jeito e a probabilidade de elas irem contra você a fim de descobrir se as coisas boas acontecerão com uma frequência suficiente para justificar você continuar nesse caminho.

Essencialmente, você precisa pensar no *valor esperado*. Era isso que Stewart Butterfield estava fazendo.

O valor esperado (ou VE) ajuda a responder a duas perguntas. Em primeiro lugar, ele informa se as opções que você estiver considerando lhe serão, no geral, positivas ou negativas no longo prazo. Em segundo lugar, ele permite comparar diferentes opções para descobrir qual é a melhor escolha, que é simplesmente aquela que carrega o maior valor esperado.

Para determinar o valor esperado para qualquer curso de ação, você começa identificando o intervalo de resultados possíveis razoáveis. Alguns desses resultados serão bons, e outros serão ruins, em graus variados, e cada um deles terá alguma probabilidade de ocorrer. Se você multiplicar a probabilidade da ocorrência de cada resultado pelo tamanho do benefício ou do malefício que ele pode trazer e somar tudo isso, obterá o valor esperado.

Um exemplo simples: imagine que você está jogando uma moeda para o alto de forma honesta, o que significa que há 50% de chance de dar cara e 50% de chance de dar coroa. Digamos, neste exemplo, que, se sair cara, você ganhará US$100 e, se sair coroa, você perderá US$50. Multiplicando por 50% (a frequência com que a moeda dá cara) os US$100 que ganhará, você obtém US$50, que serão os ganhos esperados a longo prazo. Multiplicando a perda de US$50, de quando a moeda dá coroa, por 50%, o resultado é US$25 negativos, suas perdas esperadas no longo prazo. Subtrair US$25 de US$50 resulta em um ganho líquido de US$25. Portanto, essa proposição de cara ou coroa carrega um *valor esperado positivo* de US$25.

Observe que, embora a probabilidade de sair coroa seja a mesma que a probabilidade de sair cara (cada uma acontece 50% das vezes), o valor esperado é positivo, porque, quando você ganha, o lucro é maior do que a perda quando o resultado da moeda vai contra você.

Também é possível obter um valor esperado positivo, mesmo que o ganho possível seja muito menor do que a perda, desde que suas chances de ganhar sejam grandes o suficiente para compensar as perdas. Por exemplo, se você puder receber US$50 quando a moeda der cara ou perder US$100 quando ela der coroa, mas ganhará 90% das vezes e perderá apenas 10% das vezes, o valor esperado é US$35.

Essa é uma aposta que você deveria fazer.

Da mesma forma, existem situações em que o valor esperado pode ser positivo, apesar da pequena chance de você ganhar. Imagine jogar uma moeda que dá coroa 99% das vezes e cara 1% das vezes. Quando sair coroa, você perderá US$100, mas quando sair cara, você receberá US$100 mil. Mesmo que ganhe dinheiro apenas 1 em 100 vezes, a vitória é grande o suficiente para conferir à aposta um valor esperado positivo, da ordem de US$901!

(Claro, essa é uma aposta muito mais arriscada do que as outras duas. Gerenciar riscos é assunto de muitos outros livros, mas não deste.)

Ao pensar no valor esperado, o primeiro passo é perguntar: "O curso de ação que estou considerando (seja ele novo ou a continuação do que você está fazendo atualmente) tem um valor esperado positivo?" A segunda etapa é comparar esse valor esperado e o de outras opções que você pode estar considerando. Como tempo, atenção e dinheiro são recursos limitados, e só temos um número limitado de coisas que podemos fazer em nossa vida, quando consideramos se devemos nos ater a alguma coisa, precisamos nos perguntar: "Se eu fosse mudar e fazer outra coisa, isso teria um valor esperado maior do que o que estou fazendo atualmente?"

Se descobrir que um outro caminho carrega um valor esperado mais alto, sair daquele em que você está atualmente e mudar para o novo curso o levará mais rápido para onde está indo.

Não importa se você estiver pensando em jogar moedas ou em comprar ações nas quais as vitórias e perdas são medidas em dinheiro, ou se você está imaginando com quem se casar ou onde morar, decisões nas quais as vitórias e perdas são medidas em felicidade e qualidade de vida. O valor esperado é um conceito útil para determinar se vale a pena seguir o caminho em que você está.

Stewart Butterfield usou o valor esperado para decidir se continuaria desenvolvendo o *Glitch*. Como cofundador de uma startup, ele estava lidando com um empreendimento que tinha uma baixa probabilidade de sucesso, mas um enorme potencial de retorno.

A grande maioria das startups, obviamente, não se torna algo do tipo Slack, Netflix, Twitter ou Facebook. A maioria delas falha. Mesmo assim, a probabilidade de sucesso ainda pode ser alta o suficiente para fazer com que perseguir essa grande ideia valha a pena.

Isso revela o que estava incomodando Stewart Butterfield. Em sua viagem ao futuro durante sua noite insone de 11 de novembro de 2012, ele viu que a Tiny Speck não tinha uma probabilidade alta o suficiente de se tornar algo único a ponto de valer a pena perseverar nela.

Havia algum mundo futuro no qual ele poderia transformar o *Glitch* nesse algo único, mas a probabilidade era remota demais para justificar a saída de mais de 1 bilhão de dólares. Ele conseguia ver os maus presságios, mas quando você é um bom desistente, geralmente é o único capaz de ter essa leitura. Na época em que Butterfield contou da desistência para seus cofundadores e investidores em 12 de novembro, ele entendeu que desistir tinha um valor esperado melhor do que continuar.

Em essência, Stewart Butterfield estava pensando como um jogador de pôquer. Os vencedores do jogo não estão pensando em tentar ganhar uma única mão, aconteça o que acontecer. Eles sabem que, embora quaisquer duas cartas possam ganhar, apenas algumas mãos podem ganhar com frequência suficiente para valer a pena persegui-las. Os jogadores de pôquer estão tomando decisões com base no valor esperado de jogar ou desistir. Em outras palavras, se eles jogassem a mão repetidas vezes, qual escolha (ficar ou desistir) seria mais lucrativa a longo prazo?

Obviamente, não somos oniscientes, e a maioria de nós não fará com tanto primor quanto Stewart Butterfield essa viagem mental no tempo, mas cada um de nós é capaz de dar uma olhada no futuro, e isso vai ajudar você a melhorar suas decisões de desistência.

Decisões de Desistência São Decisões de Valor Esperado

No verão de 2021, recebi um e-mail de uma leitora que queria ajuda para decidir se deveria largar o emprego.

A Dra. Sarah Olstyn Martinez sentiu que havia chegado a uma encruzilhada em sua vida profissional. Ela era médica socorrista há dezesseis anos, tendo se apaixonado pela medicina de emergência desde o primeiro momento, quando, em 2005, passou pelo pronto-socorro de um hospital após a faculdade de medicina, durante seu estágio de um ano.

O Mount Sinai Hospital, onde Olstyn Martinez estagiou, era um importante centro de trauma em Chicago. Seu bairro, North Lawndale, é considerado um dos mais perigosos da cidade. De acordo com um estudo de 2019 sobre as tendências da violência com armas de fogo, com base em dados de pronto-socorro, "é correto dizer que o Mount Sinai Hospital vê uma grande porcentagem do total de violência com armas de fogo que ocorre em Chicago."

Foi um ótimo treinamento, e Martinez adorou a experiência de trabalhar em um importante centro de trauma. O estágio deu tão certo que ela fez sua residência de quatro anos em medicina de emergência.

Em 2009, Martinez se mudou para Austin, Texas, e se tornou médica de emergência no hospital onde trabalharia pelos próximos doze anos. Esse também era um trabalho que ela adorava.

As pessoas têm a ideia de que um médico socorrista fica por aí ressuscitando as pessoas, constantemente fazendo coisas loucas de vida ou morte. Claro, há um pouco disso, mas, como Olstyn Martinez descreve, a essência do trabalho está mais ligada ao desafio diário de lidar com o desgaste de ver a humanidade em seu momento mais solitário e doloroso.

Por exemplo, em um turno de 2021, seu primeiro paciente foi uma mulher de 90 anos de idade trazida de uma casa de repouso. Ela estava tão doente que não falava, e a Dra. Olstyn Martinez não conseguiu conversar com nenhum familiar para ajudá-la a descobrir o que havia de errado.

Na sala ao lado, uma mulher de 60 anos reclamou que alguém estava tentando envenená-la, porque, a cada baforada de seu cachimbo de crack, ela sentia palpitações.

A mulher negou veementemente a possibilidade de que o crack fosse o problema, já que ela o fumava há vinte0 anos.

Foi um trabalho emocionalmente desafiador e envolvente. Mas, dentro da comunidade do pronto-socorro, lidar com os aspectos difíceis do trabalho é o que torna os médicos socorristas especiais. Como disse Olstyn Martinez: "Um dos temas subjacentes da medicina de emergência é: se você não estiver sofrendo totalmente, nas trincheiras, emergindo do meio dos pacientes, você é [um covarde]."

No início, os benefícios de sua carreira claramente superavam os custos. As satisfações incluíam salvar vidas, servir a comunidade, resolver problemas como profissional altamente qualificada e eficaz, bem como participar da comunidade de médicos socorristas, lidando com a exposição a tantas situações cruciais e difíceis.

Um benefício adicional de trabalhar no pronto-socorro foi que isso proporcionou a Olstyn Martinez uma necessária separação entre vida pessoal e profissional.

Ela tinha turnos agendados e, quando terminavam, podia cuidar do resto da própria vida. Quer fosse para ir à academia ou levar o cachorro ao veterinário, ela tinha espaço para ficar longe do trabalho. Isso se tornou especialmente importante com o nascimento de suas duas filhas em 2014 e 2017.

Mas então, as circunstâncias mudaram.

Além dos turnos na emergência, a Dra. Olstyn Martinez se tornou diretora dos serviços de emergência e trauma do hospital em 2015 e, em 2020, também diretora sênior de qualidade do atendimento ao paciente de doze departamentos de emergência no sistema de saúde do hospital. Ao longo desses anos, à medida que suas responsabilidades administrativas foram se expandindo, os pontos negativos começaram a crescer.

Embora a Dra. Olstyn Martinez claramente se destacasse no seu cargo adicional como diretora, conforme evidenciado pela nova expansão de suas responsabilidades em 2020, as crescentes tarefas administrativas lhe permitiam trabalhar apenas seis turnos por mês como médica no pronto-socorro. Isso significava um tempo limitado para fazer a parte da profissão pela qual ela originalmente se apaixonara.

Por causa de sua carga de trabalho aumentada, especialmente durante um período de crescentes restrições financeiras na prática e na administração médicas, bem como de pandemia (é claro), o estresse do trabalho aumentou e cobrou seu preço. A fronteira entre sua carreira e o resto de sua vida evaporou. Este não era mais um trabalho que ela podia deixar para trás no final de um turno de emergência. Martinez não conseguia desligar o cérebro, pois recebia um fluxo ininterrupto de mensagens de texto e e-mails, todos representando incêndios que ela precisava apagar. Não havia tempo de inatividade.

Cada vez mais Martinez sentia que não estava totalmente presente em sua vida pessoal. Isso a magoou mais por causa de suas duas filhas pequenas. Certa noite, às 20h, percebeu que sua menina de 7 anos de idade estava tentando chamar sua atenção, repetindo: "Mãe. Mãe? Mãe! MÃE!!" Quando ela finalmente olhou para cima, a filha disse: "Você não está me ouvindo porque está olhando para o telefone. Está sempre no telefone."

E a menina estava certa.

Olstyn Martinez estava acostumada a lidar com uma carga de trabalho desafiadora, mas sabia que isso a estava afetando negativamente, bem como sua família. Ela estava levando tudo para casa e podia sentir isso fisicamente. Ela tinha problemas para dormir. Seu cabelo começou a cair de verdade.

A equação das coisas que Martinez amava em seu trabalho e os custos que elas apresentavam começou a mudar para ela.

Pensou em desistir por mais de um ano, mas nunca tomou uma atitude sobre isso. Então, em 2021, um amigo se ofereceu para recomendá-la para um emprego em uma seguradora. Olstyn Martinez percorreu o processo seletivo, e logo ficou claro que ela teria que tomar uma decisão, e rápido.

Mas ela se viu incapaz de decidir se deveria ou não assumir o novo cargo e deixar o antigo.

Foi quando Sarah entrou em contato comigo. Eu lhe respondi, e logo nos falamos pelo telefone.

Depois de ouvir sua história, fiz uma pergunta simples: "Imagine que, daqui a um ano, você permaneça no emprego em que está atualmente — qual é a probabilidade de estar infeliz ao final desse ano?"

Ela disse: "Sei que vou estar 100% infeliz."

Continuei perguntando: "Se, daqui a um ano, você mudar para este novo emprego que está considerando, qual é a probabilidade de ficar infeliz?" Martinez disse: "Bem, não tenho certeza."

"É 100%?"

Ela disse: "Definitivamente não."

Naquele momento, Martinez percebeu: "Oh, espere aí. Se eu continuar, sempre vou estar infeliz. Se eu mudar, às vezes vou ficar infeliz, mas, outras, não. Às vezes, vou encontrar uma satisfação real no trabalho para que estou me transferindo, e isso é melhor do que nada."

Tudo o que fiz foi reformular sua decisão de desistência, propondo um problema de valor esperado. Ela estava considerando duas opções: permanecer no emprego ou pedir demissão para assumir o novo cargo na seguradora. Qual deles tinha mais chance de aumentar sua felicidade e fazê-la se sentir melhor em relação ao relacionamento com as filhas?

Ela percebeu que aceitar o novo emprego tinha o maior valor esperado.

A história da Dra. Olstyn Martinez nos lembra que o valor esperado não trata apenas de dinheiro. Ele pode ser medido em saúde, bem-estar, felicidade, tempo, autorrealização, satisfação nos relacionamentos ou qualquer outra coisa que afete você.

Viajantes do Tempo Vindos do Passado

Costumo dizer que pensar no valor esperado é uma espécie de viagem mental no tempo que nos impulsiona até o futuro para vislumbrarmos a gama de resultados possíveis e fazermos algumas suposições razoáveis sobre a probabilidade de cada um deles.

Essa viagem no tempo, como meio de se tornar um desistente melhor, funciona em ambas as direções. Às vezes, como Stewart Butterfield ou Sarah Olstyn Martinez, você investiga o futuro usando as pistas que o momento presente oferece. Mas, outras, você pode obter o benefício de ouvir uma *mensagem do passado*.

Centenas de pessoas subiram o Everest antes da escalada de 1996 até o cume. Esses alpinistas anteriores descobriram os horários de retorno apropriados, sejam eles Rob Hall em 1995, Tenzing Norgay e Sir Edmund Hillary em 1953, ou qualquer um dos alpinistas intermediários. Às 11h30, enquanto Hutchison, Taske e Kasischke faziam a difícil escolha da desistência, aquelas pessoas do passado lhes deram um tapinha no ombro e avisaram: "Agora é a hora de voltar."

O almirante de quatro estrelas aposentado William McRaven, uma das figuras mais respeitadas do mundo da estratégia militar, da política externa dos EUA e das operações de contraterrorismo, participou em 10 mil missões da Marinha SEAL durante seus 37 anos de carreira, incluindo a organização e supervisão do ataque bem-sucedido contra Osama bin Laden, ecoou a importância desse aspecto da viagem no tempo para navegar com sucesso pelas decisões de persistir ou abandonar o curso durante uma missão militar.

O almirante McRaven é um estudante de longa data (além de professor, palestrante e autor) de história militar. Quando conversamos, ele apontou para uma parede de estantes cheias de livros atrás de si e disse: "Provavelmente três quartos das obras aqui atrás de mim são livros de história sobre batalhas que deram certo e que deram errado."

Ele falou sobre como esses livros de história o ajudam a acessar os viajantes do tempo do passado. Segundo o que explicou: "É Clausewitz vindo me dizer algo? É Napoleão vindo me contar a história? É Norman Schwarzkopf vindo me dizer alguma coisa?"

A própria experiência do almirante McRaven em todas essas missões também permite que versões anteriores dele transmitam mensagens importantes para o futuro. "Ao ver outro alvo mais tarde na carreira, você diz: 'Sabe de uma coisa? Eu fiz algo muito parecido com isso vinte anos atrás.' As pessoas novas que olham para aquilo dizem: 'Não tem como você fazer isso.' Eu respondo: 'Claro que podemos. Eu já fiz isso.'"

Quando você está decidindo se vai desistir, precisa ouvir aquelas pessoas do passado que estão lhe dando conselhos importantes. Às vezes, aquela que está enviando uma mensagem é alguém que já percorreu um caminho semelhante ao seu. E, às vezes, a pessoa que vem do passado é uma versão anterior de você.

Jogando Cara ou Coroa

Em 2013, o economista Steven Levitt, coautor do popular livro *Freakonomics: O Lado Oculto e Inesperado de Tudo que nos Afeta*, criou um site que convidava os visitantes a jogar uma moeda virtual para ajudá-los a decidir com precisão se desistiam ou permaneciam.

Os participantes registravam seus problemas, que englobavam uma variedade de tipos de decisões. Muitas delas foram grandes escolhas da vida, como "Devo largar meu emprego ou ficar nele?" ou "Devo deixar meu relacionamento ou continuar?" ou "Devo seguir na faculdade ou desistir?" Em outras palavras, eram escolhas normais do tipo que dá para imaginar que traz dificuldade para as pessoas.

O site atribuiria um lado da decisão, como permanecer no emprego, à cara, e o outro, como largar o emprego, à coroa. Quando os usuários clicavam na imagem da moeda, eles viam o resultado aleatório do cara ou coroa virtual.

Você pode estar cético quanto à possibilidade de as pessoas visitarem um site e jogarem uma moeda para ajudá-las a decidir desistir ou perseverar, mudando a própria vida. Mas, ao longo de 1 ano, 20 mil realmente fizeram isso.

Obviamente, essas pessoas devem ter sentido que a escolha entre desistir ou perseverar era tão próxima, tão meio a meio, que jogar uma moeda para se ajudar a decidir parecia uma opção razoável. É lógico que, se essas decisões fossem, na realidade, tão próximas quanto os que jogaram as moedas para cima achavam que eram, eles teriam a mesma probabilidade de ficarem mais felizes se a moeda caísse em cara ou se em caísse coroa, quer acabassem insistindo ou desistindo.

Essa é, afinal, a definição de escapar por um triz.

Mas não foi isso que Levitt encontrou. Quando ele acompanhou o uso da moeda dois e seis meses depois, descobriu que, para as grandes decisões da vida, as pessoas que desistiram eram, em média, mais felizes do que as que perseveraram, quer tivessem desistido por conta própria ou depois que a moeda se mostrou a favor da desistência.

Embora a diferença entre as opções pudesse parecer estar por um triz para as pessoas que decidiram, ela não estava. A julgar pela felicidade dos participantes, a desistência venceu.

O fato das pessoas ficaram muito mais felizes quando desistiram daquilo que consideraram uma decisão difícil, mostra que elas geralmente desistem tarde demais. Isso é exatamente o que estava acontecendo com Sarah Olstyn Martinez. Ela pensou que a diferença entre as opções era pouca, mas, assim que as coloquei em termos de valor esperado, Martinez percebeu que a diferença era grande.

Ressaltando esse ponto, Levitt concluiu: "Os resultados deste artigo sugerem que as pessoas podem ser excessivamente cautelosas ao enfrentar escolhas de mudar de vida."

O corolário disso também é verdadeiro. Quando as pessoas desistem na hora, geralmente parece que estão parando muito cedo, porque vai demorar muito para que elas vejam essa escolha como uma decisão difícil.

Isso é coerente com a ideia de que a balança pende contra a desistência. Acontece que nossa psicologia coloca um dedão na balança, de tal forma que, quando pensamos que as opções de desistir e persistir estão meio a meio, elas não estão nem perto disso.

Este livro vai aprofundar as forças cognitivas e motivacionais que favorecem o lado da persistência, bem como estratégias práticas para recalibrar a balança. Por enquanto, você pode considerar esta heurística simples como uma regra prática: *se você sente que tem uma decisão difícil para tomar entre desistir e perseverar, é provável que desistir seja a melhor escolha.*

Saltando sobre o Tubarão

Em 1985 ou 1987 (os relatos diferem), um par de estudantes da Universidade de Michigan, Jon Hein e Sean Connolly, estavam falando sobre os sinais de que seus programas de televisão favoritos haviam começado um declínio irreversível. Essa discussão gerou a famosa frase "jumping the shark" ["saltando sobre o tubarão", em tradução livre].

O exemplo definitivo que eles identificaram era da clássica e amada série de TV *Happy Days*, que foi ao ar pela primeira vez em janeiro de 1974. No seu auge, o programa tinha mais de 30 milhões de telespectadores. Hein e Connolly decidiram que *Happy Days* "saltou sobre o tubarão" no episódio 91 (da 5ª temporada, de setembro de 1977), quando, notoriamente, Fonzie, um personagem que era a personificação de um cara legal com uma jaqueta de couro, literalmente saltou sobre um tubarão.

Apenas para criar essa história, o programa teve que levar Fonzie do estado de Milwaukee para a Califórnia. Isso foi organizado fazendo com que alguns caçadores de talentos de Hollywood passassem pela cidade dele. A limusine quebra, e eles "descobrem" Fonzie e o convidam para um teste em Hollywood. O resto do elenco faz a viagem com ele.

A série culmina com Fonzie, em Hollywood, saltando, de esqui aquático à la Evel Knievel, sobre um tubarão. Como se isso não fosse ridículo o suficiente, ele salta vestindo sua jaqueta de couro, que é sua marca registrada, e um calção de banho.

Graças a essa origem, "saltar sobre o tubarão" tornou-se a máxima derradeira da cultura pop, amplamente usada para identificar quando algo bom se torna ruim. Agora, a frase é aplicada a programas de TV decadentes, franquias de filmes, atores e até mesmo atletas, políticos e influenciadores de mídias sociais.

Em retrospectiva, é possível ver o momento em que a pessoa em questão deveria ter desistido. Quando seu zagueiro favorito fica alguns anos a mais, é fácil identificar o ponto exato em que ele começou o declínio de seu auge. É fácil examinar um relacionamento passado e perceber quando as coisas começaram a piorar irremediavelmente. É fácil fazer uma retrospectiva e ver o momento em que ficou claro que a Blockbuster perderia para a Netflix.

Temos a expectativa de que as pessoas deveriam ter previsto o que podemos ver tão facilmente em retrospectiva. E quando não o fazem, não acreditamos em como são obtusos. Esse é o objetivo da expressão "saltar sobre o tubarão": zombar de quem não desiste na hora certa, por mais que seja muito mais difícil ver o tubarão de antemão, agir como um Stewart Butterfield e perceber isso com antecedência.

Mas o triste é que, por mais que zombemos de quem desiste tarde demais, quando alguém consegue parar a tempo, zombamos dele por ter desistido cedo demais.

Esse é o vínculo da desistência.

O Vínculo da Desistência

Na década de 1990, Dave Chappelle se tornou um ator e comediante popular de *stand-up*. Com a força de seus seguidores crescentes e um especial de sucesso da HBO, o Comedy Central estreou o *Chappelle's Show* em

2003. O programa se tornou um sucesso instantâneo, chamado de "um rolo compressor singular nos anais da comédia televisiva americana". Após a primeira temporada, a nova controladora do Comedy Central, a Viacom, concedeu-lhe um contrato de US$55 milhões por mais duas temporadas. O negócio também lhe deu liberdade para fazer projetos externos e uma participação nas vendas de DVD's, que atingiram níveis recordes.

Sua paixão era se apresentar para uma plateia ao vivo, então Chappelle continuou em turnê. Ficou claro que ele estava insatisfeito com a forma como o estrelato e a vida de celebridade interferiam em sua paixão. Em um show esgotado em Sacramento em junho de 2004, Chappelle saiu do palco depois que o público gritou continuamente o bordão de sua fala mais popular. Quando voltou ao palco, falou com a plateia e admitiu: "O programa está arruinando minha vida."

Em maio de 2005, Chappelle deixou a produção da 3ª temporada do *Chappelle's Show*. Ele abandonou seu enorme contrato (e as negociações de uma fortuna ainda maior). O mundo do entretenimento teve um ataque coletivo com a decisão do comediante, porque as pessoas não conseguiam entender por que alguém que estava no topo da carreira, cujo programa era um rolo compressor e que estava recebendo uma oferta tão lucrativa, iria desistir.

Desistir naquela situação parecia tão confuso que uma narrativa capturou essa perplexidade generalizada: Devia haver algo errado com Chappelle. O programa devia estar em franca decadência. O ator devia ter desaparecido. Devia ter um problema com drogas. Devia estar internado em uma clínica de saúde mental.

Nada disso era verdade.

Dave Chappelle desistiu porque conseguiu viajar para o futuro, onde pôde ver duas coisas. Em primeiro lugar, ele estava infeliz naquele futuro. Chappelle sabia que continuar com o programa afetaria a qualidade de sua vida de forma cada vez mais negativa.

Em segundo lugar, ele podia ver o tubarão. Sentiu que estava perto de cruzar a linha entre seu público rir *com ele* e rir *dele*. O programa pioraria, e a crescente infelicidade de Chappelle contribuiria para isso.

Como ele disse em uma entrevista duas semanas depois: "Quero ter certeza de que estou dançando, e não arrastando os pés." Perto do final da entrevista de noventa minutos, o ator perguntou: "Isso é suficiente para provar que não estou fumando crack ou internado em um hospício?"

Esse mesmo tipo de decepção surgiu quando Phoebe Waller-Bridge anunciou, em 2019, que acabaria com *Fleabag*. Em suas 2 temporadas (6 episódios em 2016 e outros 6 em 2019), o programa ganhou aclamação mundial. Após a segunda temporada, ele recebeu seis prêmios Emmy, incluindo Melhor Série de Comédia, Melhor Atriz em Série de Comédia, Melhor Direção para Série de Comédia e Melhor Roteiro para Série de Comédia. Apesar da explicação de Waller-Bridge de que acabar com a série era consistente com o arco da personagem principal, os fãs, sentindo-se abandonados, imploraram incessantemente por uma terceira temporada.

Ao longo da história da TV, várias outras séries acabaram no seu auge, incluindo *I Love Lucy* e *Seinfeld*. Normalmente, o sentimento público era de que esses programas deveriam ter continuado. Geralmente, seja Lucille Ball e Desi Arnaz, Jerry Seinfeld, Phoebe Waller-Bridge ou Dave Chappelle, as pessoas acham que os criadores estão desistindo cedo demais se ainda *não* "saltaram sobre o tubarão".

Dave Chappelle se mudou com sua família para a pequena cidade de Ohio, onde crescera. Ele voltou a se apresentar, lenta e ocasionalmente, mas em seus próprios termos. Em 2013, recomeçou a fazer tours. Em 2016, fechou um acordo com a Netflix, recebendo US$20 milhões por especial de *stand-up*. Chappelle apresentou o *Saturday Night Live* na semana seguinte à eleição presidencial de 2016, pelo qual ganhou um Emmy em 2017. Ele recebeu o Prêmio Mark Twain de Humor Americano em 2019.

É possível ver muitas semelhanças entre Dave Chappelle e Stewart Butterfield. Ambos desistiram em momentos em que seus empreendimentos estavam indo bem, porque ambos tiveram a visão de que o futuro parecia ruim, independentemente do quanto o presente parecesse bom para um olho destreinado.

A desistência liberou Chappelle, assim como Butterfield, para explorar outras oportunidades que lhe trariam maior felicidade e satisfação criativa.

Havia até elementos comuns em como a desistência dos dois seria percebida (ou em como eles achavam que ela seria percebida). Chappelle, é claro, teve que lidar com um mundo inteiro que pensava que ele devia estar drogado ou tendo um colapso mental. Butterfield não passou por nada parecido, mas estava preocupado que as pessoas percebessem a decisão que tomara como caprichosa, informando preventivamente a seus investidores: "Apenas se certifiquem de que isto fique claro: não estou fazendo isso porque estou inquieto ou entediado."

Esse comportamento, exercitando habilmente a opção de desistir, deixa-nos perplexos. Ao tentar dar sentido ao mundo, imputaremos todo o tipo de coisas. Os desistentes são covardes, loucos ou volúveis. Essa é a tendência humana quando não entendemos as coisas. Tentamos dar sentido a elas. Frequentemente, nossa compreensão é cruel com o desistente.

Resumo do Capítulo 2

- Desistir na hora geralmente parece desistir muito cedo.
- O momento mais difícil para tomar a decisão de desistir é quando você está nele.
- Nossa intuição é que desistir retardará nosso progresso. O inverso é realmente verdadeiro. Se você se afastar de algo que não vale mais a pena, isso o libera para mudar para algo que provavelmente o ajudará a atingir seus objetivos — e você chegará mais rápido ao seu objetivo.
- Quando for a hora certa para desistir, nada particularmente terrível estará acontecendo nesse momento. Parar na hora certa significa olhar para o futuro e ver que as chances de as coisas acontecerem do seu jeito são muito pequenas.
- Pensar no valor esperado ajuda você a descobrir se vale a pena se manter no caminho que está seguindo. O valor esperado não trata apenas de dinheiro. Ele pode ser medido em saúde, bem-estar, felicidade, tempo, autorrealização, satisfação nos relacionamentos ou qualquer outra coisa que afete você.
- Se sente que a escolha entre persistir e desistir é uma decisão difícil, é bem provável que desistir seja a melhor escolha.
- Em retrospectiva, dá para ver quando alguém esperou muito para desistir, e tendemos a ser duros ao julgá-lo. Mas quando alguém desiste antes que pareça óbvio para os outros, nós zombamos dele por ter desistido muito cedo. Esse é o vínculo da desistência.

CAPÍTULO 3

Devo Ficar ou Devo Ir?

No século entre o desenvolvimento da produção em massa de automóveis por Henry Ford e o dos aplicativos de compartilhamento de viagens, os motoristas de táxi foram os antepassados da "gig economy". A maioria deles sempre foi contratada na categoria autônoma. Não ganham por hora. A menos que possuam seu próprio táxi certificado, eles estão alugando o automóvel, pagando uma taxa fixa por doze horas.

Como não são funcionários contratados, não precisam dirigir as doze horas inteiras e, de fato, com frequência não o fazem. Eles podem escolher — e precisam escolher — quando dirigir ou não durante esse turno de doze horas.

Isso torna o comportamento dos motoristas de táxi um bom exemplo para estudar o comportamento de desistência.

Quando um motorista de táxi sai para trabalhar, há muita incerteza sobre todas as coisas que podem afetar favoravelmente ou desfavoravelmente suas condições de ganho. Existem alguns padrões de remuneração, mas, conforme dirigem, os motoristas terão mais informações sobre essas condições. Eles precisam estar sempre de olho nas condições de ganho em perspectiva e decidir com base no que veem: "Devo ficar ou devo ir?"

Economistas da velha guarda, sob a teoria do ator racional, preveem que os motoristas maximizarão o número de horas que dirigem quando houver muitas tarifas e eles estiverem ganhando mais dinheiro. Da mesma forma, minimizarão o número de horas ao volante quando não houver ninguém para atender.

Isso é semelhante ao objetivo dos melhores jogadores de pôquer ao continuarem jogando e ao pararem. Eles querem maximizar o número de horas em que estão indo bem e ganhando mais dinheiro e minimizar o número de horas em que estão indo mal ou em que as condições do jogo não estão boas.

Como descobrimos com o tanto que os economistas da velha guarda previram sobre as escolhas racionais, as coisas não funcionam como previsto quando examinamos o comportamento real dos seres humanos. O campo da economia comportamental se baseia na ideia de que existem circunstâncias em que somos sistematicamente irracionais. O comportamento dos motoristas de táxi (e da maioria dos jogadores de pôquer) definitivamente se encaixa nessa categoria.

O cientista comportamental Colin Camerer, professor da Caltech e pioneiro em neuroeconomia, estudou o comportamento dos motoristas de táxi com um grupo estelar de colaboradores, incluindo George Loewenstein, Linda Babcock e Richard Thaler. Eles coletaram planilhas de corridas de quase 2 mil taxistas da cidade de Nova York.

Os pesquisadores descobriram que os motoristas não tomam decisões particularmente boas sobre quando continuar dirigindo. E os erros que os taxistas cometeram foram duplos, tanto ao desistir cedo demais em boas condições de mercado quanto ao persistir por muito tempo nas ruins.

Em vez de maximizar o tempo de condução quando as tarifas eram abundantes e minimizar o período improdutivo, eles provavelmente paravam cedo quando havia muita demanda por seus serviços. Quando havia poucos passageiros, os taxistas trabalhavam doze horas inteiras, esgotando-se dirigindo por pouco benefício.

Camerer e seus colegas consultaram os motoristas (bem como os gerentes de frota) para entender a heurística que usavam para decidir quando continuar dirigindo e quando parar. Os pesquisadores descobriram que os taxistas estabeleciam uma meta diária de quanto queriam ganhar e usavam isso para determinar quando parar de trabalhar, ignorando as informações mais úteis sobre as condições de ganho que descobriam durante o turno diário.

Os motoristas desistiam cedo quando podiam facilmente pegar mais corridas, não porque pensassem que a próxima hora nas ruas não lhes renderia muito, mas simplesmente porque atingiram sua meta de renda do dia. Pela mesma razão, eles trabalhavam muito tempo em turnos improdutivos porque não queriam sair antes de atingir seu objetivo.

Parece muito claro que os taxistas não estavam pensando no valor esperado.

Se eles atingissem sua meta diária cedo, isso significava, por definição, que as condições de trabalho estavam muito boas. Isso revela que a heurística usada por eles estava fazendo com que desistissem em um momento em que a quantia que esperavam receber na próxima hora estava no topo do espectro de ganho. Da mesma forma, quando trabalhavam muitas horas e ainda estavam longe de sua meta, continuavam dirigindo quando, por definição, o valor que esperavam ganhar era baixo.

Quanto esse comportamento de desistência invertido custou aos motoristas? Caro.

Camerer calculou que eles ganhariam 15% a mais se trabalhassem exatamente o mesmo número de horas, mas as alocassem com base na demanda. Na verdade, se os taxistas escolhessem uma heurística aleatória, como trabalhar o mesmo número de horas todos os dias, independentemente das condições, eles ganhariam 8% a mais com essa estratégia do que com a que estavam usando.

Se os motoristas conseguissem descobrir melhor quando parar e quando ficar, eles chegariam aonde queriam — ganhando o máximo de dinheiro com seu táxi — em menos tempo, de 8% a 15% mais rápido. Claramente, há um custo enorme para uma calibração ruim entre persistir e desistir. Os taxistas tomaram decisões que os prejudicaram em ambas as direções, desistindo muito cedo *e* persistindo por tempo demais.

Até agora, abordamos como desistir na hora certa geralmente parece desistir muito cedo. É o que o trabalho de Steven Levitt nos diz. Mas os motoristas de táxi nos mostram que existem circunstâncias específicas em que realmente desistimos muito cedo, quando não somos corajosos o suficiente. Afinal, é por isso que existe um livro tão popular chamado *Garra*, que surgiu do trabalho influente e substancial de Angela Duckworth sobre o assunto.

O fato de cometermos os dois tipos de erros, às vezes permanecendo por muito tempo e, outras, desistindo muito cedo, não deveria ser tão surpreendente, porque essas duas não são decisões separadas. Elas são a mesma coisa. Sempre que escolher permanecer, você, por definição, não estará desistindo. O inverso é verdadeiro quando decide desistir. É lógico que, se formos ruins em um lado da equação, também seremos ruins no outro.

Os motoristas de táxi paravam de trabalhar muito cedo quando o andamento estava bom e continuavam dirigindo por muito tempo quando ele estava ruim. Se pudermos entender as circunstâncias em que cometemos esses erros, isso nos ajudará a entender porque somos tão ruins em desistir e como podemos melhorar nisso.

Ganhos de Papel e Perdas de Papel

O comportamento dos motoristas de táxi de Nova York dos anos 1990 é coerente com um estudo clássico de Daniel Kahneman e Amos Tversky que, publicado em 1979, encontrou um erro de calibração entre permanecer e desistir. Kahneman e Tversky, a partir da década de 1970, identificaram fatores comportamentais que explicavam quando e porque, frequentemente, nós nos afastamos de decisões perfeitamente racionais. Seu artigo de 1979 descreveu o que se tornou a pedra angular da economia comportamental, a teoria do prospecto.

A teoria do prospecto é um modelo que descreve como as pessoas tomam decisões, considerando preferências e vieses sistemáticos e envolvendo risco, incerteza, ganhos e perdas. Uma das principais descobertas dela é a *aversão à perda*, reconhecendo que o impacto emocional de uma perda é maior do que o impacto correspondente de um ganho equivalente. Na verdade, a sensação de perder parece nos atingir com uma força duas vezes maior do que a de ganhar.

Quando estamos escolhendo entre novas opções, a aversão à perda nos leva a favorecer aquelas que têm a menor perda absoluta associada, mesmo que tenham um valor esperado menor. Em outras palavras, nossa aversão a sofrer perdas nos leva a tomar decisões que um ator racional não tomaria.

Imagine receber as duas propostas a seguir, que lhe oferecem a escolha entre algo certo e uma aposta. Em cada caso, qual opção você escolheria?

A. Eu lhe devo US$100. Ofereço a você a escolha de pegar os US$100 ou jogar uma moeda. Se sair cara, eu lhe dou US$200. Se sair coroa, nada. Você topa jogar?

B. Você me deve US$100. Ofereço a você a opção de me pagar os US$100 ou jogar uma moeda. Se sair cara, apagará a dívida dos registros. Se sair coroa, vai me dever US$200. Você topa jogar?

Se você for como a maioria das pessoas e como os participantes de Kahneman e Tversky (e os de todos os estudos que replicam esse aspecto da teoria do prospecto), escolherá desistir quando estiver ganhando, obtendo o ganho certo de US$100 no primeiro cenário. Isso provavelmente faz sentido para você. Afinal, por que iria querer arriscar desistir dos US$100 que já tem no bolso para apostar no cara ou coroa?

Mas quando você está perdendo, como no segundo cenário, escolhe arriscar e jogar a moeda. Isso provavelmente também faz sentido para você. Se já perdeu US$100, por que não aproveitar a chance de recuperá-los?

Claro, para ambas as proposições, o resultado ficará empatado no longo prazo, não importa qual opção escolha. Caso ganhe US$100 quando lhe oferecerem jogar o cara ou coroa, você pode sair com uma vitória certa de US$100 ao recusar o jogo ou pode apostar. Se jogar a moeda, na metade das vezes, sairá com US$200 e, na outra metade, acabará sem nada, alcançando uma vitória idêntica de US$100 no longo prazo.

Se você estiver devendo US$100, as duas opções, novamente, oferecem resultados de longo prazo idênticos. Você pode assumir a perda certa de US$100 se recusar o jogo ou pode apostar. Caso jogue a moeda, apagará a perda de US$100 na metade das vezes e perderá US$200 na outra, alcançando uma perda esperada de US$100 no longo prazo.

O que a aposta lhe *oferece*, fora a diferença na quantia que você pode esperar ganhar ou perder a longo prazo, é a chance de mudar o resultado. O jogo oferece ao que escolhe a oportunidade de injetar a sorte na equação, transformando algo certo em um resultado de curto prazo mais incerto.

Essa diferença expõe uma assimetria entre quando queremos ir embora e quando queremos jogar. Estando *nos ganhos*, não queremos convocar a sorte para a equação, sorte essa que pode acabar com o que já ganhamos. Queremos desistir enquanto estamos na frente.

Mas estando *nas perdas*, vamos arriscar, convocando a sorte para a equação na esperança de podermos apagar o que já perdemos. De repente, a incerteza não nos incomoda. Quando estamos perdendo, *queremos* que a sorte esteja envolvida.

Ao tomarmos uma decisão do zero, ainda não tendo perdido ou ganhado nada, a aversão à perda cria uma preferência pelas opções associadas a uma menor chance de incorrer em prejuízo. Isso nos torna avessos ao risco e nos impede de começar, de escolher opções em que possamos perder.

Mas, quando já acumulamos perdas no papel, tornamo-nos caçadores de riscos. Posteriormente, Daniel Kahneman caracterizou isso como *aversão à perda certa*.

A aversão à perda certa nos faz querer continuar algo que já começamos. Isso ocorre porque a única maneira de garantirmos que transformaremos essas perdas no papel em perdas realizadas é desistir e recusar a aposta. Escolher a opção de jogar a moeda abre a possibilidade de evitarmos a necessidade de fazer isso.

Quando temos um ganho no papel, somos avessos a assumir qualquer risco que possa nos levar a perder o que já ganhamos. Agora, queremos garantir que possamos transformar esse ganho de papel em um ganho realizado, então, recusamos a aposta.

Kahneman e Tversky queriam descobrir se essas tendências eram fortes o suficiente para fazer com que as pessoas estivessem dispostas a pagar pela oportunidade de garantir um ganho certo, bem como pela chance de evitar uma perda certa. Imagine que mudamos nossas duas proposições para o seguinte:

A. Eu lhe devo US$100. Ofereço a você a escolha de pegar os US$100 ou jogar uma moeda. Se sair cara, eu lhe dou US$220. Se der coroa, nada.

B. Você me deve US$100. Ofereço-lhe a opção de me pagar os US$100 ou jogar uma moeda. Se sair cara, você apagará a dívida dos registros. Se der coroa, vai me dever US$220.

Observe que agora essas propostas não empatam.

Quando você ganha US$100, jogar a moeda lhe dará US$220 na metade das vezes e US$0 na outra metade. Isso significa que arriscar os US$100 que já ganhou jogando a moeda lhe renderá US$110 no longo prazo. Portanto, essa nova proposta agora é uma escolha entre o lucro de US$110 a longo prazo, se você apostar, e a vitória certa de US$100, se desistir e for embora. Caso recuse o cara ou coroa agora, também estará renunciando os US$10 de lucro extra.

Kahneman e Tversky descobriram que, de fato, as pessoas estão dispostas a desistir desse lucro extra para garantir a vitória certa. Elas pagarão esse preço para evitar que sua vitória evapore ao jogar de uma moeda e que sintam o arrependimento que acompanha a derrota.

Em nosso exemplo, elas estariam deixando passar um retorno de 10% sobre o investimento, o que é 10 vezes melhor do que qualquer conta de poupança na qual pudessem depositar esse dinheiro. No entanto, a maioria das pessoas desiste em vez de aproveitar.

Por outro lado, quando você tem aquela perda de US$100 no papel e lhe oferecem uma proposta em que, na metade das vezes, você vai apagar essa perda dos registros, mas, na outra metade, vai ter que pagar US$220, a proposta, agora, passa a carregar um valor esperado *negativo* de US$10. Agora é escolher entre aceitar uma perda certa de US$100 ou fazer a aposta que fará você perder US$110 no longo prazo. Isso significa que, se decidir jogar a moeda, estará perdendo US$10 a mais do que perderia se simplesmente desistisse e sofresse a perda certa.

Kahneman e Tversky descobriram que as pessoas vão, de fato, pagar o preço pela chance de incluir a sorte na equação, que é a única maneira de reverter a perda certa.

Um ator racional aceitaria o cara ou coroa no primeiro caso e o recusaria no segundo. Mas, como acontece com tantas outras coisas, as pessoas não se comportam racionalmente quando se trata de perdas e ganhos garantidos. A escolha sobre quando ficar e quando sair se inverte.

Dadas essas descobertas, vamos corrigir nosso aforismo de desistência para dizer: desistir na hora certa geralmente parece desistir muito cedo, e esse "geralmente" significa *especificamente quando você está perdendo*.

Desistir Enquanto Você Está à Frente?

Não é surpreendente, dado que a desistência tem uma reputação tão terrível, que não faltem conselhos conhecidos que desencorajam as pessoas a tomar tal decisão.

Mas há um aforismo que realmente encoraja os outros a desistirem: *desista enquanto estiver ganhando*. Assim como muitas dessas citações inspiradoras que elogiam a persistência ilimitada são maus conselhos, esta única amostra de sabedoria que incentiva a desistência, apesar de ter sobrevivido por mais de quatrocentos anos, não é boa.

Desistir enquanto você está ganhando amplifica a irracionalidade exata que Kahneman e Tversky encontraram.

Ocasionalmente, desistir enquanto se está ganhando é, claro, um conselho razoável, especialmente quando você conseguiu vencer em algo que é uma proposta perdida em longo prazo. Como nos jogos Bacará ou *Craps*. Imagine que você estava jogando Bacará e ganhou algumas centenas de dólares. Isso seria sorte, porque, para cada dólar que aposta no jogo, você perde 2,5 centavos. A longo prazo, se continuar jogando, seus ganhos vão evaporar, porque, como dizem, a casa sempre ganha.

Essa é uma boa hora para desistir enquanto você está ganhando. Quando a próxima mão que jogar for uma proposta prejudicial.

Mas quando as pessoas desistem enquanto estão ganhando, geralmente não é porque caíram em si, percebendo que tiveram a sorte de superar as probabilidades de perderem. Elas desistem quando estão na frente simplesmente pelo fato de estarem na frente, não importa se a situação em que se encontram é favorável ou desfavorável a longo prazo. Se desistirem de uma proposta prejudicial, provavelmente é acidental. Elas só não querem correr o risco de perder o que já acumularam, mesmo que tenham que pagar um preço para desistir.

Afinal, esse é a conclusão da descoberta de Kahneman e Tversky.

O verdadeiro conselho que devemos dar às pessoas é mais complicado e não cabe em um slogan de quatro palavras: "Desista enquanto está ganhando... quando o jogo que estiver jogando ou o caminho que estiver trilhando for uma proposta prejudicial." Se você estiver em uma situação que acarrete um valor esperado negativo, desista. Mas continue quando ela tiver um valor esperado positivo.

Mas isso contribui para um aforismo pesado. Tente estampar isso em uma xícara de café.

Pegue o Dinheiro e Corra

Os *traders* de varejo — pessoas não qualificadas que negociam ativamente online — também mostram a mesma tendência de desistir quando estão ganhando e permanecer quando estão perdendo. Alex Imas, agora professor da Booth School of Business da Universidade de Chicago, replicou essa conhecida descoberta de Kahneman e Tversky em 2020 com vários colegas em um ambiente não laboratorial.

Os *traders* da plataforma, no momento em que abrem uma vaga, dão ordens para fechá-la quando ela atinge um determinado preço acima ou abaixo do estipulado no contrato. Estas são conhecidas como ordens *take-profit* (ou *take-gain*) e operações *stop-loss*. (Embora os jogadores de pôquer geralmente não estabeleçam ganhos, eles geralmente definem *stop-losses*, abandonando os jogos depois de perderem uma certa quantia de dinheiro.)

Observe que aderir a uma ordem *stop-loss* força os *traders* a transformarem uma perda no papel em uma perda realizada enquanto adotar uma ordem *take-gain* faz o oposto, fazendo com que eles arrisquem os ganhos no papel se a negociação não lhes for favorável. É como se eles se comprometessem antecipadamente a recusar o cara ou coroa quando estivessem perdendo US$100 e aceitassem o jogo quando estivessem ganhando US$100.

Os pesquisadores queriam descobrir se os *traders* mantinham suas ordens *take-gain* e *stop-loss* ou se eles se pareciam mais com os participantes de Kahneman e Tversky, preferindo continuar apostando quando estavam perdendo e desistir quando estavam ganhando.

Como Alex Imas me explicou: "Quase ninguém atinge sua ordem de lucro. Eles saem manualmente antes disso." Em outras palavras, os *traders*, a fim de garantir uma vitória certa, desistirão mais cedo do que o momento que a ordem de lucro lhes indicaria independentemente da possibilidade de a decisão de continuar nessa posição levá-los a vencer. Quando eles têm uma vitória no papel, não se interessam em adicionar mais sorte à equação, arriscando perder ganhos que poderiam embolsar.

(Espero que esteja ficando muito claro como o conselho "desista enquanto você está ganhando" é ruim, porque ele encoraja nossa tendência natural à irracionalidade em tais situações.)

Por outro lado, quando os *traders* estão perdendo, eles cancelam suas ordens *stop-loss*, preferindo apostar que a posição vai se recuperar e que eles não terão que transformar sua perda no papel em uma realizada, uma decisão que carrega consigo o risco de acumular retornos negativos cada vez maiores.

Nosso objetivo, obviamente, deve ser persistir quando tivermos um valor esperado positivo, independentemente de já termos vencido ou perdido em um curso de ação anterior. Como essas decisões são tomadas sob incerteza, raramente sabemos ao certo se continuar ou desistir é a melhor escolha. Da mesma forma que é mais fácil para os motoristas de táxi verem se atingiram uma meta diária, é mais fácil para qualquer um de nós ver se estamos à frente ou atrás e, então usar esse sinal para determinar se devemos ou não perseverar.

O resultado é que vamos desistir quando estivermos na frente, mesmo que estejamos abrindo mão de boas oportunidades de ganhar mais. Se estamos para trás, não queremos desistir, mesmo que, ao persistir — para tentar chegar ao lado do zero —, tenhamos mais chances de piorar as coisas.

Eu vi isso rotineiramente no pôquer. Quando a maioria dos jogadores recebiam o menor pretexto para desistir de um jogo quando estavam ganhando, eles disparavam para o caixa, tirando as fichas da mesa e levando-as até lá. Mas também é verdade que, quando estavam na derrota, ficavam grudados na cadeira. Muitas vezes, vi jogadores de pôquer habilidosos perderem dinheiro no jogo e se recusarem a desistir quando estavam bêbados, cansados, com raiva ou simplesmente incapazes de jogar bem.

Essa estratégia de desistir enquanto se está à frente custa dinheiro de verdade aos jogadores de pôquer, fazendo com que eles minimizem as horas em que estão jogando bem, porque isso está relacionado à vitória, e maximizem as horas em que estão jogando mal, porque isso está relacionado à perda.

Não se engane, você também está perdendo dinheiro com isso. Seja no mercado de ações ou em algum outro investimento, essa tendência comportamental está afetando seus resultados.

Quão Inteligente é o Dinheiro Inteligente?

Obviamente, os *traders* que fizeram suas operações *stop-loss* não eram especialistas. Mas, se fossem, será que essa tendência evaporaria? Se tem experiência e conhecimento suficientes em alguma área, você consegue decidir melhor quando desistir?

Isso seria coerente com o que acontece no pôquer. Jogadores experientes tomam melhores decisões sobre quando desistir de uma mão e quando desistir de um jogo. E acontece que a experiência também ajuda os motoristas de táxi a se tornarem melhores desistentes.

Em um artigo de 2015, Henry Farber, economista de Princeton, analisou dados de 2009 a 2013 sobre o comportamento de taxistas. Ele descobriu que motoristas veteranos, embora imperfeitos, tomavam melhores decisões sobre quando continuar dirigindo e quando parar do que os taxistas mais novos.

Se a experiência torna os jogadores de pôquer e os motoristas de táxi mais calibrados, talvez os investidores experientes consigam decidir melhor do que os investidores de varejo quando e o que vender.

Klakow Akepanidtaworn, com um grupo de colegas, incluindo Alex Imas, fez exatamente essa pergunta e a resposta é... *mais ou menos*.

A análise dos pesquisadores mostrou que os investidores experientes superam os erros comumente cometidos pelos *traders* de varejo. Esses gerentes de carteira não seguiram a simples heurística de desistir enquanto estavam ganhando e permanecer quando está perdendo. Mas a análise também mostrou uma assimetria na qualidade de suas decisões de compra e venda.

Os pesquisadores analisaram dados de participantes sofisticados do mercado, mais de 700 gerentes de carteira institucional, com ativos médios sob gestão avaliados em quase US$600 milhões. Não surpreendentemente, eles descobriram que as decisões de compra feitas pelos investidores especializados tinham um desempenho muito melhor do que um *benchmark* que apenas indexava o mercado. A ação média comprada por esses gestores de carteira superou o *benchmark* em mais de 120 pontos base anuais (ou 1,2 pontos percentuais).

Esses investidores passam a maior parte do tempo encontrando ótimas estratégias e teses para investir, lucrando com suas pesquisas e expertise. É possível ver o quanto suas decisões sobre o momento certo de entrar em uma posição estão superando o *benchmark* no gráfico a seguir, que rastreia seus retornos excedentes ao longo do tempo.

Mas e quanto às suas decisões de desistência? Como estão suas decisões sobre quais ações vender?

Para entender como esses investidores especialistas eram bons nas escolhas do lado da venda, Akepanidtaworn, Imas e seus colegas compararam as decisões de venda reais dos investidores com uma estratégia hipotética em que esses simplesmente escolhiam aleatoriamente qual ação vender entre as participações que tinham na carteira no momento da venda.

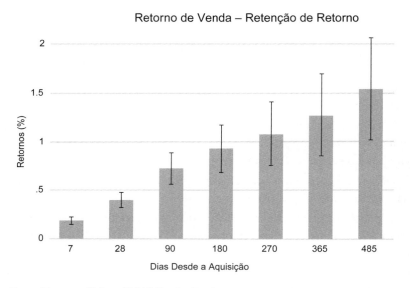

Akepanidtaworn, Klakow, Rick Di Mascio, Alex Imas e Lawrence Schmidt, "Selling Fast and Buying Slow: Heuristics and Trading Performance of Institutional Investors", *SSRN Electronic Journal* (2019), doi.org/10.2139/ssrn.3301277.

Em outras palavras, quando eles saíram de uma posição, qual era a diferença entre eles decidirem desistir de uma ação e atirarem dardos, às cegas, nas suas carteiras de investimento, vendendo qualquer patrimônio no qual o dardo caísse?

Muita, ao que parece.

A vantagem que esses especialistas têm na compra de ações não é refletida quando as vendem. Enquanto eles estão *ganhando* 120 pontos-base em retornos excedentes nas decisões de compra, estão *perdendo* de 70 a 80 pontos-base, anualmente, nas decisões de venda. Isso significa que eles estariam em melhor situação se escolhessem algo aleatoriamente em sua carteira para decidir o que vender.

É possível ver isso no gráfico a seguir, que mostra o quanto eles estão perdendo ao longo do tempo em comparação com o lançamento aleatório de dardos.

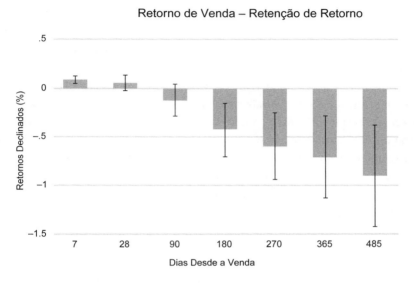

Akepanidtaworn *et al.*, "Selling Fast and Buying Slow".

Para esses investidores especializados, grande parte dos retornos excessivos significativos que foram gerados por suas decisões sobre quais ações adicionar à carteira é perdida nas decisões de venda devido ao custo de oportunidade. Você pode pensar assim: se eles tivessem escolhido aleatoriamente o que vender, teriam mais dinheiro para investir em melhores oportunidades.

Quer se trate de investidores de qualquer tipo, motoristas de táxi, participantes de Kahneman e Tversky, jogadores de pôquer ou alpinistas escalando o Everest, podemos ver que essa falta de habilidade em desistir tem um alto custo.

Os autores vasculharam os dados para tentar entender qual estratégia esses investidores especialistas estavam usando para decidir o que vender. Os pesquisadores descobriram que, quando os acionistas vendiam, eles o faziam principalmente para gerar fundos para suas próximas posições. Isso ditava o *timing*. Então, quanto às ações que os investidores venderam para liberar esses fundos, perceberam que os acionistas estavam usando uma heurística que tinha pouco a ver com o valor esperado. Em vez disso, eles tendiam a vender ações apenas se fossem vencedores extremos ou perdedores extremos na carteira.

Em outras palavras, ao comprar, esses investidores experientes estavam tentando encontrar posições que seriam uma boa aposta dali para frente. Ao vender, parece que não estavam trabalhando tanto, ou mesmo nada, nesse sentido, fosse no momento de assumir posições ou nas perspectivas futuras dessas posições.

A melhor estratégia de desistência seria examinar todas as suas participações, não apenas as que estavam no final da carteira, de modo a decidir quais iriam gerar o menor valor esperado dali para frente e vendê-las. Isso maximizaria o valor da carteira como um todo. Afinal, essa é a estratégia de compra deles, que executam com habilidade e sucesso, usando estratégias incríveis baseadas em dados para gerar retornos excessivos.

Isso levanta a questão do porquê, em um ambiente tão rico em dados, eles não estavam percebendo o problema com suas decisões sobre quando desistir ou usando os dados para modelar uma solução para o problema.

Obtendo Feedback Sobre as Coisas Que Você Não Faz

Quando se trata de desistir, temos um problema de feedback. Quando estamos fazendo algo, estamos naturalmente o monitorando. Sabemos como está ficando, porque esse é o caminho que estamos seguindo. Seja escalando o Everest, ou administrando uma empresa, ou tendo um relacionamento, ou trabalhando, estamos monitorando essas coisas porque estamos inseridos *nelas*. Essa é a linha do tempo *em* que estamos.

Mas quando saímos delas, há um problema duplo em obter feedback.

Primeiro, para a maioria das coisas das quais desistimos, não há dados óbvios disponíveis sobre como a situação teria sido, se tivéssemos nos apegado a elas. É meramente hipotético ou contrafactual. E se eu não tivesse fechado aquele negócio? E se tivesse ficado naquele emprego? E se tivesse mudado de curso ou de faculdade?

Em vez de dados, tudo o que temos são esses "E se...?"

Isso torna difícil comparar se escolher desistir foi melhor do que escolher manter o curso. Não temos nada com o que comparar essa decisão diretamente, exceto com o que existir em nossa imaginação.

Segundo, quando desistimos das coisas, geralmente seguimos o lema: *o que os olhos não veem o coração não sente*. Não monitoramos naturalmente as coisas das quais não fazemos parte. Isso é, provavelmente, o que está causando o problema dos gerentes de carteira. Quando assumem uma posição, eles a acompanham todos os dias, porque ela faz parte da carteira. Mas uma vez que ela sai, eles já não a monitoram da mesma maneira, porque a posição agora está fora de seus registros. Não faz mais parte de sua declaração de ganhos e perdas, pelo menos não que eles saibam.

O trágico em tudo isso é que esses investidores estão na rara situação em que realmente existem os dados para que eles saibam da qualidade de suas decisões. Podem obter respostas para perguntas como: Vendi na hora certa? Vendi muito cedo? Vendi tarde demais? Eu deveria ter escolhido outra coisa da minha carteira para vender para ter um desempenho melhor em relação ao *benchmark*?

Quando esses pesquisadores investigaram isso, descobriram que os investidores continuavam perdendo com essas decisões de desistência simplesmente porque não estavam fazendo a análise para descobrir.

Os *traders*, às vezes, criam diários secretos das coisas que estavam pensando em comprar, mas não compraram, para rastrear como essas decisões poderiam ter ocorrido. Uma solução que recomendei para clientes que trabalham com o mercado financeiro é usar a mesma estratégia para resolver o problema de feedback nas decisões do vendedor. Crie um livro que rastreie essas decisões do lado da venda e veja como elas estão se saindo em comparação com um *benchmark* de como teriam se saído caso algo diferente da carteira fosse vendido aleatoriamente no mesmo período.

Existem muitas situações em que, por mais que monitoremos, não há nada que possa nos dizer como as coisas teriam acontecido se tivéssemos mantido o curso. Mas o problema dos gestores de carteira tem uma solução óbvia. Eles precisam acompanhar suas decisões de venda com o mesmo rigor com que acompanham suas decisões de compra.

Resumo do Capítulo 3

- Uma descoberta importante da teoria do prospecto é *a aversão à perda*, o fenômeno no qual o impacto emocional de uma perda é maior do que o impacto correspondente de um ganho equivalente.

- A aversão à perda cria uma preferência por opções associadas a uma menor chance de incorrer em prejuízo. Isso nos torna avessos ao risco.

- Quando estamos nos ganhos, temos a tendência de desistir muito cedo para evitar o risco de devolvê-los. Em outras palavras, gostamos de desistir enquanto estamos ganhando.

- Quando estamos nas perdas, nós nos tornamos caçadores de riscos. Queremos continuar, esperando não precisarmos perceber a perda. Daniel Kahneman caracterizou isso como *aversão à perda certa*. Em outras palavras, gostamos de permanecer quando estamos atrás.

- Desistir na hora certa *geralmente* parece desistir muito cedo, e esse "geralmente" significa *especificamente quando você está perdendo*.

- Os investidores de varejo mostram esse padrão de desistir quando estão ganhando e permanecer quando estão perdendo.

- Mesmo investidores experientes não acertam nas decisões de desistência. Eles têm desempenho superior nas decisões de compra, mas desempenho inferior nas de venda.

- É natural acompanharmos as coisas que estamos fazendo e obtermos feedback sobre elas. Mas, uma vez que desistimos de algo, também paramos de acompanhar esse curso de ação. Isso cria um problema para a obtenção de feedback de alta qualidade, o que, por sua vez, dificulta o aprimoramento de nossas habilidades de desistência.

Desistir Quando o Mundo Está Assistindo

El Capitan é a montanha mais famosa e impressionante do mundo. Localizada dentro do Parque Nacional de Yosemite, "El Cap" é extremamente ampla, com mais de setenta rotas de escalada reconhecidas. Da base ao cume, são mais de 900m verticais.

A primeira subida, em 1958, envolveu uma equipe que passou 46 dias ao longo de 16 meses perfurando e parafusando o granito, puxando-se por cordas.

Cinquenta e oito anos depois, em 2016, o alpinista de elite Alex Honnold decidiu levar a escalada da formação rochosa a um nível insano, quase inimaginável. Em uma rota extremamente difícil chamada *Freerider*, ele escalaria no estilo *free solo*. Tudo por conta própria. Tudo em um dia. Da base ao cume sem instalar ou mesmo usar parafusos ou pontos de apoio além dos que a natureza disponibilizava. E sem usar cordas para auxiliá-lo na subida ou, mais importante, para parar ou limitar o que poderia acontecer se ele caísse.

Honnold confidenciou a algumas pessoas — quase todos também escaladores de elite — que estava pensando em escalar a *Freerider* na modalidade *free solo*. Ele concordou em deixar seu amigo Jimmy Chin filmar seu processo para o que Chin imaginou que seria um documentário incrível, não apenas porque Honnold era um dos poucos alpinistas que consideraria algo tão perigoso, mas porque ninguém jamais havia tentado uma subida *free solo* do El Capitan.

Quase todos os alpinistas usam cordas de segurança ao escalar montanhas. O corpo humano raramente consegue sobreviver a uma queda maior que 25 metros. Para formações rochosas com centenas, ou mesmo milhares de metros de altura vertical, cair significa morrer.

Mesmo os alpinistas mais habilidosos do mundo (que se consideram escaladores "livres") reconhecem e aceitam a inevitabilidade da gravidade. Escaladores livres permanecem presos a cordas por segurança, mas não as usam para ajudar na escalada, da mesma forma que trapezistas ou equilibristas usariam uma rede (ou cordas) apenas para ampará-los se caírem. A escalada livre é considerada um teste de habilidade de alpinismo que o perdoa, se você escorregar a mais de 25 metros acima do solo.

A escalada *free solo* é o mesmo teste de habilidade, mas você morre da primeira vez que comete um erro, porque não há cordas para impedir sua queda de uma altura fatal. É por isso que existem tão poucos escaladores *free solo* e a maioria dos famosos alpinistas dessa categoria não está mais entre nós.

Tal façanha é o teste definitivo de aprovação e reprovação. Tommy Caldwell, outro alpinista de elite e amigo que ajudou no treinamento de Honnold, disse: "Imagine uma conquista atlética no nível da medalha de ouro olímpica em que, se não conseguir a medalha de ouro, você vai morrer. É assim que é o *free solo* de El Cap. Você tem que fazer tudo perfeitamente."

Filmar Honnold também foi um processo difícil, caro e delicado. Chin recrutou uma equipe de filmagem de alpinistas experientes. Como Chin e Caldwell, a maioria deles eram amigos de Honnold. Eles tiveram que descobrir como colocar, configurar e operar dez câmeras em diferentes pontos da rota. Também tiveram que fazer isso de forma invisível, certificando-se de não interferir ou ajudar na subida.

Honnold passou vários meses em 2016 praticando — com cordas — as complexidades de todas as trinta seções (conhecidas como "arremessos") da rota *Freerider*. Seu treinamento foi frequentemente documentado pela equipe de filmagem, incluindo a vez em que ele escorregou enquanto praticava no Pitch 6, *Freeblast Slab* (146m de altura). Honnold estava preso a uma corda, então sua queda foi de "apenas" 10m, ainda alto o suficiente para que ele torcesse o tornozelo e rompesse um ligamento.

Três semanas após a lesão, apenas parcialmente recuperado, ele retomou os treinos e logo decidiu tentar sua escalada *free solo*, antes que o inverno que se aproximava fechasse essa janela para 2016.

A equipe do documentário filmou tudo.

Na manhã de sua tentativa, ele acordou às 3h30 e começou a escalar no escuro. A equipe de filmagem teve que, simultaneamente, ficar fora de vista e chegar às suas posições. Quando alcançou o Pitch 6, uma câmera o capturou à distância, ele e seu farol como única iluminação.

Pendurado na montanha no Pitch 6, Honnold sentiu que não podia confiar em seus pés.

Esta foi uma configuração perfeita para tomar uma decisão ruim sobre continuar a escalada. Ele havia investido meses se preparando. Gastou dinheiro. Vários outros alpinistas dedicaram tempo para ajudá-lo a se preparar, alguns se penduraram na rocha para filmá-lo. Muitos deles eram seus amigos íntimos, incluindo Jimmy Chin, que estava filmando a sua tentativa.

Chin tinha um monte de filmagens, mas juntar tudo em um documentário sem uma grande tentativa de chegar ao cume da montanha seria como tentar vender um filme do *Rocky* que termina com a montagem do treinamento. Não haveria documentário, se Honnold só subisse 146m até o Pitch 6 e desse meia-volta.

Pior que era o fim da temporada. "Espere até o próximo ano" pode significar a mesma coisa que "nunca" quando você depende do comportamento de um alpinista *free solo* que ainda quer fazer isso no ano seguinte — ou mesmo estar vivo para tentar.

Apesar de todas as forças se opondo à desistência de Honnold naquele momento, ele propositalmente estragou sua tentativa, puxando um parafuso de proteção próximo. De um microfone colocado em seu saco para magnésio, ele disse: "Está péssimo. Eu não quero ficar aqui. Para mim já deu."

Ele desceu. Toda a equipe desceu. O grupo se dispersou, e Honnold voltou para sua van (que também era onde morava) e dirigiu 563km até sua casa em Las Vegas.

Alex Honnold voltou em junho do ano seguinte com a equipe reunida e alcançou o cume com sucesso em uma escalada *free solo*. O *New York Times* chamou isso de "uma das maiores façanhas atléticas de todos os tempos". Jimmy Chin e a codiretora Elizabeth Chai Vasarhelyi lançaram o documentário *Free Solo* em 2018.

O filme ganhou o Oscar de Melhor Documentário.

Praticamente todo mundo que assiste *Free Solo* fica surpreso com a dificuldade do que Honnold estava tentando fazer, o perigo e a habilidade envolvida (sem mencionar o processo de documentar tudo). Obviamente, como uma façanha física, a ascensão *free solo* de Alex Honnold em junho de 2017 foi, de fato, incrível, aparentemente sem igual.

Mas muito menos óbvio foi o *feito mental* de desistir e voltar no Pitch 6. Assim que ele tomou a decisão de seguir em frente e começar a escalar naquela manhã de 2016, todas as forças — exceto, obviamente, a gravidade — pressionavam-no a persistir. Ele havia investido meses em treinamento. Seus amigos, além de investir seu tempo e dinheiro no esforço, estavam literalmente arriscando suas vidas para filmar a tentativa. O projeto de um filme inteiro estava em jogo.

Entender o que tornou a tomada de decisão de Honnold tão excepcional nos ajudará a entender melhor as forças que nos levam a persistir por muito tempo e as estratégias que podem nos ajudar a nos tornarmos mais parecidos com Honnold em nossas decisões sobre quando persistir e quando desistir.

PARTE 2

Nas Perdas

CAPÍTULO 4

Escalada de Compromisso

No final da década de 1930, os pais de Harold Staw estavam entre os milhões de norte-americanos que se mudaram com suas famílias da Costa Leste para o sul da Califórnia, a última fronteira para perseguir o Sonho Americano. A família de Shirley Posner fez uma mudança semelhante para Los Angeles, onde ela conheceu Harold. Eles se apaixonaram, casaram-se em 1940 e tiveram dois filhos enquanto Harold trabalhava em uma indústria bélica em Los Angeles durante a Segunda Guerra Mundial.

Após a guerra, Harold e Shirley se estabeleceram em San Bernardino, ao longo da extremidade leste de uma área conhecida como Inland Empire, a quase 100 km de Los Angeles. Os anos de guerra foram bons para aquela cidade, um centro de produção de defesa bélica. À medida que a prosperidade se espalhou, grande parte do Inland Empire passou de fazendas e pomares de frutas cítricas para áreas residenciais.

O padrasto e a mãe de Harold administravam uma mercearia, de modo que ele e Shirley seguiram o exemplo, comprando uma loja no bairro. Eles obtiveram um pequeno lucro, mas, depois de vários anos, Harold conseguiu perceber um mau presságio. Grandes redes de supermercados estavam assumindo o controle e, eventualmente, seria impossível para uma empresa familiar competir com elas.

Harold precisava encontrar um negócio mais promissor.

Em 1952, ele notou uma oportunidade única em Fontana, 16 km a oeste de San Bernardino, ao longo da rota de uma nova rodovia que deveria, um dia, chegar até Los Angeles. Fontana era uma cidade industrial em expansão. A Kaiser Steel abrira uma enorme fábrica lá durante a Segunda Guerra Mundial, e o município ficou ainda mais movimentado quando os Estados Unidos entraram na Guerra da Coreia.

Harold achava que todos aqueles trabalhadores — a maioria deles recém-chegados à região que agora ganhavam um bom salário — representavam um mercado para o qual ele poderia vender eletrodomésticos. Como todos os trabalhadores da fábrica pertenciam ao sindicato dos metalúrgicos, o estabelecimento de Harold vendia exclusivamente para membros do sindicato, como uma loja de varejo em uma base militar.

No início, ele tinha pouco além de sua ideia. Com a pequena quantia de dinheiro que os Staws ganharam com a venda da mercearia, Harold só poderia alugar uma pequena propriedade que anteriormente abrigava galinhas. Mas, com a ajuda de Shirley e seus dois filhos pequenos, ele entusiasticamente limpou as penas de galinha do espaço e abriu a Union Store.

Ele não tinha dinheiro para manter muito estoque — toda a operação era, literalmente, básica — mas usou as limitações de espaço e seu orçamento para oferecer preços com desconto. Os clientes podiam ver vários produtos em exposição. Se eles vissem uma geladeira ou um fogão de que gostassem, Harold os encomendava ao fabricante.

A ideia acabou sendo um primeiro passo visionário na construção de uma rede varejista de sucesso. O galinheiro convertido em loja foi tão bem que Harold o expandiu para uma propriedade maior em Upland, mais 32 km a oeste na rodovia enquanto a construção continuava. A loja de Upland tinha mais espaço, mais estoque e agora apresentava utensílios para o lar, além de eletrodomésticos. Harold expandiu sua base de clientes, abrindo a loja para membros de outros sindicatos (e depois abandonou completamente a exigência de associação).

Os anos 1950 foram um período de crescimento desenfreado para Harold Staw e, ao que parecia, para tudo ao seu redor. A população do Inland Empire cresceu quase 80% durante a década. A área da Grande Los Angeles (uma extensão que, depois de um tempo, cobriria 54 mil quilômetros quadrados), cada vez mais ligada pelo sistema rodoviário californiano em rápida expansão, tornou-se uma das maiores e mais crescentes áreas metropolitanas do mundo. Ondas aparentemente intermináveis de indivíduos se aglomeravam em busca das oportunidades e do estilo de vida prometido pelo sul da Califórnia. Essas pessoas encontraram bons empregos, ganharam renda crescente, começaram e construíram famílias, tornaram-se proprietárias de casas e, por fim, mudaram-se para residências maiores.

Precisavam de aparelhos, utensílios domésticos e de muitos bens de consumo. E Harold Staw era o homem certo para vender a elas.

Ele abriu uma loja ainda maior, agora rebatizada de ABC, em Montclair (apenas a mais 5 km a oeste na rodovia). Harold negociou um contrato de arrendamento de cinquenta anos na propriedade. Sua lucratividade superou, e muito, qualquer coisa que poderia ter imaginado quando estava em Fontana ou que poderia ter alcançado em Upland.

Em rápida sucessão, ele começou a comprar concorrentes, expandindo e, em um dos casos, fundindo-se com outro proprietário de algumas lojas. A ABC Store em Covina — no meio caminho entre San Bernardino e Los Angeles, localizada na rodovia ainda em expansão — era cavernosa, com mais de 30 mil metros quadrados. Era o maior ponto de venda da Califórnia, se não de todo o país. Harold transformou as lojas em verdadeiros centros comerciais. Além de oferecer de tudo, desde roupas a utensílios para o lar e grandes eletrodomésticos, ele alugou espaço para prestadores de serviços especializados, como seguradoras e optometristas.

No início dos anos 1960, a ABC Stores era uma importante rede de varejo no sul da Califórnia. Em 1961, Harold Staw expandiu com seu maior negócio até então, fundindo a loja com a varejista de descontos Sage Stores, com sede no Texas. A Sage vinha de raízes familiares para Harold. Enquanto Staw começara se especializando em vendas para membros do sindicato, a Sage começara vendendo para funcionários do governo. (Sage era um acrônimo para *state and government employees* ["funcionários do estado e do governo", em tradução livre].)

Staw se tornou o maior acionista e CEO da empresa combinada, chamada Sage International. Uma oferta pública de ações em 1962 avaliou a empresa, inicialmente, em US$10 milhões, com a família Staw possuindo mais de 30%.

A ascensão de Harold Staw, como a maioria das histórias de sucesso, veio de uma combinação de habilidade e sorte. Notavelmente, ele saiu de praticamente nada para uma posição de riqueza significativa (e potencialmente uma riqueza ainda maior estava por vir). Seus principais ativos iniciais eram inteligência, garra e coragem, que usou para capitalizar os desenvolvimentos favoráveis que previra, mas que estavam fora de seu controle: as mudanças demográficas da geração *baby boomer* e o crescimento da cultura de consumo.

Essas tendências favoráveis continuaram no sul da Califórnia nos anos 1960 (e além), mas as oportunidades de varejo com desconto se tornaram tão lucrativas que acabaram atraindo concorrentes que Harold Staw não conseguiu superar, vencer nas negociações ou adquirir controle mediante compra.

O ano da fusão com a Sage foi também o ano em que abriu o primeiro Kmart.

O próprio Kmart, mais tarde, foi empurrado para fora do mercado pelo Walmart e pela Target (que abriram suas primeiras lojas em Arkansas e Minnesota, respectivamente, também em 1962), mas, nos anos 1960, era vez do Kmart de empurrar. Isso foi especialmente verdadeiro na Califórnia. A SS Kresge, uma rede nacional de produtos vendidos a 5 e 10 centavos de dólar já bem-sucedida, construiu seu primeiro Kmart ao norte de Los Angeles, em San Fernando, em janeiro de 1962. No final do ano, já havia dezoito unidades da loja em todo o país.

Os Kmarts surgiram a uma curta distância dos estabelecimentos de Harold, às vezes do outro lado da rua ou no final do quarteirão. A rede teve força para superar os preços de Staw. Por ela usar a mesma estratégia de localizar e operar seu império em expansão às custas de outros varejistas locais, os varejistas independentes da Califórnia começaram a cair no esquecimento.

No final dos anos 1960, a ABC (nome que ainda se mantinha nas unidades da Califórnia) havia deixado de ser lucrativa.

No Texas, a Sage manteve o sucesso, continuou a abrir novas lojas e prosperou. O Kmart ainda não havia se expandido significativamente no Texas. Até mesmo o Walmart, fundado no vizinho Arkansas, não veio para o estado até 1975. Isso foi bom para a empresa controladora, porque o crescimento da Sage compensou as crescentes perdas da ABC.

No entanto, isso foi problemático para Harold Staw. Ele era o CEO da Sage International e seu maior acionista, mas os operadores das lojas do Texas (que possuíam um bloco significativo de ações por causa da fusão) ficaram cada vez mais chateados por estarem subsidiando as perdas de Harold na Califórnia. Eles queriam se livrar das lojas ABC; vendê-las enquanto ainda tinham algum valor. Isso significava se livrar da parte da empresa que Harold havia construído.

A escolha parecia bastante clara.

Harold dirigia uma empresa com ativos bons (no varejo do Texas) e ativos ruins (no varejo da Califórnia). Ele não tinha uma boa resposta para a ameaça competitiva do Kmart. Além disso, seus acionistas do Texas estavam ameaçando se revoltar, reconhecendo que a Sage International (da qual ele era e continuaria sendo o maior acionista) seria muito mais lucrativa sem aqueles ativos da Califórnia.

No entanto, Harold não iria vender ou fechar as unidades do ABC. Elas eram seus bebês. Ele as criara, alimentara e fizera crescer. Elas foram a personificação de tanto trabalho e tantas decisões inteligentes e oportunas.

No início dos anos 1970, o ressentimento dos acionistas do Texas explodiu em uma briga por procuração e um processo caro e confuso. O corte mais cruel ocorreu quando um dos amigos mais próximos de Harold, que também era seu advogado de longa data, mudou para o lado do Texas, entrando com o processo contra ele.

Mesmo diante dessa turbulência na Sage International, Harold se recusou a se separar da ABC. Em vez disso, negociou um acordo no qual desistia de qualquer participação nos ativos lucrativos da Sage International e se tornava o único proprietário dos ativos não lucrativos. Os acionistas do Texas retomaram suas lojas Sage, os sócios de Harold na fusão anterior retomaram suas duas lojas da Califórnia, e ele ficou com o restante das lojas californianas.

Para continuar competindo com o Kmart, Harold começou a pegar a riqueza que ele e Shirley acumularam ao longo de duas décadas e a investiu em uma tentativa inútil de salvar seu negócio.

Em poucos anos, um pouco de sorte caiu em seu caminho, na forma de uma oferta de compra da Fred Meyer Inc. Fred Meyer era uma rede varejista de descontos regional bem-sucedida fundada no Oregon que estava procurando uma posição segura na Califórnia. Na época, ela tinha mais de quarenta lojas em quatro estados e era uma empresa pública desde 1960.

Harold recusou a oferta.

Ele acabou perdendo todas as suas operações de varejo, assim como toda a riqueza acumulada de sua família. A única coisa que impedia que Harold e Shirley ficassem completamente falidos era aquele contrato de aluguel de cinquenta anos da propriedade de Montclair. Depois que a ABC Stores se foi, ele conseguiu ganhar um pouco de renda ao alugá-la para outras lojas.

Ironicamente, muitos desses inquilinos sucumbiram à mesma recusa em se adaptar ao cenário de negócios em mudança que foi a ruína de Harold. A CompUSA, por exemplo, fez parte da lista de anunciantes do Super Bowl de 2002 que, mais tarde, faliram, bem como da dos inquilinos de Harold.

Olhando de fora para o que aconteceu com Harold Staw, é fácil perceber que ele estava ignorando alguns sinais bastante claros de que agora estava em um jogo perdido: sua incapacidade de competir com o Kmart, a evasão dos outros independentes diante do novo ambiente, a atitude de seus ex--parceiros de fusão, a virada de seu amigo próximo e advogado, que tomara partido contra ele.

Se Harold não teve a oportunidade de abandonar a ABC e lucrar com uma posição na Sage, certamente teve a chance de, posteriormente, sair da empresa com as condições favoráveis oferecidas por Fred Meyer. No entanto, ele *escolheu* continuar investindo no esforço condenado, despejando quase tudo o que havia acumulado.

O mistério de tudo isso é o *porquê*: O que cegou um tomador de decisão tão ágil e flexível dos sinais claros bem na frente dele? Como alguns dos mesmos comportamentos que o ajudaram a prosperar (por meio de coragem, determinação e perseverança) acabaram causando seu fracasso (por meio de inflexibilidade, intratabilidade e, talvez, até mesmo arrogância)?

Parece que, se conseguirmos chegar ao fundo desse mistério para Harold Staw, poderemos fazê-lo para muitas outras pessoas, inclusive para nós mesmos.

Afundado até os Joelhos no Lamaçal

A primeira frase de um dos primeiros e mais influentes trabalhos acadêmicos identificando nossa tendência de persistir em empreendimentos fadados ao fracasso, mesmo diante de fortes sinais de que devemos desistir, explica de maneira muito simples porque tal comportamento é tão confuso:

De forma intuitiva, seria de se esperar que os indivíduos revertessem decisões ou mudassem comportamentos que resultassem em consequências negativas.

O autor deste artigo seminal de 1976, "Afundado até os Joelhos no Lamaçal: Um estudo sobre o compromisso crescente com um curso de ação escolhido", é o filho de Harold e Shirley, Barry Staw. Enquanto seu pai lutava de maneira inflexível uma batalha perdida contra o Kmart e alguns de seus próprios acionistas, Barry Staw estudava para participar de uma geração de cientistas sociais que vinham desenvolvendo novas abordagens para descobrir porque ficamos presos em empreendimentos perdidos, persistindo por muito tempo diante de más notícias e quais estratégias funcionam melhor para aprimorar o afastamento.

Staw atingiu a maioridade durante a Guerra do Vietnã e viu o envolvimento dos EUA nesse conflito como um exemplo paradigmático de como é fácil ficar preso nas coisas depois que as iniciamos. Ele considerou o envolvimento dos Estados Unidos na Guerra do Vietnã um vívido exemplo das consequências desastrosas da nossa incapacidade de desistir: algo vivo, extremo e que se deu em câmera lenta.

O desejo de desvendar o mistério desse porquê se tornou a força motriz por trás de seu trabalho. O título de seu artigo histórico de 1976, "Afundado Até os Joelhos no Lamaçal", era até uma referência à canção antiguerra de Pete Seeger de 1967, "Waist Deep in the Big Muddy".

No final da guerra, acreditava-se amplamente que o conflito era invencível, mas mesmo os tomadores de decisão que estavam cientes disso não conseguiram livrar os Estados Unidos da guerra e, em vez disso, eles reagiram com o que Staw mais tarde chamou de uma *escalada de compromisso* com o curso de ação que os levou à derrota, respondendo à crescente consciência de que não havia caminho real para a vitória dos Estados Unidos com o *aumento* do compromisso da nação para com a guerra.

Staw apontou para a revelação dos Documentos do Pentágono, uma história secreta do Departamento de Defesa sobre aquela guerra que fora publicada, apesar da objeção do governo, pelos jornais *The New York Times* e *The Washington Post*. Segundo ela, o subsecretário de Estado, George Ball, alertara o presidente Lyndon Baines Johnson em 1965 sobre o inevitável envolvimento no conflito: "Uma vez que sofremos grandes baixas, já teremos iniciado um processo quase irreversível. Nosso envolvimento será tão grande que não poderemos — sem humilhação nacional — deixar de alcançar nossos objetivos completos. Das duas possibilidades, acho que a humilhação seria mais provável do que a conquista de nossos objetivos — mesmo depois de pagarmos preços terríveis."

Johnson, claro, não seguiu o aviso — e foi exatamente isso que aconteceu. A Guerra do Vietnã custou aos Estados Unidos quase US$200 bilhões (o que, ajustado à inflação atual, chega a cerca de US$1 trilhão). Ela matou 58 mil soldados americanos e feriu outros 300 mil. Isso encerrou a carreira política de Lyndon Johnson, custando-lhe a chance de um segundo mandato. A guerra criou uma desconfiança geracional no governo e nas autoridades de maneira geral.

Esse problema com a escalada do compromisso das guerras invencíveis é um refrão familiar. Depois que os Estados Unidos entraram no Afeganistão, eles levaram vinte anos para sair, apesar de três presidentes diferentes terem prometido fazê-lo. Após 2 décadas de envolvimento e um custo de US$2 trilhões, o Talibã recuperou o controle apenas alguns dias após a retirada das tropas americanas, revelando o fato de que essa era uma guerra que os Estados Unidos nunca venceram.

A visão central de Staw sobre a escalada de compromisso é que esse fenômeno não está confinado a questões como a Guerra do Vietnã, um complexo conflito geopolítico com orgulho nacional envolvido. Seus experimentos de laboratório e de campo mostram que, seja no nível individual, organizacional ou governamental, quando recebemos más notícias, quando recebemos fortes sinais de que estamos perdendo — sinais que os outros veem claramente — não apenas nos recusamos a desistir. Dobramos e triplicamos nossos esforços, tomando decisões adicionais para comprometer mais tempo e dinheiro (e outros recursos) com a causa perdida e *fortalecemos* nossa crença de que estamos no caminho certo.

Barry Staw pode ter percebido isso apenas mais tarde, mas o conjunto do seu trabalho sobre a escalada de compromisso nos ajuda a entender como a coragem que auxiliou Harold Staw a construir um império de negócios o levou à ruína, como seu pai pôde ignorar sinais tão claros de que ele deveria sair dos negócios da Califórnia até que finalmente não ficou com nada além do aluguel da propriedade de Montclair.

Esperando até Doer

Sabemos que, quando as apostas são altas, pode ser difícil desistir. Mas algumas das descobertas mais fascinantes nessa área são sobre como os riscos podem ser *baixos* quando aumentamos nosso compromisso. Um estudo, publicado um ano antes do artigo de Staw, tratava do simples ato de esperar. Os psicólogos Jeffrey Rubin e Joel Brockner realizaram um divertido experimento para responder a duas perguntas: quanto tempo as pessoas esperarão por algo que nunca chega e que preço pagarão para continuar esperando? Acontece que elas esperarão um tempo surpreendentemente longo e pagarão uma quantia que claramente excede o valor do que estavam esperando.

Os pesquisadores ofereceram aos alunos um pagamento de até US$8 (equivalente a US$45 atualmente) para completar com sucesso um jogo de palavras cruzadas em um teste de velocidade. Para obter o valor total, eles tinham que completar o quebra-cabeça em menos de 3 minutos, e a recompensa diminuía a cada minuto além do prazo, por fim, chegando a US$0. Eles poderiam desistir a qualquer momento, mesmo que não resolvessem nenhuma das pistas do quebra-cabeça, e ganhar US$2,40 por participar, mas apenas se desistissem antes que o tempo decorrido começasse a consumir esse pagamento.

Como várias das palavras cruzadas eram muito difíceis, eles poderiam solicitar um dicionário (isso foi antes de todos terem acesso à internet), mas havia apenas um disponível, e eles foram informados de que vários outros participantes também estavam quebrando a cabeça com as palavras cruzadas em outras salas. Isso significava que eles teriam que fazer uma pausa para esperar que o dicionário ficasse disponível, mas o relógio continuaria funcionando.

Os participantes do estudo não sabiam, mas, na verdade, não havia dicionário, portanto, a espera seria indefinida.

Pouco mais da metade das pessoas esperou pelo dicionário inexistente *além* do momento em que o prêmio por completar o quebra-cabeça caiu para menos de US$2,40. Nas palavras dos autores, eles esperaram "além desse 'ponto sem retorno', tendo sido apanhados em um conflito do qual não havia mais uma saída satisfatória".

A escalada do compromisso custa caro. Se os participantes tivessem ido embora antes, teriam ganhado mais. Pode parecer que desistir nos atrasa, mas Rubin e Brockner mostram que, muitas vezes, a culpa é da persistência.

O trabalho sobre a escalada de compromisso nos últimos 45 anos — em diferentes experimentos de laboratório, experimentos de campo e explicações para comportamentos comumente observados — mostrou que esse tipo de armadilha das causas perdidas ocorre em uma variedade de cenários e circunstâncias.

Existem várias maneiras de ficarmos presos em nossas decisões. Diante da oportunidade e das informações relevantes, insistimos demais, rejeitando a chance de desistir e apoiando nossa decisão original gastando ainda mais recursos para tentar salvar o empreendimento.

Isso é verdade, quer envolva passar mais tempo esperando na fila ou travar uma guerra invencível, ou permanecer em relacionamentos e empregos ruins por muito tempo, ou esbanjar dinheiro em um carro que vale menos do que os seus reparos estão nos custando. É por isso que uma casa pode se tornar um desastre financeiro. É por isso que não abandonamos um filme terrível quando já começamos a assisti-lo. É por isso que as empresas continuam a desenvolver e oferecer suporte a produtos que estão claramente falhando ou a buscar estratégias muito tempo depois de as condições mudarem.

George Ball estava certo. Esse tipo de comportamento é a regra. Perseverar diante de probabilidades desfavoráveis, como Ali ou Rob Hall fizeram, não é uma exceção. Desistir de um curso de ação que vai levar à derrota antes de ele fracassar, sim. Pessoas como Stuart Hutchison, Stewart Butterfield e Alex Honnold são as exceções.

Resumo do Capítulo 4

- Quando estamos perdendo, é mais provável que não apenas nos mantenhamos em um curso de ação que nos levará à derrota, mas também dobremos nossos esforços. Essa tendência é chamada de *escalada de compromisso*.
- A escalada de compromisso é robusta e universal, ocorrendo com indivíduos, organizações e entidades governamentais. Todos nós tendemos a ficar presos em cursos de ação que já iniciamos, especialmente diante de más notícias.
- A escalada de compromisso não ocorre apenas em situações de alto risco. Também acontece quando as apostas são baixas, demonstrando a difusão do erro.

CAPÍTULO 5

Custos Irrecuperáveis e o Medo do Desperdício

Em 2008, os eleitores da Califórnia aprovaram a emissão de US$9 bilhões em títulos para a construção de um sistema ferroviário de alta velocidade conectando Los Angeles e São Francisco. O sistema, capaz de viajar a até 350 km/h, também conectaria os californianos ao longo de toda a rota de maneiras potencialmente transformadoras.

Os motores econômicos do estado são os centros costeiros do norte (Bay Area e Vale do Silício) e do sul (Los Angeles e San Diego). A maior velocidade e mobilidade permitiriam que o restante da Califórnia participasse da prosperidade concentrada naqueles litorais. Também aliviariam os mercados imobiliários superdesenvolvidos nas áreas metropolitanas do norte e do sul, permitindo às pessoas um deslocamento razoável em distâncias maiores.

Quando a emissão dos títulos foi aprovada, estimou-se que a rota seria concluída em 2020, a um custo de US$33 bilhões, e que o sistema ferroviário geraria uma receita operacional anual de US$1,3 bilhão até 2020, com um superávit operacional de US$370 milhões, tornando o sistema autossustentável e cada vez mais lucrativo a partir de então. Os títulos emitidos cobriam apenas cerca de um quarto do custo previsto para a conclusão do projeto, mas o restante seria feito com recursos federais, fundos estaduais adicionais e parcerias público-privadas.

Todas essas projeções e planos vieram da Autoridade Ferroviária de Alta Velocidade da Califórnia (ou, como se denomina, "a Autoridade"). Ela foi responsável desde o início pelo planejamento, projeto, construção e operação do sistema. A Autoridade é a tomadora de decisão, sendo supervisionada pelo governador e pela legislatura estadual.

A Autoridade elabora um novo plano de negócios e atualiza as projeções a cada dois anos. Como os custos e as datas de conclusão continuaram se elevando nessas atualizações, também ficou cada vez mais claro que os planos e projeções não tinham nenhuma conexão com a realidade — nem os originais nem as revisões posteriores.

Em um exemplo impressionante de como as previsões da Autoridade estavam longe do alvo, você se lembra da estimativa de US$1,3 bilhão em receita operacional para 2020? A Autoridade ficou aquém desse número. Quão longe? Ela previu US$1,3 bilhão a mais. Nenhuma parte da linha está operacional.

Dada a precisão das projeções anteriores da Autoridade, não há base para acreditar que as estimativas revisadas de 2029 (para o início dos serviços) ou 2033 (para conclusão das obras) sejam razoavelmente alcançáveis. Isso não deveria ser muito surpreendente, já que ela aprovou a construção do primeiro segmento em 2010 (40 km entre Madera e Fresno), mas só a iniciou *5 anos depois*.

Um bom sinal de que a construção vai demorar para terminar: quando o seu *início* é adiado em meia década.

Por que tudo isso está demorando tanto? Acontece que existem dois obstáculos de engenharia titânicos para conectar a parte central e interna da rota planejada com as principais áreas metropolitanas em cada extremidade do estado. Primeiro, precisam descobrir uma maneira de construir uma trilha ou explodir as montanhas Tehachapi, o que é necessário para conectar Bakersfield até Los Angeles ao sul da construção. Essa questão é insignificante em comparação com um segundo gargalo, uma parte do Diablo Range conhecida como Pacheco Pass, que fica entre o Central Valley e a Bay Area ao norte.

Não é que a Autoridade não tivesse como saber da existência dessas barreiras em 2010. As montanhas Tehachapi e o Pacheco Pass existem há pelo menos 5 milhões de anos, certamente já estavam ali na época em que a

Autoridade montou a rota, assim como o plano de explodir as montanhas e construir longos túneis por baixo delas.

Em 2018, a Autoridade admitiu que os túneis sob o Pacheco Pass apresentam "a maior incerteza em termos de custo e cronograma". Ela sabe que haverá enormes gastos e dificuldades para detonar montanhas, enfrentar obstáculos geológicos técnicos e atravessar uma falha sísmica ativa. Mas o que não sabe é se, como, quando ou a que custo pode fazer isso.

Em 2020, a Autoridade admitiu a enormidade do desafio de engenharia. Os corredores de túneis do projeto (incluindo o Pacheco Pass e as montanhas Tehachapis) "perfazem quase 80% do custo total estimado" de conclusão.

Você pode supor que, depois de finalmente reconhecer que lidar com os dois gargalos será incerto e, possivelmente, impraticável e proibitivamente caro, a Autoridade descobriria os detalhes da solução desses desafios antes de fazer qualquer construção adicional. Afinal, se ela não consegue descobrir como conectar Los Angeles e São Francisco a um custo que os contribuintes estejam dispostos a pagar, qual é o sentido de construir qualquer outra via?

No entanto, em 2019, em vez de aproveitar o que parecia ser, do ponto de vista de quem está de fora, o momento perfeito para encerrar tudo, o governador Gavin Newsom aprovou um plano para concluir um trecho da pista ligando Bakersfield a Merced, no norte do estado, completamente desconectado daqueles dois gargalos de engenharia. Merced fica a 177 km de São Francisco, no lado errado do Pacheco Pass. E Bakersfield fica a 160 km de Los Angeles, no lado errado das montanhas Tehachapi.

Assim que concluírem essa trilha, o plano é voltarem a atenção para a construção que liga São Francisco e o Vale do Silício, duas áreas já muito bem conectadas por rodovias. Ainda pior do que a redundância de construir aquele trecho da rota é que ambas as áreas ficam ao norte do Pacheco Pass.

Assim, numa jogada que desafia o bom senso, o plano é continuar construindo sem enfrentar os problemas que acabarão sendo responsáveis por pelo menos 80% do custo do trem-bala. Por ser mais barato e fácil, vão construir um sistema muito rápido que não vai *de* algum lugar ou *para* algum lugar, ou, pelo menos, não envolve as rotas que as pessoas razoavelmente esperavam da promessa no início do projeto, em 2008.

Essa abordagem faz quase o mesmo sentido de executar um plano para colocar condomínios na Lua, construindo-os na Terra primeiro e esperando até que a construção termine para descobrir toda a parte de "Como os colocamos na Lua?"

Consequentemente, as projeções atuais de iniciar o serviço em 2029 ou concluir a linha em 2033 parecem extremamente otimistas e, essencialmente, sem sentido. Isso também se aplica a qualquer valor colocado nas projeções do custo do próprio trem-bala. Em junho de 2021, a Autoridade gastou mais de US$8,5 bilhões no planejamento e construção de infraestrutura ferroviária de alta velocidade. E o custo estimado para completar o sistema já explodiu de US$33 bilhões para incríveis US$105 bilhões.

Essas estimativas nem sequer incluem explodir montanhas e construir túneis no norte e no sul, porque foi apenas nos últimos anos que a Autoridade identificou a enormidade desse problema, mas ela não descobriu os detalhes, especificamente o detalhe do custo de tal grande empreendimento.

Dada a situação atual do projeto, é uma boa aposta dizer que, se os tomadores de decisão soubessem o que sabem agora sobre o custo do trem-bala e o tempo necessário para a sua construção, ele não teria sido aprovado em primeiro lugar.

Mas, tendo iniciado o projeto, a Autoridade parece não querer desistir e cortar suas perdas.

O Efeito do Custo Irrecuperável

Quando se trata de projetos de obras públicas fora de controle, como o trem-bala, se você estiver familiarizado com o espaço da economia comportamental, a primeira coisa que provavelmente lhe vem à mente é: "Isso parece um problema de custo irrecuperável".

Richard Thaler foi o primeiro a apontar, em 1980, o efeito do custo irrecuperável como um fenômeno geral, descrevendo-o como um erro cognitivo sistemático no qual as pessoas, ao decidirem se vão continuar e gastar mais, levam em consideração dinheiro, tempo, esforço ou quaisquer outros recursos que tenham investido anteriormente no esforço em questão.

Um tomador de decisão perfeitamente racional consideraria apenas os custos e benefícios futuros ao decidir se deve continuar com um curso de ação. Em outras palavras, se o rumo continuasse tendo um valor esperado positivo, o ator racional perseveraria. Se o valor esperado fosse negativo, ele desistiria.

Quarenta anos de experimentos e trabalho de campo em uma variedade de domínios mostram que as pessoas se comportam conforme a hipótese de Thaler em relação aos custos irrecuperáveis. Nas decisões sobre seguir em frente, elas *levam em consideração* o que já gastaram. Fazem isso porque, irracionalmente, pensam que a única maneira de recuperar ou justificar os custos é continuar.

Simplificando, o efeito do custo irrecuperável faz com que as pessoas permaneçam em situações nas quais deveriam desistir.

Para ilustrar, imagine este simples experimento mental: uma banda que você ama está vindo para a sua cidade e fará um show ao ar livre. No dia do evento, está um frio de rachar, chove forte, e a previsão é de que esse clima continue a noite toda. Um amigo lhe diz que tem um ingresso extra e o convida para o show. Você agradece, mas recusa, porque, por mais que ame a banda, não tem interesse em ficar no meio da multidão, encharcado por horas, arriscando uma hipotermia.

Agora imagine que você comprou um ingresso com desconto por US$95. Chega o dia do show, e está um frio de rachar, chove torrencialmente, e isso deve continuar a noite toda. Você vai ao concerto?

Se for como a maioria das pessoas, seu instinto vai lhe dizer que há uma diferença entre esses dois cenários. No segundo caso, é muito mais provável que as pessoas escolham ir, porque não querem desperdiçar o ingresso que já compraram.

Isso expõe o erro de custo irrecuperável. No primeiro caso, você está decidindo do zero se vai ao show. Ainda não comprou o ingresso nem planeja ir. Está ponderando apenas os custos e benefícios futuros, o desconforto de ficar ao ar livre por horas em condições climáticas desagradáveis contra o prazer de ver a banda que você ama tocar ao vivo.

Se você decidiu que os custos superam os benefícios quando lhe oferecem um ingresso gratuito, isso significa que os custos também superam os benefícios quando já comprou um ingresso.

O fato de você ter gasto dinheiro com o ingresso deveria importar muito pouco, na verdade, nem um pouco, porque esses custos são irrecuperáveis, o dinheiro já está gasto. Mas muitas vezes pensamos: "Se eu não for, terei desperdiçado o dinheiro que gastei no ingresso."

E o efeito é mais forte quanto mais caro for o ingresso. Imagine se, em vez de US$95, você tivesse gastado US$150 ou US$250 ou US$500. À medida que o preço aumenta, também cresce o efeito do custo irrecuperável.

Outra maneira simples de entender esse efeito é pensar nos investimentos do mercado de ações. Ao decidir comprar uma ação individual, tudo o que importa é se ela tem um valor esperado positivo daqui para frente. Você acredita que vai ganhar dinheiro com a compra? É assim que você faz quando decide do zero, mas, quando já possui a ação, e o preço caiu desde a compra, é mais provável que escolha segurá-la, tentando reconquistar o que já perdeu na posição.

É por isso que os *traders* de varejo ultrapassam suas *stop-losses*.

Mas isso é irracional. Se você não compraria essa ação hoje, não deveria mantê-la na carteira, porque a decisão de manter é a mesma que a de comprar.

O problema do custo irrecuperável ecoa no trabalho de Kahneman e Tversky, eles exploram a disposição das pessoas em aceitar apostas, dependendo se elas estão ganhando ou perdendo na proposta oferecida. Esse eco não é surpreendente, porque o trabalho de 1979, que se tornou parte dos fundamentos da teoria do prospecto, continha um dos conjuntos de resultados que Thaler estava tentando entender em seu artigo de 1980.

Como você deve se lembrar, Kahneman e Tversky iniciaram o teste com uma perda e, em seguida, ofereceram aos participantes a escolha de ir embora ou pagar pela oportunidade de fazer uma aposta que pudesse apagar a dívida dos registros.

Claro, sabemos que as pessoas tendem a preferir a segunda opção, arriscar em vez de cortar suas perdas, porque estão levando em consideração o dinheiro que já devem. Sabemos disso porque não há dúvida de que, se você oferecesse a alguém (que ainda não ganhou nem perdeu dinheiro) um cara ou coroa em que ele tivesse a mesma chance de ganhar US$100 e perder US$120, nenhuma pessoa em sã consciência aceitaria essa aposta. Mas isso é exatamente o que os participantes que tinham uma dívida nos registros no estudo de Kahneman e Tversky estavam dispostos a fazer.

Há uma elegância simples na proposta de Kahneman e Tversky. Você pode ver o erro de decisão, livre de fatores complicadores, por exemplo, como os participantes chegaram à posição perdedora ou perceberam que seu valor esperado era negativo. Nesses experimentos e nos que se seguiram, as contas são claras e transparentes para os envolvidos.

Não se trata de um erro de cálculo; mas de uma falha cognitiva. Em uma hipótese simples como a do show, você também pode ver o erro com bastante clareza. Provavelmente faz sentido que a escolha entre o quanto você quer ver a banda e o quanto não quer passar horas no frio e na chuva congelante não dependa do preço que pagou pelo ingresso.

Mas essa ilusão cognitiva é muito forte. Só porque você sabe que é um erro em teoria, não significa que não cairá nessa quando estiver enfrentando esse tipo de decisão.

Você pode pensar nisso como uma ilusão visual. Ao olhar para uma ilusão em que dois quadrados estão sobre fundos de cores diferentes, um quadrado parece marrom, e o outro, laranja. Mas quando você remove os planos de fundo, vê que os quadrados são, na realidade, exatamente da mesma cor. O efeito do contraste com os fundos faz com que você veja os quadrados com tonalidades diferentes.

Mas não importa quantas vezes eu lhe mostre que eles são da mesma cor ou explique o que está acontecendo no seu córtex visual para causar a ilusão, quando você olha para eles novamente com o fundo de cor, ainda vê um quadrado como marrom e um como laranja. Você não pode "desver".

É igualmente difícil "desver" os custos irrecuperáveis ao tomar decisões sobre desistir.

Quando "Obras Públicas" é um Oxímoro

As impressões digitais do erro do custo irrecuperável estão por toda parte no projeto do trem-bala californiano. Se a maioria das pessoas fosse convidada a iniciá-lo hoje como um novo empreendimento — sabendo sobre os custos explosivos, atualmente em US$105 bilhões, da probabilidade de eles aumentarem significativamente, e da dificuldade de atravessar aquelas duas cadeias de montanhas — parece óbvio que a resposta seria um severo "não".

Além dos custos diretos do projeto, há a questão dos custos de oportunidade. Cada dólar que a Califórnia invest no projeto é um dólar que poderia ser alocado para algo que criaria mais valor e um bem público maior para os contribuintes cujo dinheiro está financiando o empreendimento.

Mas imagine a coragem necessária para um político abandonar o projeto, sabendo que terá que se defender das acusações de ter "desperdiçado" mais de

US$8 bilhões em um trem que nunca foi concluído. A pressão para continuar a "recuperar" esses custos é enorme.

Quando se trata desses tipos de projetos de obras públicas, o custo irrecuperável é um refrão familiar.

Décadas antes, entre meados dos anos 1970 e 1984, o Tennessee-Tombigbee Waterway* teve o mesmo destino do trem-bala, tornando-se um dos projetos de obras públicas mais caros já realizados pelo governo federal. Jimmy Carter tentou, sem sucesso, fechá-lo, argumentando que era um desperdício de dinheiro. O *New York Times* observou que "congressistas de outras regiões chamaram isso de um desperdício de US$2 bilhões, o pior tipo de política de emendas orçamentárias."

Ironicamente, os custos elevados do passado se tornaram a justificativa para não abandonar o projeto.

A conclusão da hidrovia dependia de um grupo de senadores (dos estados onde o dinheiro estava sendo gasto) que conseguiu argumentar que "paralisar o projeto depois de muitos gastos seria desperdiçar o dinheiro dos contribuintes". Como disse o senador do Alabama, Jeremiah Denton, "encerrar um projeto no qual US$1,1 bilhão foi investido representa um mau uso inescrupuloso dos dólares dos contribuintes."

O senador Denton não pretendia fazer isso, mas não tenho certeza se já houve uma explicação mais clara da falácia do custo irrecuperável.

A Usina Nuclear de Shoreham, em Nova York, objeto de um estudo de campo de Jerry Ross e Barry Staw, foi outro projeto de obras públicas muito mais caro que também sofreu com o compromisso financeiro crescente. O custo inicial estimado para a usina em 1966 era de US$75 milhões e a estimativa da conclusão, 1973. Apenas obter a aprovação da Comissão de Energia Atômica para *iniciar* a construção excedeu o custo inicial de toda a usina e ultrapassou a data de conclusão original.

Em 1979, os responsáveis pelo projeto afirmavam que a construção estava 80% pronta. Em 1983, ela ainda não estava concluída, e um porta-voz do proprietário da usina admitiu claramente o problema do custo irrecuperável, ressaltando que, se fossem decidir do zero, eles não continuariam: "Se soubéssemos que estávamos falando de um custo de US$3 bilhões e todas as outras

---

* Os psicólogos Hal Arkes e Catherine Blumer documentaram este caso em um artigo histórico de 1985 sobre o efeito do custo irrecuperável.

dificuldades que surgiram ao longo do caminho — o licenciamento e os problemas políticos —, acho que poderíamos ter escolhido não construí-la."

E, no entanto, eles continuaram! Foi apenas *depois* de *mais* 6 anos e US$2,5 bilhões que a construção da usina, ainda inacabada, foi descontinuada.

É fácil olhar para esses fiascos, revirar os olhos e pensar: "Típico desperdício do governo." Mas o efeito do custo irrecuperável faz com que todos nós, de formas grandes e pequenas, construamos uma trilha de lugar nenhum a lugar nenhum, recusando-nos a desistir porque não queremos perder o que já gastamos.

Pode ser alguém que insista em uma casa que é um desastre financeiro. Nosso caminho para lugar nenhum pode ser nos recusarmos a abandonar o curso da faculdade, mesmo que ele esteja nos deixando infelizes, porque já fizemos tantas aulas e lhe dedicamos muito tempo. Ou não deixarmos uma carreira para a qual passamos anos nos capacitando, porque isso significaria que nossa formação teria sido em vão. Ou continuarmos assistindo a um filme ruim por causa do tempo que já gastamos assistindo.

Como colocamos tempo, esforço ou dinheiro em qualquer coisa que começamos, a falácia do custo irrecuperável afeta todas as nossas decisões sobre a desistência.

Katamari

Houve um videogame popular lançado em 2004 chamado *Katamari Damacy*. Era um jogo bobo, estranhamente viciante, com um enredo grandioso, mas simples. Você controlava as ações de um pequeno príncipe, cujo pai, o Rei de Todo o Cosmos, lhe dera um *katamari* ("caroço" em japonês), uma bola pegajosa que você rola por diferentes locais, recolhendo lixo e detritos do chão, e que vai crescendo cada vez mais à medida que acumula coisas.

Por que você está nesta missão? O rei ficou bêbado e acidentalmente destruiu um monte de estrelas e constelações. Você tem que aumentar a bola até que ela seja grande o suficiente para se tornar uma estrela e substituir as que o rei destruiu. Trata-se de um enredo tolo, mas não mais que a motivação qualquer que esteja levando você a comer pontos e frutas no *Pac-Man* ou encaixar formações de blocos no *Tetris*.

O *katamari* não pode derrubar nada maior que ele. Se isso acontecer, o impacto derruba algumas coisas, tornando sua bola ainda menor. No início, seu *katamari* é grande o suficiente para pegar coisas como formigas, tachinhas e botões. Rolar em direção a um rato pode ser uma catástrofe. Mas, à medida que você coleta detritos com sucesso, a bola fica maior. Então, você aterroriza o rato. Você está rolando sobre baterias, pratos de comida, rádios, sapatos, animais de estimação. Vacas, ursos, lutadores de sumô, carros, monstros, prédios, ilhas, montanhas.

Como disse um analista depois de listar alguns dos pequenos itens mundanos, "25 minutos depois, esse negócio maldito está arrancando um arco-íris do chão."

Como no *katamari*, que rola para coletar detritos, o que o faz crescer em massa e coletar mais detritos ainda maiores, há um aspecto de autorreforço na falácia do custo irrecuperável que realmente precisamos observar.

Quando embarcamos em um empreendimento, também acumulamos detritos — o tempo, o dinheiro e o esforço que gastamos. À medida que acumulamos custos, a massa cresce, aumentando nosso comprometimento e tornando cada vez mais difícil desistir. *Essa* decisão de perseverar nos faz acumular mais custos, o que nos torna ainda mais propensos a continuar da próxima vez que pensarmos em desistir. E isso continua adicionando peso à balança em favor da perseverança.

A coisa toda vira uma bola de neve.

É possível ver isso com os alunos que esperam por um dicionário de palavras cruzadas que nunca vem. Uma vez que começam a esperar, o tempo que já passaram nisso faz com que esperem mais, o que aumenta o tempo investido e os leva a esperar ainda mais. Enquanto isso, a recompensa deles está evaporando.

Isso já aconteceu com todos nós, mesmo em algo tão simples como ficar na fila do supermercado.

Quando estamos decidindo do zero a nova decisão de qual fila escolher, agimos como um Einstein. Não estamos apenas olhando para o comprimento das diferentes filas, mas também considerando uma leitura inicial da velocidade e da experiência dos operadores dos caixas. Estamos levando em consideração a localização de clientes que não têm o pagamento em mãos, ou que parecem distraídos com os filhos, ou que estão se atrapalhando com os cupons, ou que têm itens guardados embaixo do carrinho.

Mas quando estamos na fila e investimos tempo na espera, não aplicamos o mesmo rigor na decisão de mudar para uma nova fila. Quando vemos um operador de caixa passando rápido as compras de três clientes enquanto o da nossa fila fica de conversa fiada enquanto atende apenas um, nós nos encolhemos ou reviramos os olhos? Definitivamente. Mudamos de fila? Quase nunca.

E quanto mais esperamos — quanto mais tempo gastamos na fila que escolhemos — menos dispostos estamos a mudar. É assim que ficamos presos.

Um relacionamento que não está dando certo se transforma em um jogo de *Katamari*. Seu amigo reclama de um relacionamento ruim. Se você perguntar: "Por que vocês simplesmente não terminam?", ele responderá: "Porque dediquei muito tempo tentando fazer esse relacionamento funcionar." Às vezes, até diz: "Eu dediquei meu coração e minha alma a isso." Quanto mais tempo ele dedica, menor a probabilidade de terminar, o que o leva a investir mais tempo para fazer o relacionamento funcionar. Isso o torna ainda menos propenso a se separar. E assim por diante.

Não é de se admirar que, depois de ter essa conversa com um amigo, você acabe a repetindo várias vezes. O relacionamento disfuncional dele continua aumentando em massa — a casa compartilhada, os amigos, os animais de estimação, as compras, as propriedades — até que, como o *katamari*, ele arranque um arco-íris do chão.

Vimos algo semelhante acontecer com Sarah Olstyn Martinez, antes que ela pudesse ver sua decisão de desistir como o problema de valor esperado que realmente era. À medida que Martinez dedicava mais tempo à carreira, ficava mais difícil desistir. Ela já havia passado quinze anos no emprego antes de começar a reconsiderar a carreira. Quando me contatou, mais um ano havia se passado, criando ainda mais atritos contra sua desistência.

Esta é uma das razões pelas quais os *traders* de varejo mantêm posições fadadas à derrota. Imagine a seguinte situação: uma vez que está em uma posição desfavorável, você cancela sua operação *stop-loss*, porque deseja recuperar suas perdas. Isso geralmente faz com que você acumule ainda mais perdas, diminuindo ainda mais a probabilidade de desistir da posição.

Eu via com meus próprios olhos as pessoas se comprometendo crescentemente na mesa de pôquer. Os jogadores perdiam e passavam a apostar mais para tentar recuperar as perdas que haviam acumulado anteriormente, o que os fazia apostar ainda mais. Essa decisão geraria mais prejuízos, fazendo-os apostar ainda mais e, às vezes, até subir a aposta.

Eles ficavam presos.

E é por isso que Stewart Butterfield e Alex Honnold são tão excepcionais. Ambos foram capazes de reduzir suas perdas, apesar dos tremendos recursos que já haviam investido para atingir seu objetivo. Butterfield dedicou 4 anos e gastou mais de US$10 milhões do bolso de seus investidores quando parou de trabalhar no *Glitch*. Honnold vinha treinando há meses para chegar ao cume do El Capitan, mas, mesmo com a equipe de filmagem do amigo se pendurando na montanha para documentar sua preparação e com a conclusão do filme dependendo da tentativa dele, o alpinista ainda conseguiu desistir antes do chegar ao cume em 2016.

Quão Grande Fica o Katamari?

No clássico experimento de 1976 de Barry Staw, "Afundado Até os Joelhos no Lamaçal: Um estudo sobre o compromisso crescente com um curso de ação escolhido", ele começou a se perguntar o quanto o compromisso anterior com um curso de ação influencia as decisões futuras de permanência ou desistência das pessoas.

Ele descobriu que a resposta é: *influencia muito*.

Staw recrutou grupos de alunos de escolas de administração, encarregando-os de decidir individualmente como uma corporação deveria alocar certos fundos de P&D entre duas de suas divisões. Para ajudar na escolha, eles receberam dez anos de dados sobre o desempenho financeiro histórico da empresa e das duas divisões em questão.

Os participantes tiveram que tomar uma decisão de tudo ou nada sobre qual departamento deveria receber os US$10 milhões em fundos de P&D, o que significa que eles só tinham duas opções: alocar todos os US$10 milhões para uma divisão e não conferir nenhum fundo à outra ou vice-versa.

Considerando os dados fornecidos aos alunos, havia argumentos razoáveis para que eles alocassem os fundos para qualquer uma das duas divisões. Enquanto uma era mais lucrativa, a outra crescia mais rapidamente. De fato, os participantes, que decidiram do zero, dividiram opiniões, metade escolhendo uma divisão, e metade, a outra.

O que Staw queria descobrir era se essa decisão inicial sobre qual divisão receberia os fundos afetaria as futuras decisões de alocação, especialmente depois que os participantes soubessem que sua primeira escolha acabara mal.

Em outras palavras, Staw estava explorando se as pessoas que chegavam a uma nova decisão de alocação carregando uma perda seriam mais propensas a persistir, continuando a direcionar fundos para a mesma divisão em que haviam investido anteriormente.

Para responder a essa pergunta, ele forneceu a todos os alunos uma simulação dos próximos cinco anos de resultados financeiros da empresa. Independentemente da opção escolhida para o direcionamento de fundos, os dados adicionais mostravam que a divisão escolhida sofrera meia década de vendas estagnadas e perdas cada vez maiores, tendo um desempenho significativamente inferior ao da divisão ignorada.

Depois de ver esses dados de desempenho, os participantes receberam um novo orçamento de US$20 milhões, que agora poderiam alocar *proporcionalmente* entre as duas divisões. Staw levantou a hipótese de que os alunos, recebendo feedback negativo em sua primeira decisão, aumentariam seu comprometimento com a causa original, favorecendo a mesma divisão na segunda alocação.

De fato, foi isso que ele descobriu. Os participantes destinaram, em média, mais de US$13 milhões dos US$20 milhões à divisão para a qual originalmente direcionaram os recursos de P&D e pouco menos de US$7 milhões àquela que não escolheram inicialmente.

Para realmente acertar o ponto, ele também fez com que um grupo separado de participantes decidisse do zero quanto à alocação de US$20 milhões, como uma nova decisão. Eles viram os mesmos resultados financeiros que os outros e foram informados sobre uma alocação de US$10 milhões em P&D feita 5 anos antes (por um diretor financeiro que já havia partido da empresa) para uma divisão que posteriormente teve um desempenho inferior. Nesse caso, não foram eles que, inicialmente, decidiram destinar os recursos de P&D para uma ou outra divisão.

Quando esses participantes que decidiram do zero alocaram os US$20 milhões proporcionalmente entre as duas divisões, eles direcionaram uma média de apenas US$9 milhões à que recebera os fundos anteriores, muito menos do que a alocação de US$13 milhões feita pelos alunos que carregavam consigo os detritos do custo irrecuperável por terem incorrido pessoalmente nas perdas anteriores.

Colocando isso em foco, os participantes responsáveis pela primeira decisão, que os fizera perder dinheiro, *direcionaram quase 50% a mais* dos US$20 milhões para essa mesma divisão em comparação com os outros alunos, que tinham informações e histórico corporativo idênticos, mas não a responsabilidade pessoal pela política anterior.

O trabalho de Staw revela o quanto um histórico com uma decisão pode influenciar você a escalar o compromisso, enquanto alguém que está decidindo do zero pode desistir. Ele também reconheceu, em "Afundado Até os Joelhos no Lamaçal", que essas decisões de persistência têm uma qualidade de autorreforço: "Devido à necessidade de justificar o comportamento anterior, um tomador de decisão pode se comprometer mais diante de consequências negativas, e esse nível mais alto de comprometimento pode, por sua vez, levar a outras consequências negativas."

As descobertas de Staw também começam a revelar o que estava acontecendo com seu pai. Dado que as lojas de Harold Staw na Califórnia estavam perdendo há muito tempo, e que a situação estava piorando cada vez mais, o fato de ele ter recusado a oferta de compra da Fred Meyer Inc. é uma espécie de quebra-cabeça.

Mas o trabalho de seu filho nos deixa vislumbrar o porquê de tudo isso. As perdas acumuladas de Harold Staw, enquanto ele continuava salvando suas lojas falidas na Califórnia, aumentaram seu compromisso a ponto de ele recusar as oportunidades de sair antes da ruína quase total.

Contabilidade Mental

Há um ditado, entre os melhores jogadores, de que o pôquer é um jogo longo.

É um lembrete de que a mão específica que estão jogando não será a última que jogarão ou de que um dia específico em que estão jogando não será o último em que jogarão. Um jogador de pôquer terá milhares e milhares de mãos ao longo de sua vida, portanto, no grande esquema das coisas, perder ou não uma única mão de pôquer importa muito pouco. O que importa é eles maximizarem seu valor esperado durante todos esses dias e todas essas mãos. Isso é o que querem dizer com um "jogo longo".

Este mantra se destina a ajudar os jogadores experientes a superarem a falácia do custo irrecuperável, expressa no pôquer como a vontade de, ao não desistir da mão, proteger o dinheiro que você já investiu nela ou de não sair de um jogo quando estiver perdendo. Claro, o que se aplica ao pôquer também se aplica à vida.

Todos nós precisamos desse tipo de lembrete por causa de uma peculiaridade da nossa contabilidade mental.

Quando começamos algo, seja ao apostar dinheiro em uma mão de pôquer, iniciar um relacionamento ou um emprego, ou comprar uma ação, abrimos uma conta mental. Quando saímos desse algo, seja ao desistir da mão, ou deixar o relacionamento ou emprego, ou vender a ação, fechamos essa conta mental.

Acontece que simplesmente não gostamos de fechar contas mentais nas perdas.

Se estamos perdendo em uma mão de pôquer, não queremos desistir, porque isso significa que teremos que perceber a perda do dinheiro que apostamos. Se estamos perdendo em um jogo de pôquer, não queremos desistir, porque isso significa que teremos que sair com menos dinheiro do que quando começamos. Se estamos em um relacionamento ou em um emprego, não queremos ir embora, porque sentiremos que desperdiçamos ou perdemos todo o tempo e esforço que investimos naquilo.

Claro, isso é irracional. O que realmente importa é maximizar seu valor esperado em *todas* as coisas que você inicia, em todas as suas contas mentais. Se está investindo em várias ações, vai ganhar em algumas e perder em outras. O que importa é se está ganhando no seu portfólio como um todo, não se algum investimento está em alta ou em baixa.

Mas não é assim que pensamos naturalmente. Não pensamos, como um todo, na carteira de ações que possuímos. Cada uma delas está associada a uma conta mental própria que não queremos fechar, a menos que estejamos nos ganhos.

O que vale para uma ação ou uma mão de pôquer é igualmente verdadeiro para uma decisão individual ou um projeto, ou a escalada de uma montanha, ou a abertura de uma loja de descontos em um galinheiro reformado. Quando começamos qualquer uma dessas coisas, abrimos uma conta mental. Quando a situação começa a ir mal, não queremos desistir porque não gostamos de fechar as contas nas perdas.

É por isso que os jogadores de pôquer se lembram de que o pôquer é um jogo longo. Todos faríamos bem em nos lembrar de que a vida também é.

O Custo Mais Difícil de Suportar

Quanto maiores os custos irrecuperáveis, mais difícil se torna a desistência. E o maior custo é, claro, a perda de vidas humanas. Isso torna dolorosamente difícil a decisão de se ou quando desistir de uma guerra.

O general quatro estrelas aposentado, Tony Thomas, comandante do Comando de Operações Especiais dos EUA (USSOCOM), serviu no Afeganistão em missões entre 2001 e 2013 (à exceção de um ano, em que serviu na Guerra do Iraque). Ele compareceu a muitos funerais militares e entregou uma bandeira dos Estados Unidos a muitas famílias condecoradas com estrelas douradas. Ele me descreveu essas experiências virtuosas e como essas perdas trágicas amplificam os tipos de problemas de custos irrecuperáveis que todos enfrentamos, dificultando particularmente que um país deixe uma guerra depois de começar a incorrer nessas perdas.

Em uma ocasião, uma mãe condecorada com estrela dourada, tendo acabado de perder seu filho, agarrou a mão de Thomas e disse: "Continue e acabe com isso." Os joelhos do general quase se dobraram. Naquele momento, ele quis atravessar uma parede por aquela mãe.

Havia uma mensagem não dita, nunca expressa nesses funerais, mas que ele sentia estar na mente de todos aqueles pais enlutados: "Diga que meu filho não morreu em vão."

É compreensível que um pai condecorado com uma estrela dourada diga: "Continue para que meu filho não tenha morrido em vão", e é impossível não se comover com um pedido tão emocionante. Todos nós sentimos um pouco desse peso, quer estejamos envolvidos nas decisões políticas futuras ou sejamos apenas membros da sociedade por quem esses soldados e seus entes queridos fizeram esse sacrifício. Você não pode ser uma pessoa com sentimentos e não se sensibilizar com isso.

Mas a realidade é que, quando se trata das decisões sobre persistir ou desistir, o que importa é se vale a pena arriscar a próxima vida, por mais que, instintivamente, queiramos levar em conta as que já foram perdidas. Se continuarmos, vale a pena arriscar mais vidas e impor essas perdas a outras famílias pelas chances de obtermos o resultado que queremos?

A Diferença Entre Saber e Fazer

As pessoas têm muitas intuições sobre vieses cognitivos, incluindo a falácia do custo irrecuperável. Uma das mais comuns é que, se você for educado no assunto e tiver conhecimento sobre ele, isso o impedirá de errar.

Sei que parece que já gastamos muito tempo em histórias sobre escalar montanhas. Mas, para demonstrar a diferença entre saber e fazer, por favor, permita que eu conte mais uma.

Esta é sobre um alpinista com vasta experiência ao ar livre chamado Jeffrey R. que se estabeleceu a meta de escalar os cem picos mais altos da Nova Inglaterra. Na comunidade de escalada, isso é considerado uma conquista significativa. Vários dos picos não têm trilhas oficiais e só podem ser alcançados pelas de *snowmobile*, pelas antigas estradas madeireiras ou pelos caminhos de rebanho. Alguns deles envolvem *bushwhacking*, em que o alpinista precisa abrir caminho através de áreas florestais ou lugares cobertos de mato alto.

Jeffrey R. havia escalado 99 dos picos e estava subindo o último, Fort Mountain, no Maine. Quando o tempo piorou, e surgiu uma névoa, seu parceiro de escalada decidiu dar meia-volta. Jeffrey R. discordou e continuou escalando sozinho. Seu corpo foi encontrado vários dias depois. Ele aparentemente caiu para a morte.

Por que estou contando esta história, tão parecida com algumas das outras? Uma pessoa volta atrás. A outra continua, com consequências trágicas.

O Jeffrey R. nesta história é Jeffrey Rubin, o mesmo Jeffrey Rubin que, com Joel Brockner, estudou o comportamento das pessoas que ficaram esperando a chegada de um dicionário de palavras cruzadas que nunca apareceu e, em seguida, publicou um corpo de trabalho impressionante e influente sobre a escalada de compromisso, até que morreu em 1995. Se alguém entendia o problema de ficar preso em um curso de ação, incapaz de reduzir as perdas, mesmo diante de sinais claros de que deveria desistir, era ele.

No entanto, Jeffrey Rubin ficou preso naquele dia.

Isso deveria ser um alerta para todos nós. Não pense que, só porque leu até este ponto do livro ou entendeu a falácia do custo irrecuperável, esse conhecimento, por si só, ajudará você a superá-la. Se Rubin não conseguiu parar, isso deve abrir nossos olhos para o tamanho da dificuldade para o resto de nós.

Saber não é o mesmo que fazer.

Você Não Pode Fazer um Truque Mental Jedi Para Tomar uma Decisão do Zero

Muitas pessoas que conhecem a falácia do custo irrecuperável me dizem que encontraram uma solução. Essencialmente, independentemente do histórico que tenham com a decisão, elas se perguntam: "Se estivesse abordando essa decisão do zero, eu iria querer adotar esse curso de ação?"

Por exemplo, imagine que você possui uma ação que está sendo negociada por um valor menor. Em outras palavras, está nas perdas. Você se perguntaria: "Se eu estivesse olhando para isso como uma nova oportunidade, eu seria um comprador ou um vendedor?" Se, do zero, você decidisse comprar a ação, é porque a manteria (já que mantê-la significa continuar a possuir a ação, o que significa o mesmo que comprá-la). Se você não compraria a ação, então é porque a venderia.

Esse truque mental Jedi realmente funciona?

Podemos, mais uma vez, buscar a resposta em Barry Staw.

Em uma das sequências do experimento de "Afundado Até os Joelhos no Lamaçal", Itamar Simonson e Staw pediram aos participantes que tomassem uma decisão corporativa quanto à alocação de fundos de marketing para dois produtos, uma cerveja sem álcool e uma cerveja *light*. A primeira decisão foi, novamente, uma escolha de tudo ou nada sobre qual produto deveria receber US$3 milhões adicionais em suporte de marketing. Depois de escolher e receber uma simulação dos resultados dos próximos 3 anos com base nessa escolha, os participantes tomaram uma segunda decisão sobre como dividir outro orçamento de marketing de US$10 milhões entre os dois produtos.

Os investigadores testaram várias maneiras possíveis de mitigar a escalada de compromisso com o produto que recebera os US$3 milhões iniciais em fundos de marketing. Uma dessas maneiras era o truque mental Jedi, em que eles pediam a alguns dos participantes que abordassem a decisão como que do zero, instruindo-os especificamente a fazer uma análise listando os prós e os contras de alocar fundos para cada produto *no futuro*.

Apesar da instrução de olhar para frente em vez de para trás ao tomar essa nova decisão, os participantes fizeram uma alocação semelhante (US$5,1 milhões) para o produto ao qual destinaram os fundos originais em comparação com os outros, que tomaram a mesma decisão desvantajosa, mas sem receber antes a instrução de olhar apenas para a frente. Em contraste, os participantes que decidiram do zero sobre a segunda alocação deram apenas US$3,7 milhões ao produto que perdera dinheiro depois de ter recebido a adição anterior de fundos de marketing.

A instrução para tratá-la como uma nova decisão praticamente não teve nenhum efeito na redução da escalada de compromisso.

Apenas saber sobre o efeito do custo irrecuperável não ajuda. O truque mental Jedi não ajuda. Apresentamos um monte de más notícias sobre custos irrecuperáveis.

Já é hora de chegarmos às boas notícias.

Resumo do Capítulo 5

- O efeito do custo irrecuperável é uma ilusão cognitiva em que as pessoas levam em conta os recursos investidos anteriormente em um empreendimento ao decidirem se devem continuar e gastar mais.
- O efeito do custo irrecuperável faz com que as pessoas permaneçam em situações em que deveriam desistir.
- Ao decidirmos entre persistir ou desistir, ficamos preocupados que, se desistirmos, teremos desperdiçado os recursos que gastamos na tentativa.
- Você pode estar experimentando a falácia do custo irrecuperável ao se pegar pensando "Se eu não fizer isso funcionar, terei desperdiçado anos da minha vida!" ou "Não podemos demiti-la agora, ela está aqui há décadas!"
- Custos irrecuperáveis se tornam uma bola de neve, como um *katamari*. Os recursos que você já gastou dificultam a desistência, tornando mais provável a acumulação de outros custos irrecuperáveis, o que, novamente, dificulta a desistência, e assim por diante. Os resíduos crescentes de seu compromisso anterior dificultam cada vez mais o afastamento.
- Não gostamos de fechar contas mentais nas perdas.
- Saber sobre o efeito do custo irrecuperável não evita que você seja vítima dele.

- Não é possível se impedir de considerar os custos irrecuperáveis ao tentar ver a situação como uma nova escolha. Você se perguntar se continuaria ou não caso estivesse decidindo do zero não atenua o efeito do custo irrecuperável do jeito que você pode, intuitivamente, pensar.

CAPÍTULO 6

Macacos e Pedestais

Quando Eric Teller estava no ensino médio, seus amigos achavam que seu penteado parecia com a grama sintética *AstroTurf*, então começaram a chamá-lo de Astro. Ele se apegou ao apelido, adotando-o daí em diante e, na faculdade, até pintando Astro, o cachorro do desenho animado *Jetsons*, na lateral de seu carro.

Astro Teller obteve seu doutorado em inteligência artificial na Universidade Carnegie Mellon em 1998. Enquanto cursava a pós-graduação, ele foi um dos criadores de uma instalação interativa de galeria que fundia a arte do retrato e a ciência da computação. Também escreveu o primeiro dos dois romances que publicou.

Entre essa época e 2010, Teller cofundou e desenvolveu cinco empresas. Uma delas era um fundo de *hedge* que escolhia investimentos por meio de técnicas de *machine learning*. Outra se tornou uma empresa de sucesso de monitores corporais vestíveis. Ele também atuou como professor em Stanford.

Em 2010, com Larry Page, Sergey Brin e Sebastian Thrun, Teller desenvolveu o centro de inovação interno do Google. Page e Brin foram dois dos cofundadores da empresa. Thrun, então vice-presidente, atuou como professor em Carnegie Mellon e Stanford. Ele foi um inovador em robótica, liderou o projeto de carro autônomo da Google e, posteriormente, fundou a Udacity, um provedor de educação online.

Originalmente, eles adotaram o nome provisório de "X" para o empreendimento, porque consideravam-no um detalhe relativamente sem importância a ser determinado posteriormente. "X" continua sendo o nome da empresa, o que é conveniente, porque o Google posteriormente mudou *o próprio nome* para "Alphabet".

Teller se tornou o CEO da X, embora seu cargo real seja "Capitão dos *Moonshots*". Seu único requisito para aceitar o cargo, concedido pelos fundadores do Google, era ter autonomia total sobre a X. Embora ela seja uma subsidiária da Alphabet, ele sempre insistiu na separação cultural.

A X tornou-se uma famosa incubadora e desenvolvedora de ideias, seguindo a tradição não tradicional dos Laboratórios Bell, Xerox PARC e Thomas Edison. A missão da X é construir e lançar tecnologias para "melhorar a vida de milhões, até bilhões de pessoas".

Ela está, especificamente, no negócio de identificar e acelerar ideias que mudam o mundo. Isso significa que rejeita muitas boas ideias, porque a mudança que elas criariam seria muito incremental para a missão da empresa. Um dos slogans da X é "impactar 10 vezes os problemas mais intratáveis do mundo, não apenas melhorá-los 10%".

Teller pode ser a pessoa perfeita para administrar um laboratório de inovação com objetivos tão elevados. Pensamentos profundos e revolucionários não batem à sua porta por acaso. Seu avô paterno era Edward Teller, o lendário físico que foi um dos inventores da bomba de hidrogênio. Seu avô materno era Gerard Debreu, economista e matemático ganhador do Prêmio Nobel. Seu pai foi um filósofo da mecânica quântica, e sua mãe, designer de roupas e professora de crianças superdotadas.

A inovação, de maneira literal e figurada, está em seu sangue.

A X é um *hub* de inovação, mas não trata de qualquer inovação a qualquer custo ou em qualquer horizonte de tempo. Ela tem uma missão muito específica: levar suas melhores ideias do conceito à viabilidade comercial em um horizonte de tempo de cinco a dez anos. Não basta que a ideia seja uma solução que mude o mundo ou mesmo que o proposto seja possível. Também precisam garantir que a economia funcionará, de modo que se torne autossustentável e lucrativa.

O raciocínio por trás do horizonte temporal de cinco a dez anos é que, se for possível desenvolver a solução em menos tempo, é provável que outra pessoa já esteja trabalhando nela. Se o desenvolvimento da tecnologia demorar mais de uma década, ela pode estar desatualizada quando chegar ao mercado.

Quando um projeto atinge o ponto em que está polindo seu produto ou dimensionando suas operações, ele "se forma" na X. O graduado mais famoso da X foi um de seus primeiros projetos, um carro autônomo. Em 2017, ele deu origem à Waymo, uma empresa da Alphabet. No início de 2021, a Waymo estava avaliada em US$30 bilhões. Outras propostas que chegam à comercialização incluem o Google Brain (uma das maiores redes neurais de todos os tempos para *machine learning*), a Verily Life Sciences (uma coleção de tecnologias médicas, como uma lente de contato inteligente que monitora os níveis de glicemia) e os drones de entrega Wing.

Muitas das propostas que não deram certo eram ideias incríveis e inovadoras voltadas para problemas globais. O Projeto Loon estava desenvolvendo tecnologia para criar uma rede de balões gigantes que voariam alto para fornecer acesso à internet a um bilhão de pessoas das últimas comunidades desconectadas do mundo. O Projeto Foghorn visava converter a água do mar em combustível como uma alternativa energética limpa e abundante ao petróleo.

A X faz grandes movimentações, sabendo que a maioria terá pequenos resultados. Teller vê cada projeto como uma compra de opção para o futuro. Como a maioria das opções, é preciso continuar pagando valores crescentes para mantê-las.

Como ele me disse: "Vamos comprar mil opções nos próximos anos. Precisamos de apenas quatro por década para o Sundar [Pichai, CEO da Alphabet]." Teller vê seu trabalho como construir um portfólio de valor com inteligência e o menor custo possível.

Mesmo quando seu dono é a Alphabet, você tem recursos limitados, como tempo, dinheiro e atenção. O que isso significa é que Teller precisa identificar o mais rápido possível os projetos que não vão dar certo. Para perseguir ideias radicais, ele precisa ser um cortador de perdas radical. Cada dólar economizado chegando a um "não" rapidamente é um dólar que eles podem gastar em algo que *poderia* mudar o mundo.

Para ajudar os participantes da X a se tornarem melhores desistentes, Astro Teller criou um modelo mental único que foi incorporado à X: o de macacos e pedestais.

Imagine que você está tentando treinar um macaco para fazer malabarismos com tochas em cima de um pedestal de um parque público. Se conseguir fazer um espetáculo tão impressionante, você tem uma ferramenta lucrativa em suas mãos.

Teller reconhece que há duas peças necessárias para ter sucesso nessa empreitada: treinar o macaco e construir o pedestal. A primeira peça do quebra-cabeça apresenta um obstáculo possivelmente intratável no caminho do sucesso. E a outra é a construção do pedestal. As pessoas constroem pedestais desde a Grécia antiga, provavelmente antes disso. Ao longo de mais de dois milênios, eles foram completamente explorados. É possível comprá-los em uma loja de móveis ou de ferramentas, ou improvisá-los, usando um caixote de cabeça para baixo.

O gargalo, o mais difícil, é treinar um macaco para fazer malabarismos com tochas flamejantes.

O objetivo desse modelo mental é lembrar que não adianta construir o pedestal se você não puder treinar o macaco. Em outras palavras, é preciso resolver primeiro a parte mais difícil do problema.

"Macacos e pedestais" passou a fazer parte da linguagem da organização. Quando participantes da X apresentam projetos, você verá #MONKEYFIRST e ícones de macacos na apresentação. Essa é a maneira de identificar o mais difícil que eles precisam fazer para que o projeto valha a pena.

A lição aqui é que, quando você está iniciando seu negócio, a primeira coisa a fazer não deve ser criar o cartão de visita perfeito, investir no logotipo mais bonito ou conceber o nome mais legal.

Afinal, foi assim que a X recebeu esse nome.

Tirando o Macaco das Suas Costas

O Projeto Foghorn, iniciativa da X para desenvolver a tecnologia de converter água do mar em combustível, oferece um exemplo de como funciona o modelo mental de macacos e pedestais. O primeiro macaco seria uma prova de conceito, mas isso já fora feito pelos cientistas parceiros da empresa, cujo trabalho recente atraíra a atenção dela pela inovação. O segundo macaco seria a viabilidade comercial. A X teria que produzir o combustível a um custo significativamente menor do que o preço atual do galão da gasolina para obter ampla adoção no mercado.

Na época em que começaram, o equivalente a US$8 por galão de gasolina seria um preço competitivo nos mercados mais caros, como a Escandinávia. O primeiro obstáculo foi o custo proibitivo da construção de tubulações no oceano. A X achou que tinha encontrado uma solução em parceria com a infraestrutura de dessalinização existente. Mas rapidamente percebeu que a capacidade mundial dessas fábricas existentes não chegava nem perto das suas necessidades de produção. A queda dos custos dos combustíveis tradicionais na época não ajudou nem um pouco.

A X percebeu que não conseguiria enfrentar o macaco. Como era muito improvável que seus preços se tornassem competitivos nos próximos três anos, ela fechou a Foghorn.

Às vezes, aplicar a dinâmica de macacos e pedestais significa fechar algo depois de dois ou cinco anos ou, como no caso do Loon (o projeto de conectar áreas remotas com acesso à internet), nove anos. Realmente não importa se são dois, cinco ou nove anos, desde que você o desative antes do que normalmente desativaria.

Se você conseguir reduzir suas perdas mais cedo, essa é uma grande vitória. Um bônus adicional é que isso o libera para voltar sua atenção e recursos limitados a empreendimentos mais frutíferos que tenham um valor esperado mais alto, reduzindo os custos de oportunidade.

"Isso se encontramos o calcanhar de Aquiles", disse-me Teller. "Graças a Deus encontramos o calcanhar de Aquiles depois de US$2 milhões em vez de US$20 milhões."

Astro Teller entende claramente que desistir leva você mais rápido aonde deseja ir.

Quanto mais cedo descobrir que deve sair, mais cedo poderá mudar para algo melhor. E quanto mais cedo isso acontecer, mais recursos você economizará, os quais poderá dedicar a empreendimentos mais frutíferos.

Uma das coisas bonitas sobre o modelo mental de macacos e pedestais é que, às vezes, ele ajuda você a desistir antes mesmo de começar.

Anos atrás, a X procurou desenvolver o que hoje é conhecido como *hyperloop*, um sistema ferroviário experimental de alta velocidade. O conceito era bom. Construir a infraestrutura física não seria muito difícil do ponto de vista da engenharia.

Os macacos que impediam a viabilidade do *hyperloop* eram questões como a possibilidade de carregar e descarregar passageiros ou cargas com segurança e a de acelerar e frear o sistema sem incidentes. Algumas centenas de metros de pista não revelariam nada sobre a possibilidade de vencer esses desafios. Na verdade, Teller e a equipe da X descobriram que seria preciso construir praticamente tudo antes de saber se funcionava. Você teria que construir um monte de pedestais antes de descobrir se os macacos eram intratáveis.

Eles rapidamente decidiram não continuar o projeto.

Uma das percepções valiosas de Teller é que a construção de pedestais cria a ilusão de progresso em vez de um progresso real.

Quando você está fazendo algo que já sabe que pode realizar, não está aprendendo nada importante sobre a viabilidade de prosseguir com o esforço. Já sabe que pode construir o pedestal. O problema é se você consegue treinar o macaco.

Além disso, Teller percebe que, ao construir pedestais, também se acumula custos irrecuperáveis que dificultam a desistência, mesmo quando você descobre que pode não ser capaz de treinar o macaco para fazer malabarismos com as tochas. Ao focar primeiro o macaco, você naturalmente reduz os detritos que acumula ao resolver algo que, na verdade, já está resolvido.

Podemos ver essa ilusão de progresso criada pela construção de pedestais com o trem-bala da Califórnia. Já construímos incontáveis quilômetros de trilhos de trem em terreno plano por toda parte. Isso foi descoberto há basicamente mais de 150 anos, incluindo as empresas ferroviárias entre as mais lucrativas do mundo no último quarto do século XIX. Essa é uma infraestrutura que já sabemos que podemos construir.

Isso significa que qualquer trilho que se construir no interior da linha será um pedestal. E, no entanto, o primeiro trecho de trilho aprovado em 2010 foi em terreno plano entre Madera e Fresno.

Astro Teller também entende um ponto mais sutil, mas não menos importante, a nossa tendência, quando nos deparamos com um macaco que está se mostrando difícil de resolver, de voltar a nossa atenção à construção de pedestais em vez de desistir.

Preferimos essa ilusão de progresso a ter que desistir e admitir a derrota.

Aqui, novamente, isso fica explícito com a situação do trem-bala da Califórnia. Tendo se deparado com os grandes macacos de Pacheco Pass e Tehachapi Mountains, a Autoridade passou a construir mais dois pedestais, a pista que liga Bakersfield a Merced, e, se terminar, a pista que liga São Francisco ao Vale do Silício, aprovada pelo governador Newsom em 2019.

Se os tomadores de decisão na Califórnia tivessem abordado os problemas do projeto como X faz, usando macacos e pedestais, eles poderiam ter encerrado o projeto tão rapidamente quanto a empresa encerrou o do *hyperloop*. Em vez disso, seu *katamari* continua crescendo, tornando o trem-bala cada vez mais difícil de abandonar.

Enfrentar um macaco que você não consegue resolver e recorrer à construção de pedestais é um desastre em duas frentes. Você não apenas continua a despejar recursos em algo depois que o mundo lhe sinalizar que você não terá sucesso, mas também poderia dedicar esses recursos a algo melhor. Cada dólar que a Autoridade continua a afundar no trem-bala é um dólar que não está disponível para outras grandes ideias com maior probabilidade de beneficiar os contribuintes da Califórnia.

Macacos e pedestais se resumem a alguns conselhos muito bons:

Descubra primeiro o elemento difícil.
Tente resolver isso o mais rápido possível.
Cuidado com o falso progresso.

O Critério de Eliminação

Já sabemos que não somos tão bons em responder racionalmente aos sinais no momento em que eles nos dizem que devemos desistir. Na verdade, tendemos a reagir a más notícias *aumentando* nosso comprometimento em vez de reduzindo nossas perdas. Apenas saber sobre o problema não ajuda, nem fazer o truque da mente Jedi de dizer: "E se eu imaginar que estou decidindo do zero?"

Mas há algo que pode ajudar.

Se pudermos identificar com antecedência os sinais aos quais devemos prestar atenção e planejar como reagiremos a eles, podemos aumentar as chances de reduzirmos nossas perdas quando for preciso.

Essencialmente, quando você entra em um empreendimento, é melhor imaginar qual descoberta lhe indicaria que não vale mais a pena prosseguir. Pergunte-se: "Quais são os sinais que, se me aparecerem no futuro, vão me fazer sair do caminho em que estou? O que eu poderia aprender sobre o estado do mundo ou sobre mim mesmo que mudaria meu compromisso com essa decisão?"

Essa lista oferece a você um conjunto de *critérios de eliminação*, literalmente critérios para encerrar um projeto, mudar de ideia ou reduzir suas perdas. É uma das melhores ferramentas para ajudá-lo a descobrir quando desistir mais perto do tempo certo.

Os critérios de eliminação podem consistir em descobertas que lhe informam que o macaco não é treinável ou que a probabilidade de você atingir seu objetivo não é suficiente, ou em sinais de que a sorte está contra você.

Podemos imaginar possíveis critérios de eliminação para muitos dos exemplos que exploramos. Para Harold Staw, pode ser que, se a lucratividade das lojas cair abaixo de um determinado limite, seja melhor procurar vendê-las. Ou seu critério de eliminação pode assumir a forma de um limite de perdas, segundo o qual, se você tivesse que contribuir pessoalmente com dinheiro adicional para manter as lojas funcionando (ou contribuir além de uma certa quantia), seria melhor vender ou fechar o negócio. Ou, em último caso, pode ser que conselheiros de confiança estejam lhe dizendo para abandonar esse caminho, como quando seu melhor amigo e advogado muda de lado em uma ação judicial.

No caso do *Glitch*, um critério de eliminação pode ser: se não atingir um certo número de clientes fixos em uma data específica, desista.

Considerando o trem-bala da Califórnia, você pode imaginar muitos critérios de eliminação aplicáveis, como desistir se seu orçamento original projetado mais do que triplicar.

Um dos exemplos mais claros de um critério de eliminação é o tempo de retorno no Everest. Se você não chegar ao cume às 13h, não poderá descer com segurança para o Acampamento 4 antes do anoitecer, portanto, abandone a subida.

Em 1992, Itamar Simonson e Barry Staw exploraram o efeito desse tipo de planejamento antecipado como parte do mesmo estudo em que os participantes fizeram uma alocação original para um dos dois produtos cervejeiros, receberam más notícias e, então, tiveram a chance de fazer uma segunda alocação.

Os pesquisadores queriam descobrir se o planejamento antecipado ajudaria os primeiros participantes a fazerem uma segunda alocação mais semelhante à dos outros que decidiram do zero.

Como você deve se lembrar, os participantes que fizeram a segunda alocação (US$10 milhões) do zero destinaram US$3,7 milhões ao produto que recebera os fundos anteriores, em comparação, os outros que fizeram aquela primeira escolha desfavorável investiram pouco mais de US$5 milhões no mesmo produto. Já sabemos que pedir que eles fizessem uma nova análise dos prós e contras olhando para o futuro não mudou o seu comportamento.

Mas uma estratégia que funcionou foi fazer com que um grupo estabelecesse *benchmarks* na forma de metas mínimas para vendas e lucros antes de tomar a primeira decisão. Esses participantes, depois de obterem os dados sobre o desempenho ruim do produto que escolheram anteriormente, alocaram apenas US$3,9 milhões para ele. Sua alocação agora parecia ser igual à dos participantes que realmente decidiram do zero. E essa foi uma grande redução em comparação com os outros que fizeram as duas alocações, mas não estabeleceram *benchmarks*.

Isso está de acordo com muitos trabalhos subsequentes que foram feitos em vários tipos de contratos de pré-compromisso. Quer se trate de seguir planos de dieta, de trabalho ou de estudo, esses tipos de contratos de pré-compromisso levam as pessoas a agir de forma mais racional.

Essencialmente, os critérios de eliminação criam um contrato de pré-compromisso para desistir.

A Visão de Funil

Você provavelmente pode imaginar muitas aplicações para os critérios de eliminação em sua vida pessoal. Quando começar a namorar alguém, pense no futuro. O que poderia estar acontecendo que faria você pensar que está hora de terminar o relacionamento? Ou, no caso de um único encontro, o que o faria querer encerrá-lo? Você poderia aplicar isso à escolha de uma faculdade específica ou de uma especialização, ao início de uma carreira ou de um emprego.

Uma aplicação óbvia e de alto valor para os critérios de eliminação tem a ver com o gerenciamento de funil para a função de vendas de uma empresa. Um grande problema para os vendedores é o gerenciamento de todas as oportunidades no topo do funil: qual você busca? E, uma vez que você começa a seguir um lead, quando desiste dele?

É do interesse de uma empresa garantir que seus vendedores estejam gastando seu tempo buscando as oportunidades de maior valor, com base em uma combinação da probabilidade de fechamento e do tamanho potencial do contrato.

É claro que muitos desses desafios não são exclusivos das vendas. Depois de começar a perseguir um lead de vendas, você está investindo tempo e esforço nisso. Esse tempo e esforço dificultam que você abandone o lead, dificultando cada vez mais, à medida que você despeja mais recursos, que desista e reduza suas perdas.

Além de lhe custar os recursos que investiu em leads perdidos ou de menor valor, também há os custos de oportunidade. Você tem recursos limitados. Cada minuto que gasta em algo com baixo valor esperado é um minuto que deixou de usar para outras oportunidades de maior valor.

Esses problemas são ainda maiores quando se tem vendedores que, por temperamento, não gostam de deixar uma possível venda, abandonando-a apenas em último caso. Os vendedores são corajosos por natureza. Essa atitude, semelhante à dos jogadores de pôquer que não querem desistir de uma mão enquanto houver alguma chance de ganhá-la, fornece-lhes a tranquilidade de saber que nunca precisarão desistir de nada ou se perguntar "E se...?" Mas, assim como no caso dos jogadores de pôquer, esse é um mau uso de recursos e uma receita para, no fim, ir à bancarrota.

Definir critérios de eliminação pode ser muito valioso para tornar as decisões dentro da função de vendas mais racionais e eficientes.

Por exemplo, trabalhei com um de meus clientes, a mParticle, ajudando-a a desenvolver e implementar critérios de eliminação em seu processo de vendas. A mParticle é uma empresa de software como serviço (SaaS) que oferece uma plataforma de dados do cliente (CDP) que ajuda as equipes a unificarem os dados de seus clientes e conectarem-nos a várias interfaces de programação de aplicativos (API) de marketing e análise.

Quando comecei a trabalhar com a mParticle, seus vendedores estavam tendo dificuldade em abrir mão de leads de baixo valor, em parte porque a cultura corporativa reforçava a noção de que abandonar uma oportunidade faria a empresa perder terreno.

O tempo de um profissional de vendas é um recurso valioso e limitado. Qualquer período que gastarem em um lead de baixo valor é um período que já não podem investir em leads de maior valor ou no desenvolvimento de novas oportunidades. Isso significa que, se eles não identificarem rapidamente e abandonarem os prováveis becos sem saída, é isso que, na realidade, atrasará o progresso.

Criar um conjunto de critérios de eliminação ajudaria a equipe a reduzir suas perdas mais rapidamente quando os sinais estivessem claros.

Para desenvolver esses critérios, começamos trabalhando com a equipe de vendas para gerar uma lista de sinais que indicassem quando não valia a pena perseguir uma oportunidade. Para isso, enviamos o seguinte *prompt* aos vendedores e aos leads de vendas:

> *Imagine que você está buscando uma pista que veio por meio de uma solicitação de proposta (RFP) ou solicitação de informações (RFI). Passados seis meses, você perdeu o negócio. Em retrospectiva, você percebe que havia sinais iniciais de que o negócio não seria fechado. Quais eram eles?*

Em geral, essa ideia de se lançar no futuro, imaginando um fracasso e depois fazendo uma retrospectiva para tentar descobrir o porquê, é chamada de *premortem*. Usar uma *premortem* é uma ótima ferramenta para ajudar a desenvolver critérios de eliminação com alta qualidade.

Essa ferramenta específica visava aos primeiros sinais de falha que os vendedores (e todos nós) tendem a negligenciar, racionalizar ou ignorar. Em outras palavras, estávamos procurando os tipos de indicadores de processos que não estão indo bem, aos quais, intuitivamente, deveríamos prestar atenção, mas não prestamos.

Pedimos aos membros da equipe que respondessem ao *prompt* fora de um ambiente de grupo, de forma independente e assíncrona, para que pudéssemos obter a mais ampla gama de respostas, sem a influência das opiniões alheias. Também pedimos que eles respondessem a isso como algo hipotético, não vinculado a uma oportunidade específica que estavam perseguindo ou que haviam perdido. Fizemos assim porque sabemos que é quando as pessoas estão enfrentando a decisão de desistir ou analisando uma oportunidade que acabaram de perder que sua perspectiva será mais tendenciosa.

Vários sinais foram mencionados repetidamente nas respostas, incluindo: nunca houve um executivo presente em nenhuma das reuniões com o cliente em potencial, a solicitação foi claramente feita com um concorrente em mente ou o cliente em potencial foi direto ao preço antes de buscar qualquer outra informação.

Em seguida, transformamos esses sinais em um conjunto de critérios de eliminação. Alguns sinais na lista eram fortes o suficiente para que, se você visse um deles, parasse de buscar o lead na hora. Por exemplo, se o cliente em potencial foi imediatamente para o preço, isso era considerado um sinal forte o suficiente de que o lead era um beco sem saída, pois sinalizava que o cliente em potencial estava apenas usando o vendedor para encurralar um concorrente e forçá-lo a abaixar o preço do serviço.

Mas outros sinais exigiam ação adicional. Para cada um deles, identificamos as informações que o vendedor precisava descobrir, o mais rápido possível, sobre o potencial cliente. Dependendo do que descobrisse, o vendedor continuaria a negociar ou desistiria.

Por exemplo, se não houvesse nenhum executivo na sala durante as primeiras reuniões (um critério de eliminação menos certo), o vendedor era instruído a sugerir o alinhamento executivo na próxima reunião. Ele explicaria ao cliente em potencial que, em sua experiência, os negócios são mais tranquilos quando há executivos de ambos os lados na sala e garantiria a presença de um executivo ao seu lado na próxima reunião, se o cliente em potencial fizesse o mesmo. Se o lead recusasse a oferta, o vendedor encerraria o negócio.

A criação desse conjunto de critérios de eliminação ajudou a equipe de vendas a gerenciar seu funil com mais eficiência, garantindo que os vendedores dedicassem mais tempo às oportunidades de maior potencial e eliminassem as de baixo potencial o mais rápido possível. Esses critérios de eliminação também deram aos vendedores da mParticle outra maneira de vencer. As avaliações dos vendedores na empresa, obviamente, ainda envolvem quanta receita eles geram, mas agora também incluem o quanto seguem os critérios de eliminação no gerenciamento de seus leads.

No caso das pessoas naturalmente corajosas que vivem para fechar os negócios, fornecer-lhes uma maneira extra de vencer é crucial para fazê-las desistir quando for a hora certa.

Tendemos a associar a ideia de gerenciamento de funil a vendedores ou investidores. Mas cada um de nós tem um funil para gerenciar: os interesses que podemos perseguir, as aulas que podemos fazer, os projetos que podemos assumir no trabalho, os empregos para os quais podemos nos candidatar, as pessoas com quem podemos namorar.

Todos nós temos que escolher quais oportunidades perseguir e quais evitar ou desistir. Ao fazermos essas escolhas, queremos gastar o mínimo de tempo possível com as coisas que não valem a pena e o máximo com as que valem.

Você pode definir critérios de eliminação antes de aceitar um cargo em uma empresa, ou antes de decidir sua especialização ou faculdade, ou a casa que deseja comprar, ou o lugar onde deseja morar. Quando você está desembolsando dinheiro para pagar um ingresso de um show, pode pensar nas condições climáticas que fariam você perder o dinheiro e ficar em casa.

Os critérios de eliminação funcionam bem para investir no mercado. Definir um *stop-loss* ou um *take-gain* são alguns exemplos de aplicação, mas você também pode definir critérios mais amplos, perguntando-se antecipadamente quais seriam os sinais do mercado que o fariam mudar sua estratégia de investimento.

A boa notícia sobre os critérios de eliminação é que você ainda pode defini-los depois de iniciar um empreendimento. A qualquer momento, independentemente de se tratar de alguém que você está namorando ou uma casa que já possui ou um investimento que está fazendo ou uma faculdade que está cursando, você pode pensar em algum período de tempo no futuro, imagine que está insatisfeito com sua situação e identifique os *benchmarks* perdidos ou os sinais que lhe dirão que deve se afastar. Você pode não ter definido um *stop-loss* ou *take-gain* quando comprou uma ação, mas pode definir um agora.

Afinal, o presente está sempre à frente de alguma coisa.

Estados e Datas

Os melhores critérios de abandono combinam duas coisas: um estado e uma data. O estado é exatamente o que parece, uma condição objetiva e mensurável em que você ou seu projeto está, um *benchmark* que você acertou ou errou. A data é o quando.

Os critérios de eliminação, geralmente, incluem estados e datas na forma de "Se eu estiver (ou não) em um determinado estado em uma determinada data ou em um determinado horário, tenho que desistir." Ou "Se eu não tiver feito X por Y (tempo), vou desistir." Ou "Se eu não conseguir X até o momento em que gastar Y (valor em dinheiro, esforço, tempo ou outros recursos), devo desistir."

Para a mParticle, um dos critérios de eliminação foi a falta de um tomador de decisão na sala, desencadeando uma oferta de alinhamento executivo para a próxima reunião. Traduzido em estados e datas, "Se eu não conseguir um executivo na sala (o estado) até a próxima reunião (a data), então eliminarei a negociação."

Você não precisa procurar muito na X para obter um exemplo da interação de estados e datas. Os seus projetos devem ter o potencial de mudar o mundo dez vezes (um estado) e a capacidade de se tornar comercialmente viáveis (um estado) dentro de cinco a dez anos (uma data).

O almirante McRaven ofereceu uma aplicação única e de alto risco desse conceito de estados e datas ao descrever o planejamento da Operação Neptune Spear, o ataque a Osama bin Laden. A operação foi dividida em 162 fases. Cada uma lhe dizia que estado você teria que atingir para continuar e que estado o faria desistir durante a fase. Como tudo foi planejado com antecedência, isso deixou McRaven, como ele me disse, com apenas cerca de cinco decisões de comando que talvez precisasse tomar na hora, uma vez que a missão tivesse começado, e eles já estivessem nela.

Ele deu dois exemplos dos critérios que os levariam a abortar a missão. Se, em algum momento, atrasassem uma hora, eles a encerrariam. Ou, se descobrissem, a qualquer momento até 50% do caminho até o complexo de bin Laden, que haviam sido detectados e comprometidos pelo governo paquistanês, dariam meia-volta. Se eles estivessem comprometidos além da marca de 50%, essa seria uma decisão de comando que McRaven teria que tomar na hora.

O ataque, é claro, foi um sucesso, e McRaven nunca precisou exercer os critérios de eliminação. Mas isso não se aplica a todas as missões. Um exemplo famoso é a "Operação Eagle Claw", a tentativa de 1980, durante o governo Carter, de resgatar reféns americanos mantidos pelo Irã. Um dos critérios de eliminação definidos para a operação era que, se o inventário de aeronaves ficasse reduzido a menos de seis helicópteros operacionais (devido a problemas mecânicos, acidentes ou outras causas), eles abortariam a missão. Foram enviados oito helicópteros para a primeira área de preparação, mas apenas cinco chegaram operacionais, acionando aquele critério de eliminação, então, a missão foi abortada. Se não tivessem estabelecido tais condições antecipadamente, pode-se facilmente imaginar como seria difícil tomar, naquele momento, com as apostas tão altas, a decisão de abandonar a tentativa.

A importância de pensar em estados e datas ao definir os critérios de eliminação com antecedência foi desenvolvida e testada em situações com os maiores riscos possíveis, afetando um grande número de pessoas e decisões gigantescas que mudam o mundo. Mas os conceitos são amplamente aplicáveis às suas decisões pessoais, quando você estiver tentando gastar seus recursos em situações que importam e evitar a construção de pedestais quando deveria desistir.

Kevin Zollman, professor da Universidade Carnegie Mellon e filósofo da teoria dos jogos, ofereceu um excelente exemplo de estados e datas que se aplica à procura de empregos acadêmicos. Existem relativamente poucos cargos efetivos para aqueles que obtiveram doutorado na área de ciências humanas. Essa oferta limitada é de conhecimento geral e provavelmente não mudará muito.

Existem dois grandes problemas enfrentados por um doutor recém-formado em sua busca por uma posição efetiva que tornam crucial definir critérios de eliminação antes da busca. A primeira questão é que, dentro das ciências humanas, deixar a academia é considerada uma decisão de mão única. Se você escolher sair do mundo acadêmico, será incrivelmente difícil voltar. Saber que a decisão é única e final dificultará a desistência, mesmo quando os sinais a favor dela são muito fortes.

A segunda questão é que existem muitos pedestais que você pode construir dentro das ciências humanas, na forma de intermináveis nomeações para cargos como os de professor-adjunto e de pós-doutorado, que você pode garantir. Esses empregos não são cargos de estabilidade, mas oferecem a ilusão de progresso, de que você está avançando em sua carreira.

É fácil passar de um pedestal para outro, de um cargo de pós-doutorado para um de adjunto e assim por diante, pensando que sua grande chance está chegando. Claro, com cada pedestal, você está acumulando custos irrecuperáveis, colocando mais tempo e esforço no empreendimento, dificultando cada vez mais a desistência.

Para evitar ficar preso, estabeleça *benchmarks*, na forma de estados e datas, com antecedência. Descubra o tempo médio que um doutor recém-formado leva para garantir uma posição estável e circule essa data no calendário como um prazo final. Se, por exemplo, forem quatro anos a partir do momento em que você obtiver seu doutorado, se não tiver garantido uma posição estável (o estado) dentro de quatro anos (a data), você deve desistir.

Se seu objetivo é ser um velocista olímpico, calcule a velocidade com que os melhores corredores do mundo percorriam os 100 metros rasos aos 15 anos, ou 18 anos, ou como velocistas universitários. Você pode marcar esses marcos ao longo do caminho e, se os atingir, continue (desde que a busca ainda lhe traga felicidade) e, se perder, desista e busque um novo objetivo.

Dessa forma, você pode gastar mais tempo com as coisas que valem a pena perseguir.

Você pode aplicar estados e datas a relacionamentos. Se seu objetivo for o casamento (ou um compromisso de longo prazo equivalente), então, se seu parceiro de relacionamento não lhe pedir em casamento (ou aceitar sua proposta ou demonstrar um compromisso de longo prazo) até uma determinada data, você deve seguir em frente e encontrar alguém que esteja tão empolgado em se comprometer com você quanto você está em relação a ele.

É possível fazer o mesmo para progredir na carreira. Se estiver trabalhando em um cargo de nível básico com alguma perspectiva de avanço, descubra o mais cedo possível o caminho do sucesso, sejam aumentos, promoções iniciais, responsabilidades adicionais ou o que for específico nessa empresa ou prática. Obtenha informações sobre quando outros bem-sucedidos receberam esses sinais no caminho e inclua esses estados e datas em seus critérios de eliminação.

Melhor, Não Perfeito

Quando eu jogava pôquer, aplicava vários critérios de eliminação que me ajudaram a ser uma melhor desistente (de mãos e jogos). Um exemplo era um *stop-loss*. Se perdesse uma certa quantia, eu desistiria. Isso foi especialmente importante no início da minha carreira, porque os jogadores novatos são particularmente ruins em julgar se estão perdendo devido ao seu jogo ruim ou por causa da má sorte. (*Take-gains* não fazem sentido no pôquer, então não usei essa ferramenta.)

Depois de me tornar uma jogadora profissional, ainda mantive um *stop--loss*. Jogadores de pôquer de elite ainda são piores em decidir desistir quando estão no jogo, especialmente se estiverem *perdendo*. Então, mesmo depois de ganhar experiência e entender melhor a qualidade do meu jogo e as oscilações de sorte de curto prazo, ainda estabeleço limites de perda.

Também percebi que jogava melhor em sessões de seis a oito horas ou menos, então me comprometi a parar depois de jogar tanto tempo. Por estar mais ciente da importância das condições do jogo, também me comprometi a desistir se a qualidade dos jogadores no jogo mudasse drasticamente de forma desfavorável, pois alguns jogadores saíam, e outros tomavam seus lugares.

Esses critérios de eliminação me ajudaram a melhorar o abandono dos jogos. Mas eu era perfeita? Nem mesmo cheguei perto disso.

Sempre me afastei quando atingi meu limite de perdas? Não. Quando tinha acesso a fundos no cassino, houve vezes em que consegui mais algum dinheiro e continuei a jogar.

Eu sempre parava depois de jogar de seis a oito horas? Definitivamente não. Houve vezes em que joguei por mais de 24 horas seguidas. Da mesma forma, houve aquelas em que me convenci de que ainda estava em um bom jogo, mesmo que os jogadores que tornavam o jogo tão bom tivessem saído e sido substituídos por outros muito mais difíceis.

Eu estava longe de ser perfeita, mas me saí melhor do que teria me saído sem esses critérios de eliminação. No grande jogo que foi minha carreira de pôquer, estou confiante de que meus resultados foram beneficiados porque fui capaz de reduzir — em parte desse tempo — os recursos mentais e financeiros que gastei em situações de valor esperado negativo.

O importante é ser melhor, não perfeito. Afinal, somos apenas humanos e operamos sob condições de incerteza. É difícil desistir no momento certo perfeitamente.

Astro Teller sabe que eles nem sempre desistem no momento exato na X. Ele aceita isso, porque, como estão sempre tentando, eles se saem melhor no geral. "É exatamente por isso que a X produz retornos tão grandes. Não porque somos perfeitos naquilo a que aspiramos, mas porque aspiramos tão incansavelmente a isso que acabamos sendo modestamente bem-sucedidos, e isso acaba sendo algo enorme."

Considerados conjuntamente, o modelo mental de macacos e pedestais e os critérios de eliminação nos ajudam a superar nossa aversão a fechar contas nas perdas. Em primeiro lugar, ambos levam você até o "não" mais rápido, o que naturalmente limita as perdas que tem que absorver quando desiste. E quanto menos você tiver perdido, mais fácil será o afastamento.

Em segundo lugar, quando você estabelece critérios de eliminação claros com antecedência e um pré-compromisso de ir embora quando vir esses sinais, é mais provável que você siga em frente com a desistência, mesmo quando estiver perdendo. Sempre que puder tomar a decisão de cortar suas perdas com antecedência, você se sairá melhor ao fechar essas contas mentais.

Resumo do Capítulo 6

- Macacos e pedestais constituem um modelo mental que o ajuda a desistir mais cedo.
- Os pedestais são a parte do problema que você sabe que já pode resolver, como criar o cartão de visita ou logotipo perfeito. O mais difícil é treinar o macaco.
- Ao se deparar com uma meta complexa e ambiciosa, (a) identifique primeiro o que é difícil; (b) tente resolver isso o mais rápido possível e (c) tome cuidado com o falso progresso.
- Construir pedestais cria a ilusão de que você está progredindo em direção ao seu objetivo, mas fazer as coisas fáceis é uma perda de tempo, se as difíceis forem realmente impossíveis.
- Lidar com o macaco primeiro faz com que você chegue mais rápido ao "não", limitando o tempo, o esforço e o dinheiro que você investe em um projeto e facilitando a desistência.
- Quando nos deparamos com um problema difícil que não conseguimos resolver, temos a tendência de construir um pedestal em vez de desistir.
- O planejamento antecipado e os contratos de pré-compromisso aumentam as chances de você desistir mais cedo.
- Ao entrar em um curso de ação, crie um conjunto de critérios de eliminação. Isso é uma lista de sinais que, no futuro, você veria como indicativo de que é hora de parar.

- Os critérios de eliminação ajudarão você a se imunizar contra tomadas de decisão ruins quando estiver "dentro" da situação, limitando o número de decisões que precisará quando já estiver ganhando ou perdendo.

- Nas organizações, os critérios de eliminação permitem que as pessoas sejam recompensadas de uma maneira diferente, além da busca obstinada e cega de um projeto até as últimas consequências.

- Uma maneira simples e comum de desenvolver critérios de eliminação é com "estados e datas": "Se até (data) eu tiver/ não tiver (atingido um determinado estado), desistirei."

O Ouro ou Nada

Quando o interesse de Alexandra "Sasha" Cohen, de 7 anos de idade, despertou para a patinação artística em 1992, as mulheres americanas haviam conquistado medalhas em todas as Olimpíadas de Inverno desde 1968. Quando ela começou a competir em competições juniores de alto nível, a patinação artística feminina era o evento olímpico de inverno mais assistido. Patinadoras americanas como Kristi Yamaguchi, Nancy Kerrigan, Tara Lipinski e Michelle Kwan eram nomes conhecidos.

Um grande público dos Estados Unidos assistia aos eventos classificatórios e campeonatos não olímpicos, em busca da próxima superestrela. Quatro anos mais jovem que Kwan e dois anos mais jovem que Lipinski (que se aposentou após as Olimpíadas de 2002), Cohen era uma das milhares de jovens atléticas nos programas locais altamente competitivos e exigentes, focadas em preencher esse papel. Sasha Cohen se tornou uma das melhores patinadoras artísticas de seu tempo. Do final dos anos 1990 até sua medalha de prata nos Jogos Olímpicos de Inverno de 2006 em Torino, Itália (aos 21 anos), ela foi uma das melhores nas competições juniores, nacionais e internacionais de elite.

Cohen ganhou destaque com só 15 anos de idade, terminando em segundo lugar no Campeonato de Patinação Artística dos Estados Unidos em 2000, perdendo apenas para Michelle Kwan, que, naquela época, já havia vencido dois Campeonatos Mundiais e ganhado uma medalha de prata nas Olimpíadas. Kwan foi incomparável no Campeonato dos Estados Unidos, vencendo em 1996 e, depois, em oito anos consecutivos, de 1998 a 2005.

Cohen estava logo atrás dela. Exceto em 2001, quando teve que desistir devido a uma fratura por estresse nas costas, entre 2000 e 2006, este foi seu histórico de performances no Campeonato dos Estados Unidos: prata, prata, bronze, prata, prata e ouro. Apenas Michelle Kwan (e a atual campeã olímpica Sarah Hughes, em 2003) terminou à frente de Sasha Cohen.

Aos 17 anos, Cohen terminou em quarto lugar nas Olimpíadas de 2002 em Salt Lake City e ganhou medalhas de ouro em seis competições do

INTERLÚDIO 2

Grand Prix em 2002-2003 (incluindo o Grand Prix da Final de Patinação Artística em 2003). Ela venceu outros seis eventos internacionais entre 2001 e 2005 e conquistou medalhas no Campeonato Mundial em 2004 (prata), 2005 (prata) e 2006 (bronze).

Durante seu tempo na patinação artística, seu foco e persistência eram o que se espera dos melhores atletas do mundo. Cohen começou a patinar aos 7 anos de idade e competia regularmente aos 11 anos, quando começou a estudar em casa para maximizar seu tempo de prática, treinamento e competição. A intensidade de seu compromisso a levou a sofrer inúmeras lesões e contratempos relacionados. Ela continuou a sofrer de problemas nas costas, que a tiraram do Campeonato dos Estados Unidos de 2001, limitando sua agenda competitiva em 2004 e 2005.

Mas 2006 parecia ser o ano de Sasha Cohen. Michelle Kwan, agora com 25 anos, estava treinando para uma candidatura olímpica, mas desistira de 3 competições no final de 2005 devido a uma lesão no quadril. Kwan também desistira imediatamente antes do início do Campeonato dos Estados Unidos em janeiro, encerrando sua sequência de oito vitórias consecutivas.

Cohen ganhou o ouro, tornando-se, finalmente, campeã dos Estados Unidos.

Kwan pediu dispensa do tratamento médico para competir nos Jogos Olímpicos e recebeu, mas teve que desistir quando sofreu uma lesão durante seu primeiro treino em Torino. Isso sinalizou o fim da carreira de patinação competitiva de Michelle Kwan. Cohen era, agora, a herdeira aparente da dinastia de patinação dos Estados Unidos, ganhando medalhas em dez Olimpíadas consecutivas, cinco delas de ouro, três delas recebidas nas quatro Olimpíadas anteriores.

Cohen manteve a liderança após o programa curto, e a medalha de ouro teria sido sua. Mas, com menos de trinta segundos durante o programa longo das finais, ela caiu. Como prova de sua grandeza, apesar da queda e da percepção instantânea de que não venceria, Cohen teve um desempenho tão perfeito que ainda ganhou a prata, aumentando sua longa lista de realizações.

Talvez, se não tivesse sofrido aquela queda, teria se aposentado da competição, tendo conquistado o ouro. Ela já tinha problemas nas costas e, recentemente, sofreu uma lesão no quadril. Nos próximos Jogos Olímpicos, Cohen teria 25 anos, a mesma idade que Michelle Kwan tinha em sua tentativa olímpica de 2006, que terminou a incapacitando de competir devido a 3 lesões diferentes.

Em vez disso, em abril de 2006, apenas 2 meses após as Olimpíadas, Cohen anunciou que voltaria e tentaria uma vaga na equipe de 2010. Ela fez uma pausa da competição, mas não na patinação artística. Passou de 2006 a 2009 treinando em um ambiente de patinação igualmente exigente.

Uma recompensa para uma carreira de sucesso na patinação artística americana é a chance de se apresentar nas exibições profissionais e nas turnês em *Champions on Ice* e *Stars on Ice*, e Cohen colheu essa recompensa, sendo a atração principal de 2007 a 2009.

Sasha Cohen estava insatisfeita com as turnês. Era um trabalho lucrativo, mas, como ela descreveu, "não era a vida que eu queria viver. Eu não queria ficar nas entranhas de uma arena e fazer a mesma coisa repetidamente, como no filme *O Feitiço do Tempo*."

Isso faz com que nos perguntemos, se ela estava tão infeliz, por que não desistiu? Cohen já se perguntou isso, mas não chegou a uma resposta clara. Simplesmente não conseguia se aposentar, o que considerava "muito permanente e muito final. Acabaria com toda uma identidade... Acho que tinha que chegar ao ponto de estar tão infeliz que deixasse de ser funcional."

Ela se sentiu na obrigação de tentar entrar para a seleção olímpica mais uma vez. Patinar era sua identidade, e perseverar também. Fazer o contrário, "seria fraqueza, ou eu estaria desistindo porque era difícil se não fizesse o esforço."

Em maio de 2009, Cohen começou a treinar para voltar às competições. Depois de sair de dois eventos do Grand Prix devido a uma tendinite na panturrilha direita (outra lesão no inevitável acúmulo de contratempos físicos causados pelos quinze anos de comprometimento com um trabalho tão exigente), competiu no Campeonato dos Estados Unidos de 2010. Ela precisava terminar entre os dois primeiros para se qualificar para as Olimpíadas de Vancouver, mas acabou em quarto lugar.

Cohen finalmente desistiu da patinação artística, embora fosse mais pelas circunstâncias do que por escolha. A janela competitiva para patinadoras artísticas fecha aos 25 anos. Ela envelhecera, o que "não interpretei como desistência. Parecia que eu estava livre."

Embora sua carreira na patinação esteja em seu passado distante, seu legado permanece. Graças à sua medalha de prata de 2006, que estendeu a sequência de sucesso dos Estados Unidos na patinação artística feminina para onze Olimpíadas consecutivas, ela continua sendo, até 2022, a última mulher americana a ganhar uma medalha olímpica individual de patinação artística.

Depois que foi forçada a parar de patinar, ela se criou uma vida feliz. Aos 26 anos de idade, começou a faculdade, 15 anos depois de sua última vez em uma sala de aula. Cohen se formou na Universidade de Columbia em 2016, mesmo ano em que foi incluída no Hall da Fama da Patinação Artística dos EUA. Tornou-se gestora de investimentos da Morgan Stanley, casou-se e é mãe de dois filhos, nascidos em janeiro de 2020 e agosto de 2021.

Há muito a aprender sobre desistência com a história de Sasha Cohen. Existe o óbvio acúmulo de custos irrecuperáveis de todo o tempo, dinheiro e esforço dedicados à sua carreira, tanto por ela quanto pela sua família. Havia uma aversão à perda e uma incapacidade de visualizar sua vida do outro lado (até que ela foi forçada a fazê-lo).

Mas, como exploraremos na Parte III, sua experiência traz lições maiores, relacionadas à identidade. Sasha Cohen tinha muito em comum com muitas pessoas deste livro, incluindo os alpinistas que tentaram chegar ao cume do Everest, como o falecido Doug Hansen: uma tamanha dedicação ao empreendimento, a ênfase em um objetivo de tudo ou nada e uma sensação de que chegar perto da vitória, mas não alcançá-la era um fracasso que precisava ser resolvido tentando novamente.

Em grande parte, somos o que fazemos, e nossa identidade está intimamente ligada a tudo em que nos concentramos, incluindo nossas carreiras, relacionamentos, projetos e hobbies. Quando desistimos de qualquer uma dessas coisas, temos que lidar com a perspectiva de abandonar parte de nossa identidade. E isso é doloroso.

PARTE 3

Identidade e Outros Impedimentos

CAPÍTULO 7

Você Possui o Que Comprou e o Que Pensou: Dotação e o Viés do Status Quo

Em 2006, Andrew Wilkinson fundou a Metalab, uma empresa que projeta e desenvolve aplicativos móveis para empresas de tecnologia. Ela se tornou instantaneamente lucrativa e cresceu rapidamente. Sua lista de clientes inclui Apple, Google, Disney, Walmart e startups de sucesso como a Slack.

Ao longo dos anos, Wilkinson usou parte desses lucros para abrir mais de vinte companhias. Além disso, uma delas, a Tiny, fundada em 2014, investiu e comprou dezenas de empresas de internet. Por causa da sua reputação de fazer negócios rapidamente, não interferir nas companhias que compra e mantê-las a longo prazo, ele é chamado de "o Warren Buffett das startups".

O espírito empreendedor de Wilkinson era aparente desde a tenra idade. Enquanto cursava o ensino médio, no início dos anos 2000, ele criou com alguns amigos um site de notícias de tecnologia chamado MacTeens.com. Wilkinson trabalhou duro no projeto, até mesmo conseguindo uma entrevista com Steve Jobs. O site fez tanto sucesso que, em meio ao gerenciamento da equipe, às negociações de acordos de anúncios e à criação conteúdo, isso se tornou um trabalho de tempo integral. O projeto tomou tanto tempo que ele se formou por pouco.

Depois de estudar jornalismo por um breve período na faculdade, Wilkinson desistiu e fundou o MetaLab. Em 2009, descobrindo que queria possibilitar que sua equipe compartilhasse as listas de tarefas, ele decidiu criar a própria ferramenta com essa função. A ideia se tornou um produto de software chamado Flow, que ele financiou e perseguiu até 2021.

O mercado de ferramentas SaaS, como Google Docs e Slack (que contratou a MetaLab em 2013 para projetar sua interface) explodiu desde então, mas, na época em que Wilkinson concebeu a ideia, o mercado era incipiente. Ele foi precoce no espaço, prevendo corretamente o tamanho do mercado potencial para esse tipo de produto. A MetaLab teve sucesso o suficiente para conseguir os recursos para iniciar a Flow, financiando o projeto por conta própria em vez de buscar investidores externos, como empresas de capital de risco.

Após nove meses de trabalho com dois desenvolvedores do MetaLab, Wilkinson conseguiu produzir uma versão beta da ferramenta de lista de tarefas. Ele descreveu seu orgulho imediato pelo produto: "Na verdade, foi muito legal. Foi um grande sucesso desde o primeiro dia."

A versão beta da Flow atingiu rapidamente US$20 mil em receitas mensais recorrentes e logo cresceu 10% ao mês. O produto estava com tudo. Todas as grandes empresas de capital de risco o procuravam.

Entre a comunidade de pessoas que incubam novos empreendimentos (e a comunidade ainda maior daqueles que acompanham o que elas estão fazendo), existe, há muito tempo, um debate acalorado sobre os prós e os contras do financiamento de empreendimentos e do *bootstrapping*. Wilkinson estava entre aqueles que se posicionaram publicamente a favor do *bootstrapping* como a melhor opção, tanto como preferência pessoal quanto estratégia geral. Isso obviamente contribuiu para sua recusa de todas as ofertas de capital de risco que vinham em sua direção.

A Flow era uma operação espartana, mas, como era de se esperar de uma nova empresa nesse setor, ela ainda estava gastando significativamente mais do que o arrecadado com suas promissoras vendas iniciais. Wilkinson preencheu de bom grado os cheques para cobrir as despesas crescentes. Ele tinha capital, um produto pelo qual estava apaixonado e um desejo frequentemente expresso de evitar a diluição que viria, se assumisse investidores externos.

Embora o sucesso inicial da Flow confirmasse que havia demanda por uma ferramenta SaaS que ajudasse as equipes a gerenciar e compartilhar listas de tarefas, ele reconheceu que a demanda potencial levaria outras pessoas a tentar entrar no espaço.

Pouco depois de criar a Flow, Wilkinson começou a ouvir falar de outro produto chamado Asana. Ele tinha motivos para se preocupar com o concorrente, cofundado e comandado por Dustin Moskovitz. Moskovitz foi um dos fundadores do Facebook, um bilionário que tinha enorme credibilidade e cujo nome era reconhecido por potenciais investidores, funcionários e possíveis usuários.

Quando o Asana foi lançado no final de 2011, Wilkinson deu um suspiro de alívio. "Era um aplicativo feio, projetado por engenheiros. Complicado e difícil de usar. Não causava o menor impacto."

Ao comparar a Flow com esta versão de estreia do Asana, ele se sentiu validado. "Com uma equipe quatro vezes menor e uma fração daquele dinheiro, construímos o que considero um produto superior."

Depois que o Asana estreou, Dustin Moskovitz procurou Andrew Wilkinson, e eles se encontraram para tomar um café em São Francisco, onde o Asana tinha seu escritório. Na reunião, Moskovitz foi muito aberto sobre o dinheiro que tinham e o talento que estavam trazendo para a empresa.

Wilkinson saiu da reunião acreditando que a mensagem era que o Asana tinha recursos superiores e que a Flow não seria capaz de acompanhá-lo. Muito mais tarde, Moskovitz deixou claro publicamente que sua lembrança da reunião era bem diferente. Ele pensou que estava explorando a possibilidade de Asana e Flow se unirem, talvez por meio de uma aquisição, para enfrentar melhor os concorrentes maiores e mais estabelecidos no espaço.

É difícil saber por que os dois interpretaram o que aconteceu na reunião de maneiras diferentes. Mas a interpretação de Wilkinson foi certamente coerente com suas crenças sobre *bootstrapping* e financiamento de risco. Isso também reforçou seu ponto de vista de que o Flow era um azarão determinado, e Asana, em vez de outro novo empreendimento em dificuldades, era um "deles" em uma guerra do tipo "nós contra eles" entre *bootstrappers* e os fundadores apoiados por capital de risco.

Poucos meses após o lançamento do produto pago do Asana (em abril de 2012), foram concluídas 3 rodadas de financiamento, a última das quais viu a empresa levantar US$28 milhões com uma avaliação de US$280 milhões. Wilkinson poderia ter considerado isso um ponto negativo para a Flow. Afinal, seu principal concorrente estava prosperando, estava cheio de fundos e era claramente uma propriedade em voga no mercado de empreendimentos. Em vez disso, ele tratou a notícia como algo bom para os clientes em potencial da Flow. Se investidores de risco experientes achavam que o Asana valia US$280 milhões, então a empresa dele, com seu produto superior, devia valer muito mais.

A essa altura, a Flow estava gastando duas ou três vezes mais do que sua receita mensal, sendo necessário desembolsar mais se mantivesse o ritmo do Asana como uma prioridade. Quando seu CFO preocupado trouxe isso à tona, Wilkinson lhe disse que eles precisavam esperar. Com base em seu raciocínio de que a Flow tinha que valer mais do que o Asana, claramente valia a pena continuar investindo seus fundos pessoais no produto.

Esta cruzada auto-orquestrada contra o Asana rapidamente se tornou uma guerra de desgaste. Para disponibilizar a Flow em várias plataformas (como o Asana), atualizá-la com os recursos desejados pelos clientes e, mesmo que em uma fração do nível do Asana, comercializá-la, a taxa de consumo de caixa da Flow dobrou rapidamente.

Wilkinson manteve sua crença de que continuar despejando dinheiro na ferramenta era justificado por causa da qualidade do produto. "Começamos a gastar dinheiro em anúncios e a contratar vendedores apenas para manter o controle, mas, principalmente, nós nos concentramos em tornar o produto melhor do que a concorrência. Era nossa única vantagem restante."

À medida que continuaram a adicionar recursos ao produto, mais *bugs* começaram a aparecer (um problema bem conhecido no desenvolvimento de softwares). Apesar das injeções financeiras regulares, a equipe de engenharia e design estava com falta de pessoal e sobrecarregada. Eles se viram incapazes de acompanhar o fluxo interminável de relatórios de *bugs* que recebiam dos clientes. O crescimento mês a mês desacelerou de 20% para 5%.

Em setembro de 2015, o Asana lançou uma nova versão, que não se parecia nem um pouco com o produto que Wilkinson, de início, havia visto de forma tão negativa. Agora, o Asana tinha os mesmos recursos que a Flow e todos aqueles que Wilkinson gostaria que sua ferramenta tivesse.

Ele funcionou em mais plataformas e, ao contrário do concorrente, não foi atormentado por *bugs*.

A essa altura, a taxa de queima da Flow era de US$150 mil por mês. O investimento total de Wilkinson foi de mais de US$5 milhões e não tinha previsão para acabar. O mundo estava lhe dizendo que, nesse caso, uma empresa determinada e autodidata tentar lutar contra uma outra bem financiada e provida por capital de risco era uma batalha perdida. No entanto, ele ainda não fechou, continuando por mais 7 anos, até que finalmente colocou US$11 milhões na Flow. Durante esse período, Wilkinson viu o crescimento da receita desacelerar e depois parar, enquanto o Asana (e os outros concorrentes) continuava melhorando seu produto.

Em meio a tudo isso, ele recebeu uma oferta de aquisição da Flow por US$6 milhões. Recusou, porque investira US$11 milhões e não queria perceber a perda certa de US$5 milhões. A clássica falácia do custo irrecuperável.

Finalmente, depois de 12 anos e, como disse Wilkinson, "mais de US$10 milhões jogados fora", ele viu o que há muito estava claro para todos os outros. O Asana era melhor em todos os aspectos: marketing, produto, recursos, suporte e integrações. A Flow foi reduzida a uma sombra do que era antes, empatando (com seu pouco crescimento) com menos de um terço da antiga receita recorrente anual.

De maneira mais significativa, Andrew Wilkinson abandonou suas aspirações da Flow. Em 2021, ela ainda estava tecnicamente operacional, mas ele percebeu que nunca recuperaria seu investimento e que a Flow nunca seria dona de uma grande fatia do mercado de ferramentas de produtividade.

A história de Wilkinson demonstra como a propriedade pode interferir em nossa capacidade de nos afastar, especialmente quando criamos o que possuímos.

Um Enófilo Entre os Economistas

Quando possuímos algo, nós o valorizamos mais do que um item idêntico que não possuímos. Richard Thaler foi o primeiro a nomear essa ilusão cognitiva, chamando-a de *efeito de dotação*. Na verdade, ele introduziu o efeito de dotação naquele mesmo artigo de 1980, no qual cunhara o termo "custo irrecuperável". Thaler descreveu o fenômeno como "o fato de que as pessoas, para desistir de um objeto, muitas vezes, exigem mais do que estariam dispostas a pagar para adquiri-lo."

Thaler deu o exemplo de um distinto amigo economista que comprara uma caixa de um bom vinho no final dos anos 1950 por US$5 a garrafa. Alguns anos depois, o produto se valorizou muito. Seu comerciante de vinhos se ofereceu para comprá-lo por US$100 a garrafa. Apesar de nunca ter pago mais de US$35 por uma garrafa de vinho, o economista se recusou a vendê-las por US$100 cada uma. No entanto, ele também se recusou a comprar mais garrafas por esse preço. Esse é um comportamento muito estranho. Sua recusa em vender comunicava que qualquer pessoa que comprasse suas garrafas estaria pagando menos do que elas valiam. No entanto, tendo determinado que era uma grande pechincha vender qualquer um dos vinhos, ele se recusou a tirar vantagem da pechincha e comprar uma garrafa idêntica pelo mesmo preço.

O mercado de alta de garrafas de Bordeaux continuou. Em 1991, onze anos depois, Thaler, com Daniel Kahneman e o colega economista Jack Knetsch, atualizaram a situação de seu amigo e de seu vinho. O Bordeaux agora estava sendo vendido em leilão por US$200 a garrafa. O amigo deles ocasionalmente bebia um pouco do vinho, mas ele ainda não estava "disposto a vendê-lo pelo preço do leilão nem comprar mais uma garrafa por esse preço".

A história rendeu boas risadas a todos, mas eles a acharam intrigante do ponto de vista econômico. Como o economista teve a oportunidade de vender as garrafas com lucro, o efeito do custo irrecuperável não explica esse comportamento. Em vez disso, Thaler suscitou a hipótese de que tinha algo a ver com o fato de os vinhos estarem na posse dele, com o fato da propriedade. Essa propriedade o levou a valorizar mais suas garrafas do que as que não estavam em sua posse.

Se um economista pode cair nessa ilusão, mesmo depois de seus amigos zombarem dele em revistas acadêmicas por anos, imagine como a situação está ruim para o resto de nós.

Nos últimos quarenta anos, pesquisadores replicaram e expandiram o trabalho inicial de Thaler em mais de uma centena de estudos subsequentes. As primeiras demonstrações do efeito de dotação em laboratório foram bastante simples.

Em um dos primeiros experimentos de Jack Knetsch, os alunos se inscreveram para a tarefa de preencher um questionário. Antes de preenchê-lo, um grupo de participantes recebeu seu pagamento pela participação na forma de uma caneca de café. Um segundo grupo recebeu o pagamento na forma de uma grande barra de chocolate.

(Um terceiro grupo teve a opção de escolher, do zero, entre as duas possibilidades, sem ter ganhado nada anteriormente. Esse grupo se dividiu de maneira bastante uniforme, favorecendo a caneca, 56%, à barra de chocolate, 44%.)

Knetsch queria saber se a posse da caneca ou da barra de chocolate por parte dos dois primeiros grupos mudaria a forma como os participantes valorizavam esses itens. Para isso, após preencher o questionário, ele deu aos participantes desses grupos a chance de trocar o item de pagamento escolhido por outro. Ou seja, os alunos com a caneca podiam trocá-la pela barra de chocolate, e os alunos com a barra de chocolate podiam trocá-la pela caneca.

Se não houvesse efeito de propriedade, seria de se esperar que os dois primeiros grupos, após negociarem quando preferissem o outro item, terminassem com a mesma proporção de canecas e barras de chocolate daqueles que tomaram a decisão do zero. Cerca de metade dos participantes de cada grupo trocaria seu pagamento, talvez um pouco mais no grupo que começou com a barra de chocolate e um pouco menos no que começou com a caneca.

Mas não foi isso que Knetsch descobriu. Descobriu-se que a dotação em relação a um item, mesmo por um período tão curto de tempo, teve um efeito bastante forte sobre o valor atribuído a ele. Dos que receberam a caneca, 89% se recusaram a trocá-la pela barra de chocolate. Entre os que receberam o chocolate, 90% preferiram o chocolate, e apenas 10% o trocaram pela caneca.

Knetsch, com vários outros colaboradores (incluindo Thaler e Kahneman), realizou experimentos adicionais para descobrir a disparidade que o efeito de dotação cria nos preços de compra e venda. Esses estudos foram uma tentativa de replicar o comportamento de seu amigo economista, que, ao mesmo tempo, pensava que pagar US$200 por uma garrafa de vinho era muito caro, mas que a mesma quantia era muito pouca para vendê-la.

Um dos experimentos envolvia pagar alguns participantes com dinheiro e outros, com uma caneca de café. Os que receberam a caneca responderam ao questionário e foram perguntados: "Qual é o valor mínimo que você aceitaria em dinheiro para vender sua caneca?" Quando os que receberam dinheiro terminaram o questionário, mostraram-lhes uma caneca e lhes perguntaram: "Qual é o máximo que você pagaria por isso?"

Para algo tão simples como uma caneca de café com o logotipo da escola, a disparidade nos preços de compra e venda era incrivelmente grande. Se você ganhasse a caneca, seu preço mínimo de venda seria pelo menos o *dobro* do preço máximo que alguém que ganhasse o dinheiro pagaria para comprá-la. A proporção se manteve em décadas de experimentos posteriores usando viseiras, moletons, caixas de canetas e, aparentemente, praticamente qualquer coisa que um pesquisador pudesse conseguir na livraria da universidade.

Os resultados desses experimentos também são consistentes com nossas experiências comuns.

Você tem um carro e está pensando em vendê-lo. Quando procura o valor no site de precificação de veículos Kelley Blue Book, pensa: "De jeito nenhum. Meu carro vale mais do que isso." Ou "Ele vale pelo menos isso. Claramente, está entre os preços mais elevados." Mas então, quando você está comprando um automóvel e vê um idêntico ao seu, mas com o valor mais caro da lista do Kelley Blue Book, sua reação é "Essas pessoas são ridículas. Isso é um roubo. O para-choque está amassado."

O efeito de dotação tem aplicações óbvias no comportamento de desistência. Vender algo que você possui é o equivalente a desistir; está deixando sua propriedade. Não vender algo que possui é uma forma de persistência. Quando está decidindo se vai vender seu vinho, ou seu carro, ou sua casa, você está escolhendo se quer ou não persistir em possuir essas coisas.

Além Disso, Se Você o Conhece, Você o Possui

O fundamento original para o efeito de dotação era a aversão à perda. Simplificando, se valorizarmos mais as perdas do que os ganhos de valores semelhantes, estaremos mais preocupados em perder algo que já possuímos do que ansiosos para adquirir algo idêntico que não possuímos.

Desde então, décadas de pesquisa estabeleceram que podemos nos apegar às coisas por razões que vão além da aversão à perda. No processo, desenvolveu-se uma compreensão mais ampla sobre o que pensamos que possuímos.

O trabalho original sobre o efeito de dotação era sobre a propriedade física de objetos e o valor adicional que conferimos a eles quando estão em nossa posse. Mas, como Carey Morewedge e Colleen Giblin apontaram em uma revisão da literatura de 2015, podemos nos apegar a muito mais do que objetos físicos. À medida que a pesquisa sobre o efeito de dotação se expandiu, tornou-se cada vez mais claro que também podemos nos apegar às nossas crenças, ideias e decisões.

À medida que carregamos crenças e ideias, elas se tornam nossas posses. Somos donos do que compramos *e* do que pensamos.

Quando nos comprometemos com um curso de ação, isso significa que, em certo sentido, agora possuímos essa decisão. O valor que atribuímos às coisas, sejam garrafas de vinho ou nosso compromisso com um empreendimento, provavelmente será maior do que a importância que essas mesmas coisas terão quando pertencerem aos outros e maior do que o valor que os outros atribuirão às nossas coisas.

O efeito de dotação é particularmente forte se você também constrói a coisa que possui. Isso é conhecido como efeito IKEA, por razões óbvias. No caso da maioria dos móveis que se compra na loja, você mesmo precisa montá-los. Vamos valorizar muito mais aquela mesinha de cabeceira que construímos do que outra idêntica já pré-montada.

O efeito IKEA é uma das razões pelas quais temos que tomar muito cuidado com a construção de pedestais. Se você construir algo já com a certeza de que ele pode ser construído, como criar o trem-bala da Califórnia com a rota entre Madera e Fresno, ou construir entre Bakersfield e Merced ou entre São Francisco e o Vale do Silício, você está criando um problema duplo. Sem descobrir informações úteis sobre a possibilidade de completar a linha, você gasta tempo, esforço e dinheiro, o que cria um problema de custo irrecuperável. Além disso, você se apega àquilo que construiu, o que dificulta ainda mais abandonar o caminho.

Se você vai burlar a balança da persistência e da desistência, adicionando a dotação à mistura, pelo menos transforme seu objeto de apego em algo que represente um progresso real na solução de um problema difícil.

O Efeito de Dotação

O efeito de dotação ajuda a desvendar o mistério de por que Harold Staw, *duas vezes,* escolheu não vender suas lojas. Em sua batalha contra os acionistas do Texas, na qual seu bom amigo e advogado desertou para o outro lado, Staw se apegou às lojas da Califórnia de uma forma que aqueles do outro lado do processo não se apegaram. Ele não estava disposto a vender as lojas da Califórnia, que havia criado e construído, para proteger o valor das do Texas, que não havia criado e construído.

Quando a Fred Meyer Inc. apareceu e se ofereceu para comprar as lojas da Califórnia, ele novamente achou o valor muito baixo, apesar do fato de que elas estavam afundando em perdas. A cada passo do caminho, ele atribuía mais valor ao negócio que transformara de um galinheiro em um império do que aqueles que estavam de fora. Eles viam o negócio hesitante pelo que ele havia se tornado, uma visão que Staw não conseguia ter.

O efeito de dotação também oferece uma visão sobre por que Andrew Wilkinson colocou tanto de sua riqueza pessoal na Flow. A história dele é uma ilustração particularmente boa das camadas de resíduos cognitivos em ação em nossa persistência excessiva.

Wilkinson ficou apegado à Flow de várias maneiras. Para começar, ele simplesmente era o verdadeiro dono da Flow. Além disso, aquilo foi ideia dele. Ele pensara na ferramenta e a criara.

Wilkinson imediatamente se apaixonou por sua ferramenta, e esse sentimento se intensificou quando ele a comparou com o Asana, um tipo de produto semelhante que ele imediatamente descreveu como "feio", "complicado" e "difícil de usar". A Flow era uma caneca de café linda e funcional, enquanto o Asana era uma barra de chocolate em que não queria nem tocar. É difícil dizer se sua crença no valor da Flow era razoável no início, mas ela certamente não foi razoável durante os últimos anos de seu compromisso com o empreendimento fracassado.

O efeito de dotação estava claramente levando Wilkinson a supervalorizar seu produto, mas você também pode ver como isso se misturou ao efeito do custo irrecuperável, criando uma mistura cognitiva muito destrutiva. Quando ele estava no ponto em que já havia decidido reduzir seu compromisso com a Flow, recusou uma oferta de venda de US$6 milhões, porque isso não permitiria que ele recuperasse todos os seus US$11 milhões em perdas.

O efeito de dotação adiciona massa ao *katamari*, além da que já é adicionada pelo efeito do custo irrecuperável. À medida que você inicia um curso de ação e toma decisões subsequentes para continuar nele, não apenas acumula mais custos irrecuperáveis, mas também se apega mais às suas ideias, à crença de que está no caminho certo. À medida que você constrói coisas, sejam trilhos de trem, estantes de livros, relacionamentos ou redações que você escreveu para as aulas, o efeito de dotação amplia a escala, aumentando ainda mais nosso compromisso com as causas fracassadas.

Times Esportivos Profissionais e Seu Crescente Compromisso Com As Escolhas Mais Altas do *Draft*

Após duas décadas explorando a escalada de compromisso no laboratório, Barry Staw decidiu validar suas descobertas em campo. Um dos primeiros lugares em que ele procurou foi nas decisões esportivas profissionais sobre o gerenciamento de escalação. Em um estudo de 1995, Staw e Ha Hoang exploraram se a ordem do *draft* de um jogador tinha algum efeito em seu tempo subsequente nas quadras e na duração de sua carreira na NBA, independentemente de seu nível de habilidade.

Quando um time da NBA usa uma escolha mais alta do *draft* para adquirir um jogador, esta é uma decisão de risco elevado do mundo real, na qual custos irrecuperáveis e dotação são problemas potenciais. Gastar uma escolha elevada do *draft* para adquirir um jogador queima um recurso valioso e limitado e implica um salário mais alto a se pagar a esse jogador. A dotação também entra em jogo porque os times estão tomando uma decisão muito pública, que lhes pertence. Como os times com o pior desempenho recebem as escolhas mais altas, a decisão da primeira rodada vincula, muito claramente, o futuro do time ao jogador escolhido.

O custo irrecuperável e a dotação influenciariam as decisões futuras de jogo e da retenção desses jogadores altamente selecionados em detrimento de outros igualmente produtivos?

Você pode ficar surpreso — considerando os fortes incentivos dos times da NBA para colocar em campo seus melhores jogadores —, mas a resposta é "sim".

A NBA e outras ligas esportivas profissionais oferecem um ambiente único para estudar o comportamento de desistência. Os tomadores de decisão em esportes profissionais recebem muitos comentários contínuos, rápidos e claros sobre a produtividade do jogador. O basquete profissional é um ambiente rico em dados, com muitas medidas objetivas de desempenho do atleta sendo contabilizadas para pontuação (pontos, porcentagem de arremessos, porcentagem de lances livres), resistência (rebotes e bloqueios) e rapidez (assistências e roubos de bola). O treinador e a direção do time são muito motivados a usar os melhores jogadores nas situações certas e, obviamente, a vencer.

Em contraste, no resto do mundo, tomamos a maioria de nossas decisões sem o acesso a esse nível de informação para calcularmos com precisão o valor esperado de diferentes opções. Quando estamos decidindo qual de dois candidatos contratar para um emprego (ou qual de dois empregos aceitar), não temos tanta informação quanto os executivos da NBA quando estão decidindo qual dos dois jogadores inserir ou manter na escalação por mais uma temporada.

Nossas suposições são instruídas, mas muito menos instruídas.

Isso significa que, quando treinadores e executivos cometem erros ao decidir os jogadores, eles não podem simplesmente atribuir isso ao não conhecimento dos dados. A transparência disso é semelhante à das opções oferecidas aos participantes nos estudos originais de Kahneman e Tversky sobre a teoria do prospecto. Quando rejeitaram uma aposta de valor esperado positivo ou aceitaram uma aposta de valor esperado negativo, não foi porque não sabiam se as apostas eram favoráveis ou desfavoráveis. Apesar da clareza da escolha, dava para ver que as pessoas estavam dispostas a fazer apostas ruins quando estavam perdendo e recusar as boas apostas quando tinham um ganho no papel que poderiam transformar em vitória certa ao desistirem.

Na NBA, muito mais do que nos estudos de Kahneman e Tversky, as decisões pessoais são de alto risco, e você esperaria que houvesse uma tremenda quantidade de motivação para acertá-las. Mas, assim como as apostas aceitas e recusadas pelos participantes do experimento, as escolhas que os executivos da NBA fazem nem sempre são racionais.

Staw e Hoang queriam descobrir se, ao comparar dois jogadores de igual habilidade, o escolhido em primeiro lugar no *draft* teria mais tempo de quadra, uma carreira mais longa e menos probabilidade de ser negociado. Para isso, eles analisaram a ordem do *draft* da NBA de 1980–1986, nove medidas de desempenho dos jogadores, seus minutos de jogo por cinco temporadas, a duração de suas carreiras e se eles foram negociados.

Descobriu-se que a ordem do *draft* teve um efeito independente no futuro tempo de jogo e nas decisões de escalação. "Os resultados mostraram que os times concederam mais tempo de jogo aos seus jogadores com *draft* mais alto e os mantiveram por mais tempo, mesmo depois de controlar seu desempenho na quadra, lesões, status comercial e posição de jogo."

Durante os primeiros cinco anos de carreira dos jogadores, a ordem do *draft* foi um preditor significativo do tempo de jogo. Depois que os times tiveram 1 ano de estatísticas de jogos, os escolhidos da primeira rodada do *draft* jogaram 552 minutos a mais em sua segunda temporada na NBA do que os escolhidos da segunda rodada que tinham igual habilidade. Cada ponto negativo adicional na ordem do *draft* de um jogador diminuiu seu tempo de jogo em 23 minutos (ou seja, o segundo escolhido na primeira rodada jogou 23 minutos a mais ao longo da temporada do que o terceiro escolhido).

Depois que um time escolhia um jogador na primeira rodada do *draft*, esse jogador permanecia na liga, em média, 3,3 anos a mais do que os outros escolhidos na segunda rodada que tinham desempenho semelhante em quadra. Cada diminuição incremental na ordem do *draft* aumentava em 3% a probabilidade de o jogador ser cortado. Eles também descobriram que os escolhidos na segunda rodada tinham 72% mais chances de serem negociados do que os jogadores selecionados da primeira rodada, com a probabilidade aumentando em 3% a cada diminuição incremental da ordem do *draft*.

Se podemos ver essa escalada de compromisso mesmo em um ambiente rico em dados e de alto risco, onde se pode medir ativamente a qualidade do jogador, não deve ser surpreendente que os empregadores mantenham seus funcionários por muito tempo. Ou que os alunos exijam muito mais do que o valor de sua caneca de café para trocá-la. Ou que um professor de economia não venda suas garrafas de vinho por um preço que também não pagaria para comprá-las.

Em 1999, Colin Camerer e Roberto Weber tentaram replicar os resultados de Staw com dados atualizados (sobre os jogadores escolhidos nos *drafts* de 1986–1991 da NBA), bem como variáveis e métodos adicionais que poderiam descartar outras explicações. Seus resultados se aproximaram dos de Staw. Por causa das variáveis adicionais, eles descobriram que os efeitos da escalada de compromisso não eram tão fortes, mas ainda eram significativos o suficiente para fazê-los declarar que "constituem a evidência de campo disponível mais conclusiva da escalada irracional".

Para ser justa, as análises de Staw e Camerer sobre a NBA ocorreram antes da era do *Moneyball* nos esportes, na qual a tomada de decisões se tornou muito mais impulsionada pela análise. É possível argumentar que os dados não foram usados ou apreciados da mesma forma que são hoje. Então, você poderia perguntar: O efeito do custo irrecuperável e da dotação nos esportes profissionais ainda se mantém hoje?

Quinn Keefer, professor de economia da Universidade do Estado da Califórnia em San Marcos, conduziu vários estudos de campo desde meados de 2010 sobre os efeitos da ordem do *draft* e da compensação do jogador no tempo de jogo na NFL e na NBA. Esses estudos envolveram decisões na era *pós-Moneyball*. Ele também usou análises avançadas para medir o desempenho dos jogadores. Embora o tamanho dos efeitos tenha diminuído, eles ainda eram significativos, replicando as descobertas originais das décadas de 1980 e 1990.

Para quem pensa que é possível ser objetivo sobre as decisões de desistência, os resultados dos estudos de campo nos principais esportes profissionais devem ser extremamente alarmantes. Você tem pessoas inteligentes, um ambiente rico em dados, um ciclo de feedback estreito e muita motivação. Para a maioria das decisões de desistência que tomamos, temos muito menos informações e ciclos de feedback mais longos e ruidosos.

É Difícil de Desistir do Status Quo

Os efeitos dotação e de custo irrecuperável convivem de uma forma que amplifica a escalada de compromisso. O viés do status quo aumenta a mistura de forças cognitivas que compõem a balança da persistência e da desistência.

Simplificando, o status quo é o caminho em que você já está ou a maneira como sempre fez as coisas. O viés é que temos uma preferência por seguir as decisões, métodos e caminhos que já estabelecemos e uma resistência a desviar deles para algo novo ou diferente.

Isso é verdade, seja pensando em uma mudança de carreira, como Sarah Olstyn Martinez ou Sasha Cohen, ou terminando um relacionamento e saindo com outra pessoa, ou mudando de curso ou faculdade. Para os times da NBA, uma vez que um jogador entra no time, ele se torna parte do status quo. Se você bancar, negociar ou cortá-los, estará se desviando disso.

Em um artigo seminal de 1988, o economista de Harvard, Richard Zeckhauser, e o economista da Universidade de Boston, William Samuelson, introduziram o termo "viés do status quo". Eles apresentaram experimentos de laboratório e estudos de campo demonstrando que os indivíduos permanecem predominantemente com a opção do status quo, mesmo quando ela está associada a um valor esperado mais baixo. O viés é amplamente reconhecido, é robusto e foi estabelecido como aplicável a decisões de indivíduos e organizações.

O status quo representa uma conta mental que já abrimos e traz custos irrecuperáveis associados a ela, o tempo, o dinheiro ou o esforço que já foi investido na maneira como fazemos as coisas. Fechar essa conta — mudando para uma nova opção — pode nos fazer sentir como se estivéssemos desperdiçando os recursos que já gastamos.

Também nos apegamos ao status quo, tomando como posse as decisões que nos mantiveram nesse ritmo e tudo o que criamos ao longo do caminho.

Outro dos fatores que nos levam a manter o status quo é uma assimetria na forma como experimentamos a aversão à perda. Ficamos muito mais incomodados com o potencial negativo de mudar de rumo do que com o potencial negativo de permanecer no caminho em que já estamos.

Podemos ver isso em ação no dilema da Dra. Olstyn Martinez. Ela claramente recrutou a aversão à perda para seu pensamento sobre mudar de carreira. "E se eu fizer algo novo e obtiver um resultado ruim?" Isso é parte do que estava criando o atrito que a impedia de assumir o novo papel.

Enquanto isso, Martinez não era tão avessa à perspectiva de um mesmo resultado ruim — infelicidade — ao permanecer em seu emprego atual, embora já tivesse reconhecido que a infelicidade era 100% certa, se não desistisse dele.

Ela estava pensando nas perdas potenciais associadas a cada caminho de forma assimétrica.

John Maynard Keynes, um dos economistas mais influentes do século XX, resumiu bem esse fenômeno quando disse: "A sabedoria mundana ensina que é melhor para a reputação fracassar convencionalmente do que ter sucesso não convencional." O sucesso não convencional traz consigo o risco de experimentar o fracasso como resultado do desvio do status quo.

Uma maior chance de falha é mais tolerada em caminhos que não balançam o barco. Afinal, como nos defendemos depois que tomamos uma decisão que não deu certo em uma autópsia? "Eu segui o procedimento" ou "Fiquei com o status quo" ou "Escolhi o consenso".

Falhar convencionalmente não parece tão ruim, nem é tratado como tal pelas pessoas que estão julgando você.

Envolto em todas essas forças que interferem nas decisões de desistência está o fato de não pensarmos em manter o status quo como uma decisão ativa, que é como vemos a mudança. Estamos muito mais preocupados com erros de ação do que com erros de omissão (falhas de ação). Nós nos preocupamos mais em "causar" um resultado ruim ao agir do que em "deixar acontecer" por meio da inação.

Esse fenômeno é conhecido como viés de omissão-comissão.

Mudar — como começar um novo emprego, uma nova especialização, um novo relacionamento ou uma nova estratégia de negócios — é percebido como uma decisão nova e ativa. Em contraste, não vemos a escolha de manter o status quo como uma decisão.

Você provavelmente já ouviu pessoas (inclusive você) que, ao pensarem em seguir um novo caminho, dizem: "Não quero decidir isso agora." Você provavelmente aceitou isso como algo razoável a se dizer. Mas, dando um passo para trás e pensando sobre isso, percebe que decidir não mudar é uma decisão em si. A qualquer momento, quando você está perseguindo um objetivo, está escolhendo permanecer no caminho em que está ou mudar de curso. Permanecer no caminho é uma decisão tão importante quanto desistir dele.

Na verdade, a decisão de ficar ou partir é, por definição, a mesma escolha.

Um dos passos para se tornar um desistente melhor é não aceitar "Não estou pronto para decidir agora" como uma frase que faz sentido. A cada momento da sua vida, você tem a opção de ficar ou ir embora. Quando escolhe ficar, também está escolhendo não ir embora. Quando escolhe ir embora, também está escolhendo não ficar. É crucial começar a perceber que essas são as mesmas decisões ativas.

Quando Sasha Cohen percebeu que viajar de arena em arena de patinação no gelo não era a vida que ela queria, não desistir foi uma escolha tão grande quanto sua decisão de se aposentar após seus últimos Jogos Olímpicos. O mesmo aconteceu com Sarah Olstyn Martinez durante seus últimos anos, mantendo seu trabalho como médica e diretora de emergência e, por fim, decidindo desistir. Harold Staw e Andrew Wilkinson estavam fazendo uma escolha quando continuaram a subsidiar as perdas de seus negócios. Se Hutchison, Taske e Kasischke tivessem decidido continuar até o cume quando, às 11h30, ainda faltavam 3 horas para alcançá-lo, isso teria sido uma escolha tão grande quanto a decisão de voltar. Se Stewart Butterfield tivesse escolhido continuar indo atrás do *Glitch*, isso teria sido uma escolha tão grande quanto sua decisão de desativá-lo.

Mas o viés de omissão-comissão nos leva a ignorar essas decisões como equivalentes. É por isso que aceitamos essa explicação de "ainda não estou pronto para decidir" dos outros e é por isso que a aceitamos de nós mesmos. Claro, o que isso realmente significa é "não estou pronto para sair do status quo".

Da próxima vez que você se pegar dizendo: "Ainda não estou pronto para decidir", o que você deve realmente dizer é "Por enquanto, acho que o status quo ainda é a melhor escolha." Talvez precise de mais informações para saber se deve mudar. Mas o que não deve impedi-lo de desistir (ou de obter essa informação) é achar que é muito assustador mudar, porque a aversão à perda é muito intensa.

Melhor O Diabo Que Você Conhece

Para aumentar a confusão, preferimos o que sabemos ao que não sabemos, ao que é ambíguo e indefinido. Independentemente do que já esteja fazendo, esteja isso dando certo ou não, você tem muito mais certeza disso do que de algo que nunca experimentou antes.

Assim, o aforismo "Melhor o diabo que você conhece do que o diabo que você não conhece."

Você pode ver isso claramente com Olstyn Martinez. Quando perguntei se estava feliz em sua posição atual, ela respondeu com facilidade. Já era uma informação conhecida, e Martinez sabia que estava infeliz. Mas quando perguntei se ficaria feliz no novo emprego, ela disse que não sabia, expressando incerteza sobre o que poderia vir se mudasse, porque nunca havia passado por essa posição. Essa incerteza contribuiu para seu medo de desistir.

Ao perguntar se ela ficaria mais feliz no novo emprego mais de 0% do tempo, isso a ajudou a ver que havia alguma certeza em mudar de emprego. Especificamente, ela tinha uma chance melhor de chegar onde queria ir mais rápido, se mudasse.

Naquele momento, Martinez percebeu que o diabo que não conhecia era a melhor escolha.

O Preço da Persistência

Além da interferência desse preconceito contra a desistência nas nossas vidas pessoais, todas as forças que encorajam as escolhas a favor do status quo fazem com que as organizações paguem um preço alto. Os esportes profissionais fornecem muitos exemplos de pessoas que não sabem desistir na forma da persistência com estratégias que estão comprovadamente falhando.

Um dos exemplos mais visíveis é como os times da NBA foram notavelmente lentos para aproveitar o benefício dos arremessos de três pontos. Muitas pessoas documentaram isso, incluindo Michael Mauboussin e Dan Callahan em um artigo de setembro de 2021 sobre como superar barreiras à mudança nos esportes e nos negócios.*

A NBA adotou o arremesso de três pontos em 1980. Em 1990, as porcentagens de acerto de arremessos de longo alcance os tornaram uma escolha de valor esperado mais alto do que arremessos de dois pontos. Isso apesar de os jogadores da época raramente praticarem o de três pontos. Mauboussin e Callahan citaram Larry Bird, que disse que, exceto antes da competição anual de três pontos do All-Star Game, "não consigo nem me lembrar de praticar o arremesso."

Bird venceu as três primeiras dessas competições em 1986, 1987 e 1988, antes de perder quase toda a temporada de 1988–1989 devido a uma lesão. Ele já era o melhor de todos os tempos, o melhor arremessador de três pontos de sua geração, um dos melhores arremessadores livres de todos os tempos e lendário em sua dedicação à prática. Imagine como ele poderia ter sido *maior*, se tivesse maximizado o valor daquela jogada.

Um dos primeiros erros que os times cometeram foi fazer as contas erradas. Eles estavam comparando o valor dos arremessos de três pontos e o de (todos os) arremessos de dois pontos em vez de comparar o valor dos arremessos de três pontos e o dos arremessos de dois pontos que são feitos dentro da linha dos três pontos. A disparidade no valor esperado realmente cresce quando você olha para a escolha que os jogadores realmente têm que fazer,

---

* Como Mauboussin e Callahan observaram em seu artigo, muitas das estratégias que os times demoraram a adotar foram abordadas em uma palestra de março de 2020 que Richard Thaler ministrou na MIT Sloan Sports Analytics Conference. A palestra de Thaler incluiu os arremessos de três pontos da NBA e as oportunidades de dois por um, os *bunts* e as bases roubadas na liga de beisebol MLB, bem como as decisões de quarta descida da liga de futebol americano NFL e escolhas do *draft*.

que é entre um perímetro de dois pontos ou uma tentativa ligeiramente mais longa de três pontos. A resposta para essa comparação é clara e ficou evidente uma década após a adoção da regra pela liga: obter 3 pontos em vez de 2 (um aumento de 50%) vale muito mais do que os poucos pontos percentuais de diferença na precisão entre os dois arremessos.

Esses dados foram descobertos no início dos anos 1990. Mas, surpreendentemente, foi só na temporada 2014-2015 que as tentativas de três pontos em toda a liga começaram a exceder as tentativas de dois pontos.

Aqui estão algumas das outras estratégias de falha bem conhecidas e documentadas de que os times profissionais demoraram a desistir: sempre apostar na quarta descida na NFL (em vez de avançar); sempre tentar chutes de ponto extra após os *touchdowns* (em vez de conversões de dois pontos); posicionar os jogadores de campo dos times da MLB nos locais tradicionais (em vez de transicionar); no caso dos times da MLB, atacar e roubar bases como estratégia ofensiva; no caso dos times da NHL, relutar em puxar seu goleiro mais cedo ou quando estão enfrentando déficits menores.

Há grandes recompensas nos esportes profissionais por inovar (ou apenas seguir inovadores de sucesso). Aqueles que inovaram e adotaram rápido as mudanças se destacaram, como o Oakland A's e o Tampa Bay Rays no beisebol e o Houston Rockets no basquete, produzindo times vencedores de forma consistente com folhas de pagamento historicamente baixas. No futebol americano, o New England Patriots construiu uma dinastia de duas décadas sem o benefício das cobiçadas escolhas de *draft*.

O custo do viés do status quo é, na verdade, muito maior nos negócios do que nos esportes. No esporte, se você não inovar ou se adaptar, pode perder jogos ou torcedores, mas sua franquia ainda existe. Um time terá a chance de recuperar o atraso. No mundo dos negócios, muitas vezes, não tem essa chance, porque, quando entender a situação, já pode ter sido demitido. Quando você olha para o cemitério de anunciantes do Super Bowl de 2002, pode ver essa frequente causa de morte. Seja o Blockbuster ou o RadioShack, isso é parte do que aconteceu.

Nos negócios, assim como nas decisões pessoais, vimos como todos esses efeitos cognitivos — aversão à perda e à perda certa, efeitos do custo irrecuperável e dotação, viés de status quo e omissão-comissão — criam uma mistura inebriante que dificulta desistirmos a tempo.

Acontece que há mais um ingrediente nesse caldeirão: a identidade, para a qual voltaremos nossa atenção a seguir.

Resumo do Capítulo 7

- O efeito de dotação é um viés cognitivo em que valorizamos algo que possuímos mais do que valorizaríamos, se não o possuíssemos.
- Podemos nos apegar a objetos, mas também a nossas próprias ideias e crenças.
- A dotação é um obstáculo para a desistência, porque, quando valorizamos de forma irracional as coisas que possuímos, calculamos mal o valor esperado. Podemos pensar que a empresa que iniciamos ou o projeto que idealizamos ou a crença que temos vale mais do que realmente vale.
- Preferimos manter o status quo.
- Somos mais tolerantes aos resultados ruins provenientes da continuidade de algo que já estamos fazendo do que com resultados ruins provenientes da mudança para algo novo. Esse fenômeno faz parte do viés de omissão-comissão.
- Quando você diz: "Ainda não estou pronto para decidir", o que está realmente dizendo é: "Por enquanto, estou escolhendo o status quo."
- Mesmo em ambientes altamente ricos em dados, como esportes profissionais, efeitos como custos irrecuperáveis e dotações, bem como o viés de status quo, distorcem a tomada de decisões.

CAPÍTULO 8

A Coisa Mais Difícil de Desistir É de Quem Você É: Identidade e Dissonância

A ascensão e a queda da Sears, Roebuck and Co. é bem conhecida, desde a publicação do primeiro catálogo de vendas da Sears, em 1896, até sua falência, em 2018. Nos primeiros trinta anos de existência, ela vendeu mercadorias apenas pelos catálogos enviados por correio. O nascimento do catálogo da Sears aproveitou o desenvolvimento de tendências que ajudaram a nova empresa a revolucionar o varejo.

Dois terços dos norte-americanos viviam em áreas rurais, praticamente sem acesso a bens produzidos em massa. A expansão das ferrovias, assim como um programa do Serviço Postal dos EUA de 1896 chamado Rural Free Delivery, expandiu amplamente o serviço postal. Graças ao catálogo de negociações inicial (532 páginas), as pessoas que viviam em pequenas cidades e em fazendas isoladas, de repente, tiveram a oportunidade de comprar bicicletas, charretes, roupas, móveis, equipamentos agrícolas, máquinas de costura, remédios patenteados e, ao que parecia, de tudo um pouco.

A Sears rapidamente se tornou uma vendedora de mercadorias de consumo por correspondência de sucesso fenomenal. Quando o fundador Richard Sears se aposentou em 1908, sua fortuna era estimada em US$25 milhões.

Para ajudar a empresa a alimentar seu enorme crescimento, o Goldman Sachs subscreveu a oferta pública inicial de US$40 milhões dela em 1906. A Sears foi a primeira varejista americana a abrir o capital. Seu crescimento foi considerado tão impressionante que sua IPO foi uma das primeiras a divulgar sua relação preço/lucro. Quando o Goldman Sachs comemorou seu 150º aniversário em 2019, ele citou a IPO da Sears como um destaque histórico, também observando seu tamanho surpreendente: "Corrigindo para 2018, a oferta se traduziria em US$26,2 bilhões."

A Sears continuou a crescer rapidamente na década e meia seguinte, até que os anos 1920 apresentaram uma série de desafios ao seu modelo de negócios: a mobilidade criada pelo automóvel, a maior concorrência, a depressão agrícola e a mudança demográfica para as cidades.

A empresa respondeu com uma nova abordagem em seu negócio de consumo, passando das vendas por catálogo às lojas de varejo.

Em 1929, ela operava mais de trezentas lojas de departamentos. A Sears até mesmo prosperou durante a Grande Depressão, quase dobrando seu número de unidades de varejo no período. Após a Segunda Guerra Mundial, a empresa continuou a crescer e se expandir. Entre 1941 e 1954, suas vendas anuais triplicaram para US$3 bilhões. Durante as duas décadas seguintes, elas triplicaram novamente, chegando a US$10 bilhões, quando a Sears se tornou uma loja âncora básica em centenas de centros comerciais nos subúrbios dos Estados Unidos.

No início da década de 1970, ela era a representante da cultura de consumo norte-americana. Sua receita anual era de, aproximadamente, 1% do PIB dos Estados Unidos. Dois em cada três norte-americanos faziam compras na Sears pelo menos uma vez a cada três meses.

Em 1969, a empresa anunciou planos para construir uma nova sede, que seria o prédio mais alto do mundo. Em 1973, a construção da Sears Tower de 110 andares foi concluída.

A empresa mal havia se mudado para seu arranha-céu homônimo quando começou a enfrentar desafios nas suas operações de varejo mais sérios do que qualquer outro enfrentado no meio século anterior. Como aconteceu nos anos 1920, as mudanças demográficas e o aumento da competição tiveram muito a ver com isso.

A Sears, que havia cultivado e nutrido sua imagem junto aos consumidores norte-americanos desde a década de 1890, viu-se presa a ela. Por um lado, a disseminação de varejistas de baixo custo (especialmente Walmart, Kmart e Target) corroeu sua imagem como o lugar mais econômico para fazer compras. A empresa era muito pesada para competir em preço com as novas redes e estava travando uma batalha perdida pelo varejo à medida que elas cresciam. Por outro lado, consumidores mais abastados foram atraídos pela imagem sofisticada de lojas de departamentos como Saks Fifth Avenue, Nordstrom, Macy's e Neiman Marcus.

Ironicamente, foi a expansão da Sears para centros comerciais suburbanos que apresentou muitos compradores a esses concorrentes. Além disso, sua variedade de ofertas passou de uma vantagem para uma desvantagem. Os centros comerciais não apenas abriram as portas para as lojas de departamento concorrentes, mas também ofereceram aos varejistas especializados (como a Gap e a Limited) uma chance de atingir um enorme mercado consumidor.

A Sears se viu em uma segunda batalha perdida pelos clientes.

A sua receita de *merchandising* ano a ano caiu 13% de 1978 a 1979 e diminuiu novamente 43% de 1979 a 1980. Entre 1978 e 1980, o retorno sobre os investimentos dessa divisão de varejo caiu de mais de 15% *acima* da média da indústria para 31% *abaixo* dela. Ele foi quase 40% inferior ao do Walmart.

A Sears tentou abordar seus conhecidos problemas de varejo de várias maneiras, mas nenhuma delas impediu seu declínio contínuo. Ela não era mais a varejista de maior sucesso e, no início dos anos 1990, havia deixado de ser a maior da indústria. Em fevereiro de 1991, o Walmart e o Kmart ultrapassaram-na como os dois maiores varejistas.

Os capítulos finais do declínio da Sears são especialmente bem conhecidos: lojas de varejo desatualizadas, decrépitas ou fechadas; promessas repetidas de consertar ou atualizar as lojas; a desastrosa fusão de 2005 com o Kmart (referida por pelo menos uma publicação como "um duplo suicídio"); a evaporação do capital de investimento e a tão esperada falência em 2018.

Essa é a conhecida história de vida e morte de uma outrora grande varejista. Mas a história menos conhecida é a da Sears, empresa de serviços financeiros. *Essa* prosperou mesmo quando a varejista estava vacilando.

Essa história começa em 1899, apenas três anos após o primeiro catálogo da Sears, quando ela abriu um departamento bancário. Em 1911, a empresa passou a vender para clientes a crédito.

Em 1931, à medida que a propriedade de carros aumentava entre sua base de clientes, a Sears viu uma oportunidade de mercado para vender seguros de automóveis. Ela fundou a Allstate, cujos produtos de seguros eram inicialmente oferecidos por meio de seu catálogo e, três anos depois, também dentro das suas lojas de varejo. A Allstate se tornou um próspero membro da família Sears.

Na década de 1950, a Allstate expandiu seus locais de vendas para além das lojas Sears e se tornou uma vendedora diversificada de seguros, incluindo os de automóveis, responsabilidade pessoal, vida, saúde, o comercial e o imobiliário.

Os anos 1970 foram um período de crescimento significativo para as operações de serviços financeiros. O cartão de crédito da loja Sears era mais popular do que o da Visa ou da Mastercard. Quase 60% dos lares americanos tinham um deles. A Allstate havia se estabelecido como uma das maiores seguradoras de acidentes do país.

No final dos anos 1970, enquanto a Sears tentava lidar com seu vacilante negócio de varejo, ela também começou a expandir agressivamente sua presença no setor de serviços financeiros.

Em outubro de 1981, a empresa anunciou duas grandes aquisições. Em primeiro lugar, comprou a Coldwell Banker, a maior corretora de imóveis do país, por US$175 milhões. Em segundo lugar, adquiriu a Dean Witter, uma das maiores corretoras de valores mobiliários, por US$600 milhões. Em 1985, a Sears deu sequência a essas aquisições criando um novo cartão de crédito de uso geral para competir com a Visa e a Mastercard, o cartão Discover.

No início dos anos 1990, a Allstate, a Dean Witter, a Discover e a Coldwell Banker eram subsidiárias lucrativas, crescentes e bem-sucedidas da Sears. Esses ativos tinham um valor de mercado combinado de mais de US$16,6 bilhões na época. Eles eram, e (à exceção da Dean Witter) ainda são, nomes familiares que você provavelmente não sabia que a Sears já possuía.

Isso nos leva a pensar, uma vez que a empresa possuía marcas tão invejáveis, como pôde ter falido?

Acontece que a desistência é a culpada. Ou, mais especificamente, a desistência das coisas erradas.

À medida que as lojas de varejo se tornavam um empecilho para o desempenho financeiro geral da empresa, os investidores institucionais que detinham a maior parte das ações da Sears pressionaram a administração a tomar alguma medida.

A resposta da gerência? Em setembro de 1992, a empresa anunciou que estava desfazendo seu império de serviços financeiros. Iria vender esses ativos e usar o dinheiro para que a Sears pudesse "voltar às suas raízes varejistas".

Nos dois anos e meio seguintes, a Sears se desfez de todos esses ativos lucrativos. Ela vendeu 20% da Allstate em uma IPO estimada em mais de US$2 bilhões. Também distribuiu o restante do valor da Allstate aos acionistas em um dividendo em ações avaliado em US$9 bilhões. Ela se desfez da Dean Witter Discover no mesmo processo de duas partes, levantando US$900 milhões em uma IPO e distribuindo o estoque restante (avaliado em aproximadamente US$4,5 bilhões) como dividendos. Por fim, a empresa vendeu a Coldwell Banker por US$230 milhões.

A Sears, é claro, nunca se livrou de seus problemas de varejo e faliu. Os negócios de serviços financeiros bem-sucedidos que tinha criado, adquirido com sabedoria e administrado com habilidade, prosperaram.

A avaliação da Allstate no mercado de ações em outubro de 2021 era de quase US$40 bilhões. É a maior seguradora de capital aberto de linhas pessoais, assegurando cerca de 16 milhões de domicílios.

Menos de 5 anos depois que a empresa desmembrou a Dean Witter Discover, a Morgan Stanley comprou a Sears por US$10 bilhões em ações, representando 40% do valor da entidade combinada. Em outubro de 2021, a avaliação da Morgan Stanley no mercado de ações era superior a US$180 bilhões. Essa estimativa não inclui o valor da Discover, que se tornou uma empresa pública separada em 2007 (como Discover Financial Services). A avaliação da Discover no mercado de ações em outubro de 2021 foi de quase US$40 bilhões.

A Coldwell Banker se fundiu com algumas outras empresas imobiliárias e abriu o seu capital como Realogy Holdings em 2012. A Realogy esteve envolvida em US$1,4 milhão de transações imobiliárias em 2020 e foi avaliada em mais de US$2 bilhões no mercado de ações em outubro de 2021.

Como varejista, a partir de meados dos anos 1970, a Sears se viu em uma luta perdida. No início da década de 1990, a diferença entre ela e os concorrentes de todos os lados só havia aumentado. Nesse mesmo período, a empresa também operava um negócio de serviços financeiros cada vez mais bem-sucedido.

Quando a Sears teve que escolher quais ativos vender e quais manter, do ponto de vista de alguém de fora, a escolha deveria ter sido fácil. Quer esse externo fosse um profissional financeiro racional ou um dos invasores corporativos que a Sears temia estar circulando, a resposta teria sido correr com os ativos de serviços financeiros e *fugir* do jogo desfavorável do varejo.

No entanto, a Sears fez o oposto. Ela intensificou seu compromisso com as lojas de varejo e sacrificou tudo o que possuía para financiar a luta.

Por que isso aconteceu?

Parte do problema é o fato de que você provavelmente só conhece (ou lembra) a Sears como uma empresa varejista. "Sears" e "varejista" são sinônimos. O varejo era sua identidade.

Se ela tivesse mantido os ativos de serviços financeiros e fechasse ou vendesse a empresa varejista, teria, de certa forma, deixado de ser a Sears, pelo menos a Sears como todos conheciam. Essa é a escolha que ela enfrentou.

Quando se trata de desistência, o mais doloroso é desistir de quem você é.

A Seita da Identidade

Em 1954, Leon Festinger, um dos psicólogos mais famosos do século XX, deparou-se com uma história de jornal sobre uma seita apocalíptica.

Uma característica interessante das seitas apocalípticas é que elas preveem uma data exata em que o apocalipse virá, neste caso, 21 de dezembro de 1954. É por isso que a história chamou a atenção de Festinger, porque ele queria saber o que aconteceria aos membros da seita quando essa data chegasse e o mundo não acabasse, quando eles descobrissem de maneira clara e inequívoca que as crenças que os levaram a ingressar na seita e tudo o que viera junto com isso eram incorretos. Eles desistiram ou continuaram com isso?

Festinger, com os colegas Henry Riecken e Stanley Schachter, estavam entre os primeiros psicólogos a fazer essas perguntas, publicando o clássico estudo de campo sobre suas descobertas, *When Prophecy Fails* [sem publicação no Brasil], em 1956.

A história que os pesquisadores leram era sobre uma dona de casa suburbana, Marian Keech, que recebia mensagens de alienígenas de inteligência superior de um planeta chamado Clarion. De acordo com essas mensagens, uma inundação cataclísmica submergiria grande parte do hemisfério ocidental em 21 de dezembro.

Os psicólogos contataram Keech e descobriram que ela era uma das líderes da seita dos Seekers ["Buscadores", em tradução livre], cujos membros acreditavam que o mundo acabaria naquela data e que alienígenas enviariam uma nave espacial à meia-noite do dia do dilúvio para resgatar os verdadeiros crentes.

Os seguidores dessa seita fizeram uma série de compromissos que mudaram suas vidas. Deixaram seus empregos, pararam de frequentar a escola e terminaram amizades e relacionamentos familiares com céticos e não seguidores. Eles venderam ou doaram as próprias posses.

Os psicólogos se infiltraram no pequeno grupo de membros da seita para observar como as pessoas nessa situação da vida real se comportariam uma vez que suas crenças fossem refutadas. A equipe de Festinger passou o máximo de tempo possível com Keech e seus seguidores até 21 de dezembro.

No início da noite de 20 de dezembro, quinze pessoas se reuniram na casa de Marian Keech para esperar a espaçonave e o fim do mundo. À medida que a meia-noite se aproximava, todos estavam sentados na sala, com os casacos no colo, o silêncio quebrado apenas pelo tique-taque de alguns relógios sobre a lareira.

Quando um dos relógios marcou meia-noite, e os alienígenas não apareceram, houve um momento de confusão, até que um dos crentes apontou que o outro relógio ainda não havia marcado meia-noite, então o primeiro devia ter sido adiantado.

Alguns minutos depois, o outro relógio bateu meia-noite, e, ainda assim, nenhum alienígena apareceu. Dois membros da seita ficaram tão suficientemente convencidos de que não receberiam uma carona à meia-noite para Clarion que não esperaram pela enchente. Eles foram para casa e não voltaram, que é o comportamento que você esperaria de uma pessoa racional cujas crenças (não importa quão malucas) tivessem acabado de ser tão notoriamente refutadas.

Com isso, sobraram oito fiéis à seita e os observadores de Festinger.

A conhecida descoberta relatada em *When Prophecy Fails* foi que os outros oito membros não estavam dispostos a abandonar sua crença na profecia, mesmo que ela fosse comprovadamente falsa. Ao contrário, eles realmente aumentaram seu comprometimento.

Embora os Seekers tivessem evitado anteriormente a atenção da mídia, eles agora a procuravam ativamente. Enquanto Keech transmitia uma enxurrada de novas mensagens de Clarion, explicando a situação, fazendo novas previsões e prometendo outras aparições iminentes, os membros deram entrevistas frequentes e longas, divulgando comunicados à imprensa sobre os últimos contatos com os alienígenas. Eles engajaram qualquer pessoa curiosa para aprender sobre seu grupo, independentemente da sinceridade de seu interesse ou de seus motivos potenciais.

Surpreendentemente, os dois membros do grupo que haviam sido os mais céticos na preparação para o profetizado fim do mundo, Cleo Armstrong e Bob Eastman, tornaram-se os mais zelosos depois, especialmente Cleo. Seu pai, Dr. Thomas Armstrong, um médico de uma pequena cidade universitária, tornou-se um líder da seita, junto a Keech. Sua mãe, Daisy, também era uma seguidora. Bob Eastman considerava o Dr. Armstrong como seu mentor e praticamente morou com a família durante o mês de dezembro.

Uma série de eventos nos últimos dias antes do dia do juízo final fez Cleo e Bob duvidarem da causa com que haviam se comprometido. Eles assistiram e ouviram as gravações de duas sessões realizadas por uma médium chamada Ella Lowell. O processo evoluiu para uma série atrapalhada de previsões e mensagens confusas, inconsistentes e contraditórias. Cleo e Bob também ficaram desiludidos com a credulidade dos outros membros da seita, que criam cegamente na autenticidade das mensagens supostamente entregues por Clarion, que eram pegadinhas óbvias de adolescentes locais.

No entanto, "nos dias que se seguiram ao 21 de dezembro, o comportamento deles tomou uma direção surpreendente. Embora possa ser mais plausível esperar que eles desistissem de suas crenças após a desconfirmação, aconteceu exatamente o contrário."

Durante a ofensiva de relações públicas da seita em 22 de dezembro e ao longo dessa semana, Cleo frequentemente respondia às perguntas dos repórteres no lugar do pai e de Marian Keech. Em contraste com sua conduta anterior com os repórteres (ela os evitava completamente ou mentia para se livrar deles), Cleo voluntariamente se tornou uma porta-voz para as crenças da seita.

Cinco meses depois, ela se viu na rampa da garagem de um hotel local esperando, mais uma vez, a noite toda pela chegada dos alienígenas. Ella Lowell entrou em contato com o Dr. Armstrong e lhe disse que sua família seria buscada naquela data e naquele local. Cleo, agora uma estudante universitária, não pediu permissão de seu dormitório para se ausentar durante a noite, talvez porque acreditasse que isso não faria diferença quando ela estivesse a caminho de Clarion.

Para alguém que estava vacilando em suas crenças em dezembro, antes de os alienígenas não aparecerem, esse compromisso crescente, a ponto de passar a noite toda esperando em uma garagem por uma nave espacial, é bizarro.

Estar em uma seita se torna parte integrante de sua identidade. Você é um Seeker. Crê na profecia. A associação se torna quem você é, principalmente porque as crenças com as quais está se comprometendo são tão extremas, assim como as ações que toma com base nelas. Cortar relações com sua família e amigos. Desistir de todos os seus bens. Expor-se ao ridículo no mundo exterior.

Queremos que nossa identidade seja coerente ao longo do tempo. Como nossas crenças formam a estrutura dela, também somos motivados a mantê-las intactas. Se a seita é a sua identidade, como você pode manter a coerência, se descobrir informações que entram em conflito com as crenças que o levaram a ingressar na seita em primeiro lugar?

Agora, você pode zombar do comportamento dos Seekers e dizer: "Essas pessoas não têm nada a ver comigo porque, obviamente, são malucas. *Elas se juntaram a uma seita.* Por que você esperaria que fossem racionais?"

Mas o que você precisa entender é que estamos todos em um culto à nossa própria identidade.

Por que a Sears decidiu vender seus ativos lucrativos para salvar a parte varejista de seu negócio, que vinha vacilando por mais de uma década e meia? Ela estava presa à sua identidade de empresa de varejo. Era assim que se definia e foi assim que o mundo também a via.

Se tivesse vendido seu negócio varejista, esse seria o momento em que deixaria de ser a Sears, pelo menos aquela que o público conhecia.

Não há dúvida de que a identidade de Sasha Cohen era "Sasha Cohen, a patinadora artística". Aos 25 anos de idade, ela havia dedicado 18 anos de sua vida à patinação, resistido a ferimentos terríveis e ficado mundialmente famosa. Era assim que ela se via, e era assim que o público a via. Isso explica, em parte, por que estava disposta a sofrer, infeliz com a rotina de se apresentar no circuito interminável de shows e exposições no gelo. Desistir significaria, de certa forma, abandonar quem ela era.

Você não precisa ser mundialmente famoso para que essas questões de identidade afetem profundamente sua capacidade de reduzir suas perdas. Isso vale para todos. Quando diz "sou professor", ou "sou programador", ou "sou médico", ou "sou *gamer*", está fazendo uma declaração sobre quem você é.

Os adultos perguntam às crianças: "O que você quer ser quando crescer?" Não perguntamos: "Que trabalho você quer?"

Estamos perguntando quem elas serão, não o que farão. Esta é uma diferença com uma distinção bastante grande.

E as crianças entendem isso. "Vou ser bombeiro" ou "Vou ser médico" ou "Vou ser jogador de basquete".

Quando sua identidade é o que você faz, fica difícil abandonar isso, porque significa desistir de quem você é.

Dissonância Cognitiva

Festinger postulou que a dissonância cognitiva explicava o comportamento da seita dos Seekers depois que os alienígenas não apareceram. Ele teorizou que experimentamos uma dissonância quando novas informações entram em conflito com nossas crenças anteriores. Quando isso acontece, ficamos desconfortáveis e queremos fazer com que esse desconforto desapareça. Assim, racionalizamos a nova informação para que possamos defender nossas crenças anteriores.

Elliot Aronson, um dos primeiros alunos de Festinger e também pioneiro da psicologia social, explicou que, ao resolvermos esses conflitos, "frequentemente nos envolvemos em uma confusão emaranhada de autojustificação, negação e distorção".

Temos a intuição de que, quando o mundo nos diz que nossas crenças precisam ser atualizadas, quando uma nova informação entra em conflito com uma convicção que temos, resolveremos esse conflito mudando nossa crença. Mas, com muita frequência, como os membros da seita, racionalizamos as novas informações para que possamos defender nossa convicção anterior e nos apegar a ela.

Dessa forma, não precisamos admitir que erramos ou que algo em que acreditávamos não era verdade.

"Eu *não* abandonei minha família e doei todos os meus bens mundanos sem um bom motivo."

Aqui está um exemplo simples. Você coloca uma placa política em seu quintal para um determinado candidato que apoia. As políticas dele se alinham com seus valores. Você se voluntaria no seu comitê de campanha. Sonda os eleitores. Coloca adesivos de campanha no próprio carro. Então, surge a informação de que o candidato estava envolvido em um escândalo horrível. O escândalo é tão ruim que, se você tivesse ouvido isso no início do ciclo eleitoral, antes de fazer sua escolha, não o teria apoiado em primeiro lugar.

Mas você já afirmou publicamente seu apoio ao candidato. Seus vizinhos sabem que o apoia. O mesmo acontece com qualquer pessoa que visitou sua casa ou passou de carro e viu a placa em seu gramado.

O que fazer agora? A teoria da dissonância prevê que você não vai arrancar todas aquelas placas do seu quintal ou tirar o adesivo do seu carro. Em vez disso, continuará seu apoio, até mesmo aumentando seu comprometimento, racionalizando as novas informações. O outro partido está tentando difamar seu candidato. O *establishment* está tentando derrubá-lo. Uma das coisas que você ama nesse político é que ele torce o nariz para o *establishment*.

Não são apenas novas informações que podem entrar em conflito com suas crenças passadas. Às vezes, suas próprias ações podem causar dissonância.

Imagine que você acredita ser uma pessoa honesta e, um dia, chega atrasado ao trabalho porque está de ressaca e não ouviu o alarme. Quando seu chefe pergunta por que não chegou na hora, você diz que o trânsito estava muito ruim.

Essa ação de mentir entra em conflito com sua crença de que você é uma pessoa verdadeira. Isso cria dissonância. Então, você começa, de repente, a se ver como alguém que mente? Não. Você racionaliza a inverdade que disse ao seu chefe.

"Isso não fez mal a ninguém. Não faço isso regularmente. Essa foi uma exceção à regra."

Quer sejam suas próprias ações ou as informações novas e desconfirmadoras, quando se trata de uma batalha entre os fatos e a mudança de suas crenças, os fatos geralmente perdem.

Como as outras forças que exploramos, a dissonância cognitiva adiciona detritos ao *katamari*, dificultando a desistência. Toda vez que você racionaliza novas informações para se apegar a uma crença, ela se entrelaça mais fortemente no tecido de sua identidade. O ato de rejeitar os fatos torna-se circular. Agora, da próxima vez que descobrir informações conflitantes ou que suas ações não se alinharem às suas crenças, você ficará ainda mais motivado a manter tais convicções.

Isso explica porque alguns dos membros da seita dos Seekers poderiam ter rejeitado sinais tão claros de que Marian Keech *não* tinha uma linha direta de contato com seres superinteligentes de outro planeta. Forçados a conciliar o não aparecimento dos alienígenas ou a não chegada do dilúvio com sua decisão de cortar relações com suas famílias e amigos e se livrar de seus bens mundanos, eles racionalizaram a ausência da destruição.

Sua devoção pode ter evitado o fim do mundo. Isso tudo foi um teste, e os Seekers passaram. Não havia espaçonave porque os alienígenas já estavam na Terra, prestes a se revelar.

Foi assim que eles resolveram o conflito, assim como todos nós.

O Espelho e a Janela

Quando se trata de identidade, todos queremos manter uma autonarrativa positiva. Queremos pensar bem de nós mesmos. Queremos acreditar que somos coerentes e racionais, que não cometemos erros, nossas crenças sobre o mundo são verdadeiras.

Quando nos olhamos no espelho, queremos ver alguém em quem possamos pensar bem.

Também queremos que os outros que nos observam nos vejam da mesma maneira. Nós nos preocupamos que, se virem incoerência entre nossas decisões ou ações presentes e passadas, eles nos julgarão como erráticos, irracionais, caprichosos e propensos a derrotas.

O desejo de manter uma autoimagem positiva contribui para o problema da desistência. Quando você desiste, está fechando uma conta mental, e sabemos que não gostamos de fechar essas contas no prejuízo.

Se você abandona uma crença, é nesse momento que admite que estava errado. Se definir um curso de ação e mudar de ideia, é aí que você passa de "sou um fracassado" para "cometi uma falha". E, se falhou, isso não significa que começar já foi um erro em primeiro lugar? Claro que a resposta é não. Mas não é assim que nos sentimos. Se você estava em uma seita e desistiu, por que entrou em primeiro lugar? Por que lhe deu todo o seu dinheiro? Por que cortou relações com sua família? Se você desistir da patinação artística, o que isso significa para todo o tempo que dedicou a esse esforço? Significa que todas essas decisões foram erradas? Significa que você falhou em seu objetivo?

Essa vontade de manter a coerência interior nos impede, como já vimos, de desistir. Assim como a preocupação de que outras pessoas vão nos julgar com a mesma severidade com que nos julgamos.

Barry Staw demonstrou como é mais difícil desistir quando estamos preocupados em ser julgados pelos outros. Lembre-se de que em seu artigo, os participantes que destinaram fundos a uma das duas divisões da empresa e depois descobriram que ela teve um desempenho ruim escalaram, subsequentemente, seu compromisso financeiro com a mesma divisão quando comparados às pessoas que tomaram essa decisão do zero. Enquanto aqueles que chegaram do zero à alocação de US$20 milhões destinaram US$9 milhões à divisão deficitária, que anteriormente recebera financiamento adicional, aqueles que tomaram essa decisão anteriormente destinaram US$13 milhões sob fatos idênticos.

Essa escalada parece ser claramente influenciada por um desejo de manter a coerência interior. Se eu alocasse o dinheiro para uma divisão primeiramente e depois mudasse de curso, isso não significaria que a escolha original foi um erro?

Essa escalada de compromisso piora quando você adiciona a motivação de ser visto pelos outros de maneira positiva?

Em 1979, com Frederick Fox, da Universidade de Illinois, Staw explorou exatamente essa questão, perguntando se o desejo de validação *externa* aumenta ainda mais o financiamento para a divisão que os participantes favoreceram na decisão anterior.

Para responder a essa pergunta, alguns participantes foram informados de que seu cargo como diretor financeiro da empresa era apenas interino. Sua alocação de US$20 milhões definiria sua permanência no cargo. Eles também foram informados, depois de tomarem a primeira decisão de financiamento, que o conselho de administração estava cético em relação a ela e relutante em aprová-la.

Esse grupo de participantes aumentou ainda mais seu compromisso, passando a alocar *US$16 milhões* para a divisão que escolheram anteriormente. Esse é um grande efeito adverso, um aumento de quase 25% em relação àqueles que fizeram a alocação anterior para essa divisão e um aumento de cerca de 75% em relação aos participantes que estavam escolhendo do zero.

Por que há uma tal amplificação desse comportamento irracional quando os participantes são informados de que outras pessoas avaliarão sua decisão?

Estamos todos tentando nos defender de *como imaginamos* que outras pessoas vão nos julgar. Colocamos na cabeça que — se não mantivermos nossa escolha original — isso nos trará consequências negativas.

A ironia é que esse desejo de ser visto como racional faz com que nos tornemos menos racionais nas decisões que tomamos.

Quando uma pessoa sabe que será avaliada, é razoável que espere que suas decisões sejam julgadas de acordo com um padrão do que uma pessoa racional decidiria em seu lugar.

Você pode pensar que isso tornaria suas decisões mais precisas, mas o oposto é verdadeiro. Pensar em como você será julgado se desistir faz com que se afaste ainda mais desse referencial de racionalidade.

Você acaba desistindo menos e se comprometendo mais.

Arriscando

Acontece que a popularidade das suas crenças é inversamente proporcional à sua determinação de lutar por elas, independentemente do que acontecer. Como Katy Milkman, professora da Wharton School e autora do best-seller de 2021 *Como mudar*, e John Beshears, agora da Harvard Business School, demonstraram, quando você assume uma posição que está fora do *mainstream*, está mais propenso a escalar seu compromisso diante de informações que não o confirmam.

Esses pesquisadores não estavam estudando nada tão maluco quanto uma seita apocalíptica. Em vez disso, eles examinaram 18 anos de estimativas de ganhos corporativos e atualizações de mais de 6 mil analistas de ações.

Uma parte importante do trabalho de um analista de ações é fazer e atualizar estimativas de ganhos corporativos. Quando pensamos em um analista financeiro, imaginamos uma profissão muito racional e muito analítica. A palavra "analista" está logo ali no nome do cargo.

Milkman e Beshears queriam descobrir o que acontecia com os analistas que faziam estimativas de ganhos muito fora do consenso quando elas, mais tarde, revelavam-se muito distantes dos ganhos reais.

Os analistas manteriam sua previsão original de forma obstinada ou revisariam as projeções com base nas novas informações?

Não surpreendentemente para um leitor deste livro, houve muita teimosia. Os analistas escalaram seu compromisso a favor de sua posição extrema, apesar da informação de que os resultados reais não estavam confirmando a previsão.

Parece que há dissonância cognitiva e identidade em jogo. Eles fizeram uma projeção que não foi consensual. Fizeram isso de forma pública. Quando os ganhos reais conflitavam com sua previsão, os analistas dobraram seus esforços, assim como os membros da seita fizeram quando os alienígenas não apareceram.

Os analistas de ações não têm incentivo financeiro para se ater a estimativas imprecisas. Na verdade, é bem o contrário. Os autores descobriram que eles não se beneficiam da atenção que recebem se opondo aos outros ou agindo como lobos solitários. Em vez disso, os analistas foram *punidos* por sua teimosia quando fizeram previsões incorretas de lucros.

Se seriam punidos por manter essas previsões, por que o fariam?

A necessidade de manter a consistência é forte e parece ser ainda mais quando você sai do status quo. Ao assumir essas posições extremas, você aumenta a distância entre si e o bando. Essa distância torna sua posição mais integrada à sua identidade, uma parte da maneira como você se define em comparação com outras pessoas.

Para enfatizar esse ponto, Milkman e Beshears analisaram a reação dos analistas às informações atualizadas sobre lucros, dependendo se suas estimativas estavam fora do consenso ou dentro do *mainstream*. Se as posições extremas se tornarem mais integradas a quem somos, devemos ver uma menor escalada de compromisso naqueles com posições de consenso.

Isso é exatamente o que eles descobriram.

Os analistas que fizeram as previsões consensuais que, mais tarde, mostraram-se muito distantes dos ganhos reais pareciam perfeitamente dispostos a atualizá-las. Apenas os analistas que haviam feito previsões extremas foram tão teimosos.

Esse foi um dos problemas que Andrew Wilkinson teve ao reduzir suas perdas na Flow. Ele assumiu uma posição fora do consenso, muito pública, sobre a superioridade do *bootstrapping* em relação ao retorno de risco. Isso o levou a recusar a enxurrada de ofertas de capital de risco que chegavam. Mais tarde, Wilkinson admitiu a importância que atribuía a essa posição e a essas declarações. "Eu glorificava isso, e essa era a minha identidade. Eu realmente valorizava isso." Como seus concorrentes apoiados por capital de risco começaram a ultrapassá-lo, isso provavelmente influenciou o compromisso contínuo de Wilkinson, muito depois de o mundo lhe mostrar que seus investimentos não tinham um valor esperado positivo.

A lição que tiramos de tudo isso é que precisamos ter cuidado ao vincular nossa identidade a qualquer coisa em que acreditamos. E precisamos ser particularmente cautelosos quando uma crença está fora do *mainstream* e do público, porque é muito mais difícil abandonar essas crenças, que se danem os fatos.

A Identidade Errada

O trágico em tudo isso é que a maneira como imaginamos que as outras pessoas nos veem geralmente está errada. Isso significa que algumas das decisões irracionais de desistência que tomamos são baseadas em um medo equivocado sobre a imagem que passaremos para os outros.

Essa imaginação, francamente, muitas vezes, é cruel e pouco generosa com aqueles ao nosso redor, porque presumimos que, se desistirmos, mesmo que seja obviamente a coisa certa a se fazer, as outras pessoas vão pensar que falhamos. Que somos caprichosos ou fracos. Nesses cenários, não acreditamos que haverá qualquer empatia ou compreensão quanto aos possíveis motivos para termos feito a escolha que fizemos.

Mas essa visão dura em relação aos outros geralmente é injustificada. Acontece que, quando desistimos, as outras pessoas geralmente não pensam dessa maneira. Essas preocupações que projetamos nos outros são apenas lixo mental que carregamos por aí.

Foi o que aconteceu com Sarah Olstyn Martinez. "Estava preocupada que meus colegas médicos de emergência pensassem que eu era uma covarde, uma farsa que não dava conta do serviço. Estava preocupada sobre como meus supervisores iriam me ver." Ela temia dar aviso-prévio ao chefe, porque presumia que ele ficaria zangado ou chateado.

Quando Olstyn Martinez finalmente o avisou, seu chefe foi muito compreensivo. No final da conversa, ele se desculpou por ter falhado com ela, por não tornar o trabalho menos estressante para que Martinez pudesse perseverar. Seu diretor de operações disse a mesma coisa, o que foi muito válido de se ouvir.

Podemos superar rapidamente os contos da carochinha sobre ogros assustadores, dragões e bruxas. As histórias assustadoras que as substituem, sobre os julgamentos dos outros, continuam a nos atormentar enquanto adultos, mas não são mais reais que as infantis.

Um Raio de Esperança

Apesar de todas as histórias daqueles que não conseguem desistir, seja por identidade, custo irrecuperável, viés do status quo ou qualquer uma das forças que burlam a balança da desistência e da perseverança, você não está fadado a sucumbir. Sabemos que Stewart Butterfield, Sarah Olstyn Martinez e Alex Honnold são apenas três dos exemplos que nos dão esperança.

No caso de empresas como Sears, Blockbuster ou ABC Stores, podemos ver a influência da identidade na morte de uma companhia. Mas, novamente, nem todo negócio está condenado a esse destino. Existem exemplos notáveis de empresas que se afastaram dos negócios principais que eram sinônimos de suas identidades e construíram um sucesso duradouro no processo.

Assim como a Sears era fortemente identificada na mente do público como varejista, a Philips era conhecida como uma empresa que vendia lâmpadas. Essa era a identidade delas. Afinal, para muitos de nós, quando éramos crianças e tínhamos que trocar uma lâmpada, o nome "Philips" estava bem ali na embalagem. A própria lâmpada tinha uma impressão com o nome da marca.

Tanto a Sears quanto a Philips foram fundadas na década de 1890. Em 2012, décadas após a varejista iniciar sua espiral de morte, a outra era a maior fabricante mundial de produtos de iluminação, vendendo-os em

180 países. Desde a década de 1960, a Philips também ficou famosa por seus produtos eletrônicos de consumo, tendo inventado fitas cassetes, CDs, videocassetes e DVDs.

Eles não apenas eram apegados a esses produtos, tendo desenvolvido a sua tecnologia, mas, novamente, seu nome estava neles.

Apesar de todo esse potencial de a identidade da empresa causar resistência à mudança, a partir de 2020, a Philips não vendia mais *nenhum* produto de iluminação. Seus três segmentos de negócios, compreendendo 98% das vendas, são Diagnóstico e Tratamento, Cuidados Conectados e Saúde Pessoal.

A Philips é agora uma empresa de saúde com quase €20 bilhões em vendas anuais.

Como a Sears com os serviços financeiros, ela começou cedo a desenvolver suas operações de saúde, em paralelo com seu negócio de iluminação mais conhecido.

Em 1914, os irmãos Philips iniciaram o que hoje seria chamado de *hub* de inovação, um laboratório para criar novos produtos. Em 1919, a empresa começou a produzir tubos de raios X. Desde então, continuou investindo pesadamente em pesquisa e se expandindo para o espaço da saúde. Em 2014, quase um século após o início da produção de tubos de raios X, a tecnologia em saúde representava 40% de seus negócios.

Assim como a grande maioria do público não fazia ideia de que a Sears era proprietária da Allstate ou de qualquer outro ativo de serviços financeiros, o mesmo acontecia com a Philips e suas tecnologias de saúde. Se você abordasse uma pessoa na rua uma década atrás e lhe perguntasse: "O que a Philips produz?", ela teria dito: "Eles fazem lâmpadas e televisões."

Enquanto a Sears vendeu seus ativos lucrativos para aumentar seu compromisso com sua identidade principal, o varejo, a Philips fez o oposto, anunciando em 2014 que estava vendendo seu principal negócio de iluminação para se concentrar em suas operações de saúde. Em 2016, a empresa se desfez de 25% do setor de iluminação por meio de uma IPO. Também anunciou que venderia os 75% restantes, o que fez até o final de 2019.

Ao contrário da Sears, a Philips se dividiu em duas empresas e ficou com a parte menos conhecida, mas que oferecia maior valor esperado dali para frente.

Sabemos quais são as armadilhas cognitivas e identitárias quando se trata de desistir. De alguma forma, esses notáveis indivíduos e empresas conseguiram superar esses obstáculos. Podemos, com uma compreensão da ciência envolvida, aprender com esses exemplos e criar um modelo para também ficarmos melhores em desistir.

Seja exigente com aquilo a que você adere.

Persevere nas coisas que importam, que lhe trazem felicidade, e que o movimentam na direção dos seus objetivos.

Desista de tudo para liberar esses recursos para que você possa prosseguir com seus objetivos e parar de se ater a coisas que o atrasam.

Já exploramos algumas estratégias para conseguir isso: identificar a parte difícil e resolvê-la primeiro para evitar falsos progressos; pensar nas condições em que você desiste bem antes de precisar enfrentar essa decisão; criar contratos de pré-compromisso e critérios de eliminação.

Agora voltamos nossa atenção para outra estratégia: obter ajuda externa.

Resumo do Capítulo 8

- Quando se trata de desistir, a desistência mais dolorosa é a de quem você é. Nossas ideias, crenças e ações fazem parte da nossa identidade.
- Quando uma nova informação entra em conflito com uma crença, experimentamos uma dissonância cognitiva.
- Para resolvermos o conflito, podemos mudar a crença ou racionalizar a nova informação. Muitas vezes, escolhemos a última opção.
- A dissonância também pode resultar de novas informações que entram em conflito com nossas ações passadas.
- Temos o desejo de manter a coerência interior, na qual nossas crenças e ações passadas se alinham com as atuais.
- Também queremos que os outros nos vejam como coerentes. Nós nos preocupamos que, se virem incoerência nas nossas decisões, crenças ou ações presentes e passadas, eles nos julgarão como erráticos, irracionais, caprichosos e propensos a derrotas.

- Quando sabemos ou acreditamos que nossas decisões estão sendo avaliadas por outras pessoas, nossa intuição é de que seremos mais racionais, mas o oposto é verdadeiro. A validade externa *aumenta* a escalada de compromisso.
- Quanto mais extrema for uma posição, maior a ginástica cognitiva que faremos para defendê-la. É mais provável os fatos dissuadirem você de uma opinião consensual do que de uma visão marginal.
- O medo de como os outros nos verão se desistirmos geralmente é exagerado.

CAPÍTULO 9

Encontre Alguém que Ame Você, Mas que Não se Importe em Ferir Seus Sentimentos

Ron Conway é mais conhecido como um dos maiores investidores-anjos de todos os tempos. Mas ele deve ser igualmente conhecido por sua habilidade como treinador de desistência.

Conway, o fundador do SV Angel, um fundo de risco em estágio inicial, investe em startups desde os anos 1990 e é uma lenda na comunidade de capital de risco. Sua lista de investimentos-anjos bem-sucedidos pode ser incomparável, incluindo muitas das empresas mais famosas dos últimos 25 anos, como Facebook, Google, PayPal, Dropbox, Airbnb, Pinterest, Twitter e Snapchat.

Conway é obviamente ótimo em escolher vencedores.

Começar um novo empreendimento requer garra. Conway é conhecido por sua capacidade de ajudar os fundadores a enfrentar os altos e baixos desafiadores do crescimento do que começa como nada mais do que uma visão de uma empresa bem-sucedida que mudará o mundo. Você provavelmente não está surpreso que alguém da estatura de Ron Conway forneça um valor enorme ao ajudar esses fundadores a desenvolverem a visão estratégica certa, cumpri-la e fazê-la funcionar. Mas você pode se surpreender ao saber que ele está especialmente orgulhoso de sua capacidade de ajudar os fundadores a descobrir quando é a hora certa de desistir.

Conway resume sua filosofia na frase: A vida é muito curta.

O que ele reconhece é que todos nós temos um tempo limitado neste planeta para dedicarmos às diferentes oportunidades que podemos buscar. Fundar, administrar e desenvolver uma startup já é um trabalho brutalmente árduo. Em sua experiência, os fundadores tendem a ser indivíduos motivados, corajosos e brilhantes. Pessoas com essas qualidades são muito procuradas, em empresas estabelecidas, para empregos com horários confortáveis e ótimos salários. Mas todos os fundadores escolheram um caminho diferente, e o que vem com esse caminho são cem horas de trabalho semanais, estresse implacável e praticamente nenhum pagamento. Notoriamente, alguns deles dormem a maior parte do tempo — que não é muito — na garagem de seus pais ou no chão de seu escritório.

Obviamente, a chance de mudar o mundo e as grandes recompensas que vêm com o sucesso podem fazer com que valha a pena perseverar. Mas, no pensamento de Conway, a vida é muito curta para suportar todo esse sofrimento, uma vez que fica claro que a probabilidade de que essas coisas estejam fora de alcance é muito alta.

Mesmo para alguém com o faro de valor de Conway, apenas cerca de 10% das startups nas quais ele investe vão ganhar dinheiro. Isso significa, por definição, que 90% desses empreendimentos falharão. Fazer tudo *menos* encorajar alguém tão promissor a seguir em frente seria cruel, um triste desperdício de potencial humano.

É isso que Conway quer dizer quando fala: "A vida é muito curta".

Claro que os fundadores quase nunca conseguem reconhecer por si mesmos o momento em que não vale mais a pena continuar sua jornada, porque sua perspectiva é interna. Conway, como um externo com vasta experiência, consegue ver isso antes que eles consigam ver por si mesmos. Ele considera seu dever ajudar esses fundadores a entender a futilidade da perseverança para que essas pessoas brilhantes possam seguir em frente para oportunidades mais valiosas.

O primeiro obstáculo que Conway enfrenta é o mais óbvio: fazer com que os fundadores realmente reconheçam que o empreendimento está falhando e que é hora de irem embora. Ele luta contra uma série de forças cognitivas e motivacionais que dificulta que esses empreendedores façam isso. Eles são os fundadores da empresa. A companhia é deles. A ideia é sua. Faz parte da identidade deles. Eles colocam uma quantidade enorme de tempo, esforço e dinheiro nisso. Sacrificaram tanto.

O que significaria se desistissem agora? Significaria que começar foi um erro? Que perderam seu tempo? Não estariam desistindo de quem são?

No entanto, quando Conway reconhece que as coisas não estão indo bem, ele se senta e compartilha seu ponto de vista com o fundador. Inevitavelmente, os empreendedores discordam, inflexíveis de que o sucesso está chegando. Eles geralmente são hábeis em vender sua visão e usam toda essa habilidade para tentar persuadir Conway.

"Esta é apenas uma fase difícil." "Só precisamos terminar a próxima versão da construção." "Só vai levar um tempinho para o produto pegar." "Eu sei exatamente o que fazer para mudar as coisas."

O que Conway faz para combater esses argumentos veementes? Nada.

Ele concorda com eles, dizendo que é possível fazer a empresa funcionar. Não tenta convencer os fundadores de que estão errados.

Em vez disso, ele lhes pergunta como seria o sucesso nos próximos meses. E pede *detalhes*. Essa conversa permite que se sente com o fundador e estabeleça *benchmarks* de desempenho que sinalizariam que a empresa estava indo na direção certa. Em seguida, eles concordam em revisitar esses *benchmarks* e, se o empreendimento estiver falhando, em ter uma conversa séria sobre a descontinuação dele.

Isso provavelmente faz parecer que Conway está usando critérios de eliminação, e isso é porque ele está.

O fundador sai da conversa acreditando tê-lo convencido de que pode mudar a situação. A opinião do investidor-anjo — você provavelmente já adivinhou — não mudou. Conway sai ainda acreditando que, se o fundador pudesse ver o que ele vê, eles encerrariam o empreendimento naquele dia. Mas sabe que geralmente é inútil tentar persuadi-los naquele momento.

Tendo definido esses critérios de eliminação, que o fundador ajudou a gerar, Conway aumenta consideravelmente a probabilidade de que, ao revisitar o problema, o empreendedor seja capaz de ver além de seus próprios preconceitos e tomar a decisão certa.

A destreza da abordagem do investidor-anjo está na sua capacidade de pegar os fundadores que estão enfrentando a decisão, que são menos racionais porque estão envolvidos nela, e reorientar a atenção deles para algum ponto no futuro. Esse novo foco permite que o fundador seja mais racional sobre a escolha.

A consequência dessa estratégia de desistência é que o fundador vai continuar a investir mais alguns meses de tempo, dinheiro e esforço em algo que Conway pode ver claramente que está falhando. Mas o investidor-anjo considera esses meses extras gastos uma grande vitória, porque fazem com que o fundador encerre o empreendimento muito mais cedo do que faria de outra forma.

Sem esse tipo de intervenção, os fundadores, que são corajosos por natureza, muitas vezes continuam a trabalhar até o inevitável fim. Desistir de alguns meses para economizar anos é uma troca que vale a pena fazer, porque os libera muito mais cedo para passar a algo que tem mais chances de sucesso.

Mesmo assim, depois que a empresa perde os *benchmarks*, Conway frequentemente sofre críticas. Isso não é surpreendente, porque nenhuma dessas coisas funciona perfeitamente. Essas ferramentas estão apenas tentando nos levar a um "não" mais rápido e com mais frequência do que aconteceria de outra forma.

Uma das maneiras mais comuns de os fundadores discordarem é alegando que têm o dever para com os investidores de dar tudo de si no empreendimento. Além desse dever, acreditam que, se não continuarem, em vez de devolver o capital restante, seus financiadores vão pensar mal deles, vê-los como um fracasso e nunca mais vão querer investir em nada que façam no futuro.

Assim como o resto de nós, os fundadores costumam ser irracionais em suas imaginações sobre o que os outros vão pensar ou como vão reagir, de modo que o papel de Conway é ajudá-los a ver que estão errados. Como ele próprio é um investidor, está posicionado de forma única para oferecer a esses fundadores uma perspectiva mais precisa das pessoas a quem eles estão atribuindo essas coisas.

Nesse caso, em praticamente todos os aspectos, os investidores pensam *o contrário* do que os fundadores supõem.

Não há nenhuma honra em gastar até a última gota de dinheiro do investidor perseguindo um empreendimento que está fracassando. Devolver o capital aos investidores é a escolha responsável nessas circunstâncias e demonstra a capacidade de tomar uma decisão difícil quando essa é a coisa certa a fazer. Isso mostra uma compreensão do valor esperado e uma capacidade de responder a novas informações e mudanças de circunstâncias com flexibilidade em vez de rigidez.

Essas são todas as características de alguém em quem eles *gostariam* de investir novamente. Conway aponta que, ao contrário das crenças dos fundadores, devolver o capital *aumenta* as chances de que esses investidores queiram trabalhar com eles novamente. Ele ainda oferece exemplos de quando fez isso em sua própria carreira.

Não é apenas um sentimento de obrigação para com os investidores que dificulta que os fundadores reduzam suas perdas. Eles também acham que devem continuar pelos seus funcionários. Se fecharem a empresa, essas pessoas ficarão desempregadas. Elas trabalharam de perto com o fundador, colocando seu coração e alma naquilo, abrindo mão de tanto em suas vidas para ajudar a fazê-lo funcionar. Até mesmo Stewart Butterfield, que foi firme na decisão de fechar o *Glitch*, ecoou essa preocupação.

O fundador não deve perseverança aos seus funcionários?

Conway, novamente, aponta que a vida é muito curta, o que também se aplica à vida dos funcionários.

Juntar-se a uma startup significa trabalhar por pouco salário em troca da promessa de patrimônio. Esses indivíduos talentosos estão dispostos a entrar nesse negócio porque acreditam que estão construindo algo que mudará o mundo e que, se forem bem-sucedidos, colherão os benefícios disso. Uma vez que fica claro que isso não vai acontecer, continuar é apenas prendê-los em um empreendimento que vai falhar. É o que os impede de seguir em frente para algo melhor.

Assim como Conway não quer ver os fundadores presos em algo que está falhando, os fundadores não deveriam querer isso para seus funcionários.

Em um mundo ideal, seríamos tão racionais sobre nossas decisões de desistência quanto alguém que decide do zero. Mas sabemos que não podemos fazer isso. Depois de ter uma história com a escolha, com todos os resíduos acumulados que a acompanham, você estará sujeito às forças que dificultam a desistência.

Essencialmente, o que Ron Conway está fazendo é oferecer a seus fundadores uma perspectiva do zero que todos nós temos dificuldade em ver quando estamos inseridos na situação. Essa perspectiva e seu uso hábil de critérios de eliminação são o que faz dele um lendário treinador de desistência.

Otimismo (Excessivo)

Helen Keller disse: "O otimismo é a fé que conduz à realização."

Essa crença de que o otimismo o levará mais rápido aonde você deseja ir está profundamente enraizada na cultura popular, como evidenciado por uma série de best-sellers perenes, como *O Poder do Pensamento Positivo* de Norman Vincent Peale, *Quem Pensa Enriquece* de Napoleon Hill e *O Segredo*, para citar apenas alguns. Combinados, esses 3 títulos sozinhos venderam mais de 74 milhões de cópias. E não vamos esquecer o clássico livro infantil *The Little Engine That Could* [sem publicação no Brasil], com sua mensagem: "Eu acho que posso."

O mandato, absorvido por uma audiência massiva, permanece inalterado. Apenas acredite em si mesmo e suas chances de sucesso aumentarão.

Até William James, o pai da psicologia moderna, disse: "O pessimismo leva à fraqueza, o otimismo, ao poder." James acreditava no poder da projeção positiva, que descreveu com um exemplo envolvendo, entre todas as coisas, o montanhismo. Ele afirmou que, se você está escalando uma montanha e fica preso em um ponto onde precisa dar um "salto ousado e perigoso", deve imaginar que pode fazê-lo, pois essa confiança o ajudará a ter sucesso. Mas, se você vacilar devido à dúvida, pulará em desespero e cairá em uma fenda.

Don Moore, professor da Haas School of Business da Universidade da Califórnia, em Berkeley, chamou a atenção para o absurdo do exemplo de James. Em seu livro de 2020, *Perfectly Confident* [sem publicação no Brasil], Moore afirma que, mesmo que o otimismo o ajude nessa situação, deve haver limites para *o quanto* ele ajuda. Digamos que um otimismo suficientemente enérgico poderia ajudá-lo a pular uma fenda de quase 1,80m. Se for um salto de 6m, não há como o otimismo ser melhor para você do que com uma calibração realista de sua confiança.

E Moore literalmente tem as cicatrizes para provar isso. Ele humildemente admite: "Acreditar em mim mesmo não impediu que meus pés se queimassem em [uma] caminhada no fogo."

Moore, com as colegas Elizabeth Tenney, da Universidade de Utah, e Jennifer Logg, da Universidade de Georgetown, exploraram se as pessoas realmente acreditam que mais otimismo leva a um melhor desempenho. O artigo de 2015 examina o desempenho em uma variedade de tarefas, desde problemas de matemática até um quebra-cabeças de *Onde está Wally?*

Os pesquisadores levaram alguns participantes a ficarem otimistas sobre seu provável desempenho. Quando Moore e suas colegas solicitaram que outras pessoas adivinhassem como esses participantes se sairiam em comparação com aqueles que não eram tão otimistas, os pesquisadores descobriram que as pessoas, de fato, acreditam na mensagem de *The Little Engine That Could*. Aqueles que acham que podem subir a colina ou resolver mais problemas de matemática ou encontrar Wally foram classificadas como mais propensas a realmente consegui-lo.

Essa crença irrestrita no poder do otimismo é, obviamente, difundida no Vale do Silício, o que faz de Ron Conway uma contradição em um mundo onde ser excessivamente otimista não é apenas considerado requisito de trabalho para os fundadores, mas também é ativamente encorajado. E esse ethos se reflete nas crenças reais dos empreendedores. Uma pesquisa com 3 mil empreendedores descobriu que 81% dos fundadores preveem que suas chances de sucesso serão de 70% ou mais e um terço deles preveem 100% de sucesso!

Dado que apenas cerca de um em cada dez dos empreendimentos ambiciosos em que Conway investe gera um retorno positivo, esse otimismo beira o delírio.

Claro, se o otimismo realmente melhora o desempenho, a confiança delirante pode valer a pena. Se você está em um negócio onde tem apenas 10% de chance de sucesso, talvez ser otimista realmente melhore suas chances para 40%. Mesmo que isso esteja muito aquém dos 70% da possibilidade de sucesso que você acha que tem, esse aumento pode valer o custo de ser mal calibrado.

Moore e suas colegas testaram apenas essa ideia, procurando ver se os participantes mais otimistas tinham melhor desempenho nos problemas de matemática ou encontravam Wally com mais frequência. Embora tenham descoberto que aqueles mais otimistas se dedicavam às tarefas por mais tempo, viram que eles não tinham um desempenho mensuravelmente melhor nessas tarefas do que aqueles menos otimistas.

Em outras palavras, os otimistas param mais tarde, mas sem nenhum benefício.

O que vale para a garra também vale para o otimismo. Ele faz com que você se apegue a coisas que valem a pena. Mas também faz com que se apegue a coisas que não valem mais a pena. E a vida é muito curta para fazer isso.

O problema é que o otimismo faz com que você superestime tanto a probabilidade quanto a magnitude do sucesso. Isso significa que qualquer cálculo de seu valor esperado estará totalmente fora de sintonia.

O resultado? O otimismo não controlado pelo realismo impede que você desista quando deveria ir embora.

Ron Conway, é claro, espera e quer fundadores confiantes. Ele deseja que eles sejam positivos quanto a si mesmos e seus funcionários, mas não a ponto de se ater a algo que é um beco sem saída.

É difícil para esses empreendedores motivados alternar entre o otimismo e o realismo. Eles precisam da ajuda e da perspectiva de um bom treinador de desistência. Mesmo assim, o treinador precisa de paciência, porque, se essa mudança acontecer, os fundadores é que terão que fazê-la.

A Diferença Entre Ser Legal e Ser Gentil

Quando perguntei a opinião de Daniel Kahneman sobre qual era o segredo para ser um bom desistente, ele me disse: "O que todo mundo precisa é de um amigo que realmente os ame, mas que não se importe muito com ferir seus sentimentos no momento."

Quando você está dentro da situação, enfrentando a decisão de desistir ou manter o curso, sua tomada de decisão é mais vulnerável à série de vieses cognitivos que dificultam que você desista. A percepção de Kahneman é que um observador externo, como um amigo ou um ente querido, tem muito mais probabilidade de ter uma visão racional da sua situação, porque eles não estão nela com você.

O problema é que, enquanto observador externo que pode ver que alguém está em um caminho perdido, é provável que você pense que reter a dura verdade é a coisa boa a se fazer, porque sabe que vai doer ouvir isso. Mas, ao poupar os sentimentos alheios, ao tentar ser legal, você está negando aos outros a oportunidade de ver o que está vendo.

A razão pela qual está tentando poupar os sentimentos dos outros é porque você os ama. Mas está apenas poupando seus sentimentos no curto prazo. Eles estão se precipitando em direção a um futuro em que falharão, de modo que isso os prejudicará muito mais.

Todos nós precisamos de alguém que nos ame, mas que também entenda que, para nossa felicidade a longo prazo, é melhor falar em voz alta a verdade desagradável quando o caminho em que estamos é aquele que precisamos abandonar.

Esse é o argumento de Daniel Kahneman.

Quando você encontrar esse amigo, peça a ele para ser seu treinador de desistência, para ser aquela pessoa que o ajuda a descobrir quando abandonar o curso.

Se Daniel Kahneman, cujo trabalho de vida tem sido estudar vieses cognitivos e erros de decisão, precisa de um treinador de desistência, então todo mundo precisa de um. Acontece que o treinador de Kahneman é o também ganhador do Prêmio Nobel Richard Thaler.

A maioria de nós não tem a sorte de ter alguém dessa estatura desempenhando esse papel para nos ajudar, mas todos devemos tentar encontrar alguém para ser aquela pessoa em nossa vida que nos diz a verdade, seja um amigo próximo, um mentor, um colega de trabalho, um irmão, um pai ou mãe.

Só precisa ser alguém que tenha em mente nossos melhores interesses de longo prazo e esteja disposto a nos dizer o que precisamos ouvir, não o que queremos ouvir.

Claro, quase todos nós já experimentamos o oposto, alguém que poupou nossos sentimentos em vez de nos ajudar a ver a situação como ela era. Você termina um relacionamento e, de repente, seus amigos íntimos lhe dizem: "Achei que você deveria ter terminado meses atrás." Ou larga o emprego, e as pessoas da sua família dizem: "Percebi que você estava infeliz. Demorou e muito para você descobrir isso."

Claro, quando nos falam essas coisas, todos nós temos a mesma reação: "Se você sabia disso o tempo todo, por que não disse antes?"

E a resposta é sempre a mesma: "Não queria ferir seus sentimentos."

Você pode superar ouvir que deveria desistir de algo. Mas, se passar meses ou anos em um emprego ou relacionamento que não está contribuindo para sua felicidade a longo prazo, esse é um tempo que nunca mais poderá recuperar.

Andrew Wilkinson experimentou isso depois que teve que demitir o CEO de uma de suas empresas. Vários de seus amigos lhe disseram que já viam essa necessidade há algum tempo. Quando Wilkinson perguntou: "Então por que vocês não me contaram?", eles responderam: "Não queríamos aborrecer você."

Foi irritante ouvir isso, pois Wilkinson percebeu imediatamente que, se seus amigos tivessem sido honestos sobre o que viram, ele teria chegado à decisão mais cedo, economizando tempo e recursos valiosos.

É por isso que Ron Conway tem tanto orgulho do papel que desempenha para seus fundadores e considera uma grande vitória quando pode oferecer uma nova perspectiva para fazê-los desistir.

Quando se trata de empreendimentos comerciais, escolhas de carreira ou decisões sobre a vida pessoal, todos devemos nos esforçar para conseguir duas coisas: em primeiro lugar, você deve encontrar pelo menos uma pessoa para ser seu treinador de desistência. Em segundo lugar, você deve tentar cumprir esse papel para as pessoas que ama.

Alguns Treinadores Podem Suspender a Ação

Embora um treinador de desistência possa ajudar, oferecendo-lhe uma nova perspectiva, não contaminada por seu *katamari* crescente, ainda é você quem deve escolher ir embora, e isso significa que pode ignorar o conselho dele. Ter um treinador aumenta as chances de você desistir mais cedo do que desistiria sem ele. Mas, assim como os fundadores da Conway, muitas vezes, você vai rejeitar a tentativa.

É claro que, às vezes, há situações em que a pessoa que é o treinador de desistência realmente tem autoridade para forçar a decisão de desistir. Por exemplo, os gerentes podem obrigar as pessoas a encerrarem projetos, ou os líderes de vendas podem forçar os vendedores a pararem de buscar leads.

Combinados, os critérios de eliminação e um treinador de desistência, que tem o poder de intervir para forçar a desistência, são a maneira mais eficiente e eficaz de fazer com que os outros reduzam suas perdas, especialmente se essas pessoas forem particularmente corajosas.

Os Navy SEALs, pelo simples fato de terem passado pelo treinamento SEAL, são lendários por sua coragem. Todos nos lembramos das cenas clássicas de treinamento exaustivo nos filmes, nas quais os recrutas precisam provar que podem suportar condições que fariam a maioria das pessoas desistir. Há aquele famoso sino de latão, que os recrutas podem tocar para acabar com a punição de submersão por horas em água gelada, dias sem dormir e constantes testes físicos. Os que se tornam SEALs são os que se recusam a tocar o sino. Eles são selecionados porque a Marinha achou literalmente impossível fazê-los desistir.

O almirante McRaven sabe que parte de seu trabalho é controlar as pessoas que, por conta própria, literalmente morreriam em vez de desistir. Como ele disse: "Você quer que eles sejam aqueles caras que atacam o paiol de metralhadoras, salvam pessoas e ganham a Medalha de Honra. Você precisa de garotos assim, mas também precisa de comandantes que possam dizer que há hora e lugar para isso e que não se deve agir assim em todas as missões."

Claro, a vantagem de McRaven era que, como comandante, quando uma missão colidia com os critérios de eliminação, ele era o responsável por decidir desistir. Poderia abortá-la por conta própria, independentemente de os SEALs da Marinha quererem continuar (o que provavelmente sempre aconteceu).

Ron Conway adoraria estar no lugar de McRaven, um técnico que está desistindo e pode assumir as rédeas. Em vez disso, quando vê que a startup está falhando e sabe que o certo é fechá-la, Conway tem que deixar o fundador continuar até que ele concorde em sair, porque essa é uma decisão do empreendedor, não do investidor-anjo.

Todos nós já estivemos naquela situação frustrante em que tivemos que observar alguém continuar quando sabíamos que o certo era dar meia-volta. Não seria muito melhor se você pudesse assumir e tomar a decisão pela pessoa, especialmente porque o menos equipado para tomar uma decisão racional de desistência é aquele que está enfrentando essa escolha?

Todos nós já sentimos essa frustração, mas não se engane, também já estivemos todos do outro lado dessa equação. A decisão de desistir é *nossa* e *somos* os menos preparados para fazer uma escolha racional.

Se você já quis assumir as rédeas de outra pessoa, isso deve significar que, às vezes, seria melhor entregá-las a um treinador de desistência.

Dividir e Conquistar

Podemos voltar a Barry Staw para ver como é poderoso passar as rédeas para outra pessoa como uma estratégia de desistência. Em 1997, com Sigal Barsade, da Universidade de Yale, e Kenneth Koput, da Universidade do Arizona, Staw estudou as decisões dos bancos sobre a aprovação e manutenção de empréstimos comerciais. Quando um banco emite um empréstimo, há funcionários responsáveis por tomar e aprovar essa decisão. Se o mutuário fizer pagamentos em dia e, por fim, pagar o empréstimo, não há mais decisões a se tomar sobre isso.

Mas quando uma empresa tem problemas para fazer seus pagamentos, o mutuário pode pedir outro empréstimo, na tentativa de salvar os negócios, ou também pode pedir para renegociar os termos do contrato. Além de determinar se deve aprovar essas coisas, o banco tem que decidir, porque é legalmente obrigado a fornecer relatórios financeiros precisos aos acionistas e reguladores, se deve continuar contando o empréstimo como um ativo ou anulá-lo e realizar a perda.

Para todas essas decisões, é possível ver o potencial da escalada de compromisso. Dado o que sabemos até agora, você pode supor que, quando um empréstimo está com problemas, as pessoas que tomaram a decisão original de aceitá-lo, para evitar ter que reconhecer o empréstimo inicial como uma perda, estariam mais propensas a aprovar um segundo empréstimo ou uma mudança dos termos do que alguém que está decidindo do zero.

Isso é exatamente o que Staw e seus colegas descobriram quando analisaram 9 anos de empréstimos de 132 bancos da Califórnia. Quando havia rotatividade de gerenciamento, a nova administração era muito mais rápida em reconhecer quando um empréstimo estava com problemas. Não tendo tomado a decisão inicial de aprovar a operação, era muito mais provável que a cancelassem como prejuízo. Suponho que uma lição dos dados de Staw é que, se você tem uma empresa que obteve um empréstimo e agora está com problemas financeiros, deve voltar para a mesma pessoa que originalmente lhe emprestou o dinheiro. Você tem muito mais chances de conseguir.

Em uma observação mais séria, isso sugere uma boa estratégia para empresas que desejam melhorar suas decisões de desistência: *Quando possível, divida e conquiste.* Faça com que as pessoas que tomam as decisões de iniciar as coisas sejam diferentes das que decidem interrompê-las.

Para meus clientes que são investidores institucionais, sugeri esse tipo de estratégia como uma forma de melhorar suas decisões de promoções e vendas de ativos. Faça com que o comitê que aprova o que comprar seja diferente do comitê que aprova o que e quando vender. Claro, isso só é prático quando a equipe é grande o suficiente.

Em muitas situações de negócios, existem maneiras de dividir o trabalho. Mas, se você é um indivíduo, não pode se dividir em dois. Não pode fazer o truque mental Jedi de fingir ser uma pessoa isolada, tomando uma decisão do zero.

Esse é mais um motivo para tentar encontrar um treinador de desistência, porque isso permite que você implemente algo mais próximo dessa estratégia de dividir e conquistar.

A Importância de Dar e Obter Permissão

Para que seu relacionamento com o treinador de desistência funcione, você deve lhe dar permissão para atuar nessa função. Isso inclui se comprometer explicitamente a estar aberto para ouvir as duras verdades que ele possa ter para lhe dizer. É por isso que Richard Thaler é um treinador de desistência eficaz para Daniel Kahneman, porque recebeu permissão de Kahneman para lhe dizer as coisas que ele não quer ouvir.

Quando você pede conselhos sem tal acordo, a pessoa a quem você está pedindo tende a errar por ser legal, legal no sentido de ficar na torcida e lhe dizer o que ela acha que você quer ouvir. Mesmo se estiver realmente pronto para ouvir a dura verdade, se não comunicar isso à pessoa cujo conselho está buscando, ela geralmente presumirá que você só quer ser tranquilizado. E isso é tudo que você vai conseguir.

Quando está do outro lado da equação, atuando como conselheiro, você também precisa entender que, quando alguém lhe pede seu conselho, isso não significa necessariamente que essa pessoa realmente queira ouvir sua opinião honesta. Não, a menos que, explicitamente, tenha lhe dado permissão para fazê-lo.

Andrew Wilkinson me contou como aprendeu isso com a experiência. Depois de ter que demitir aquele CEO e descobrir que nenhum de seus amigos havia lhe dito o que eles podiam ver claramente de fora, ele resolveu dar sua opinião sem rodeios sempre que alguém o procurasse em busca de conselhos.

A pessoa lhe pedia um conselho, e ele lhe respondia com honestidade brutal. E nada de bom vinha disso. Ela não mudava de ideia. Na verdade, Wilkinson descobriu que ela se dobrava e se tornava inflexível para provar que ele está errado. Em outras palavras, é a típica escalada de compromisso.

Quando as pessoas lhe pedirem conselhos, não confunda isso com permissão.

Em vez disso, quando alguém vier até você, é melhor usar a abordagem de Ron Conway, que pode ser resumida nestas quatro etapas:

PASSO 1 | Informe a pessoa de que você acha que ela deveria considerar a desistência.

PASSO 2 | Quando ela recusar, recue e concorde que ela podem mudar a situação.

PASSO 3 | Estabeleça definições muito claras sobre como será o sucesso em um futuro próximo e as memorize como critérios de eliminação.

PASSO 4 | Concorde em revisitar a conversa e estabeleça que, se as referências para o sucesso não forem alcançadas, vocês terão uma conversa séria sobre desistir.

Está implícito nas etapas 3 e 4 que a pessoa que você está aconselhando agora lhe deu permissão para falar abertamente e sem rodeios sobre o abandono da direção tomada.

Claro, o tempo todo, você deve lembrá-la de que a vida é muito curta.

A permissão de ambos os lados da equação é a chave para um relacionamento frutífero entre um treinador e a pessoa que busca o treinamento. Mesmo quando alguém que busca esse conselho dá permissão, ainda é melhor quando você puder ajudá-lo a tomar a decisão por si mesmo, em vez de lhe dizer o que fazer.

Quando Sarah Olstyn Martinez me procurou, ela me deu permissão para ter uma conversa honesta. Mesmo assim, eu não lhe disse que decisão ela deveria tomar. Apenas fiz perguntas que a ajudaram a enquadrar sua escolha como um problema de valor esperado. Isso permitiu que ela visse a solução por si mesma rapidamente.

Se você está em uma posição de liderança, Astro Teller oferece um excelente exemplo de como ser um ótimo treinador de desistência. Ele ajuda as pessoas na X a serem melhores em encerrar as coisas, lidando com os macacos, evitando os pedestais e definindo critérios de eliminação que aumentam as chances de elas chegarem a uma decisão racional mais rapidamente. Tudo isso faz parte de sua criação de uma cultura que não apenas desestigmatiza a desistência, mas também a celebra.

Desistir é difícil, muito difícil de fazer inteiramente por conta própria. Nós, como indivíduos, somos crivados por uma série de preconceitos, como a falácia do custo irrecuperável, o efeito de dotação, o viés do status quo e a aversão à perda, que levam à escalada do compromisso. Nossa identidade está entrelaçada nas coisas que estamos fazendo. Nosso instinto é querer proteger essa identidade, fazendo com que nos apeguemos ainda mais às coisas.

Se há uma coisa que você aprendeu com este livro é que apenas saber sobre o problema, fazer um experimento mental de assumir a perspectiva de outra pessoa e tentar ver a situação de fora, olhando para dentro de si mesmo, é algo que você não pode fazer. É por isso que Daniel Kahneman acha que ele precisa de um treinador de desistência, e é por isso que todos nós devemos enxergar essa necessidade.

A vida é muito curta para gastar nosso tempo com coisas que não valem a pena. Todos nós precisamos de pessoas ao nosso redor que nos digam quando estamos no caminho errado.

Resumo do Capítulo 9

- O otimismo torna menos provável que você desista, embora, na verdade, não aumente suas chances de sucesso. Isso significa que ser excessivamente otimista fará com que você se detenha por mais tempo em coisas que não valem a pena. É melhor estar bem calibrado.
- A vida é muito curta para gastar seu tempo com oportunidades que não valem mais a pena.
- Quando alguém externo analisa a situação, geralmente consegue vê-la de forma mais racional do que você.
- O melhor treinador de desistência é uma pessoa que ama você o suficiente para cuidar do seu bem-estar a longo prazo. Ele está disposto a lhe contar a dura verdade, mesmo que isso arrisque ferir seus sentimentos a curto prazo.
- As decisões de desistência melhoram quando as pessoas que tomam as decisões de começar as coisas são diferentes daquelas que decidem encerrá-las.
- Tirar o máximo proveito de um treinador de desistência requer permissão para falar a verdade.

As Formigas Marcham... na Maioria das Vezes.

Se você já assistiu a um programa sobre a natureza ou, na verdade, a qualquer desenho animado com formigas, a imagem clássica que provavelmente vem à sua mente é a desses insetos caminhando em uma única fila em direção a um destino comum. *As formigas marcham de uma em uma, pra lá, pra cá!* É assim que as imaginamos. E as forrageadoras realmente marcham dessa maneira.

Na maioria das vezes.

Olhando mais de perto, o que você vê é que, enquanto a maioria das formigas está marchando em fila, indo para uma fonte de alimento e voltando dela, há sempre uma certa porcentagem de forrageadoras que parecem estar vagando sem rumo. Elas não estão seguindo o programa.

Parecem aproveitadoras suspeitas, fugindo da sua responsabilidade de trazer comida de volta ao ninho. São formigas com atitude? Elas são rebeldes? Dissimuladas preguiçosas? Formigas anarquistas? Antissistema?

Acontece que elas servem a um propósito crucial, e esse propósito tem muito a ver com a desistência.

Para descobrir o que está acontecendo, primeiro, é importante entender como as formigas entram nessa fila.

Quando adentram um novo território, todas as forrageadoras ficam vagando, espalhadas pela área, o oposto daquela clássica marcha em fila que esperamos ver. Isso porque ainda não existe uma fonte de alimento estabelecida, e estão procurando por uma.

Quando encontra comida, elas a trazem de volta ao formigueiro. Ao longo do caminho, deixam um odor químico chamado trilha de feromônio, que é fraco quando vem de apenas uma formiga. Quaisquer outras que sentirem esse cheiro seguirão a mesma trilha. E, se a fonte de alimento for de alta qualidade, elas também encontrarão comida e deixarão sua própria trilha de feromônios ao longo do mesmo caminho de volta ao ninho.

À medida que o cheiro químico fica mais forte, outras formigas começam a seguir a trilha. Quanto melhor a fonte de alimento, maior o trânsito, o que, por sua vez, torna a trilha cada vez mais forte. É assim que surge a imagem clássica das formigas marchando em uma fila.

A trilha é como um feromônio *katamari*.

A escolha de como você aloca seu tempo para encontrar coisas novas ou aproveitar as coisas que já descobriu faz parte do clássico equilíbrio explorar (prospectar)/explorar (obter resultados)*. Quanto tempo você deve gastar explorando a paisagem em busca de novas oportunidades e quanto explorando coisas que já apresentam um valor esperado positivo?

Explorar nesse sentido não significa manipular ou fazer algo dissimulado. Significa apenas que você aproveita uma oportunidade que já tem.

Para uma empresa que possui um produto estabelecido, os recursos dedicados à continuação da comercialização, produção e venda desse produto são gastos na exploração de algo que ela já descobriu, como no caso da Blockbuster, que explora seu lucrativo modelo de negócios de aluguel e venda de vídeos em lojas físicas. Por outro lado, os recursos gastos em pesquisa e desenvolvimento de novos produtos ou estratégias são direcionados à exploração, à descoberta de novos produtos ou modelos de negócios que a empresa possa seguir. Como as companhias têm recursos limitados, você pode ver imediatamente a importância de descobrir o equilíbrio explorar (prospectar)/explorar (obter resultados). Se a empresa não acerta, explorando muito pouco, ela para de inovar, apegando-se, até encerrar suas operações, ao que funcionava.

Claro, o mesmo é vale para nossas vidas pessoais no caso da forma como alocamos nossos recursos de tempo, dinheiro, esforço e atenção entre explorar novas oportunidades e manter as que já temos.

---

* A parada ótima é um problema de explorar (prospectar)/explorar (obter resultados). Por quanto tempo você deve continuar explorando alternativas antes de escolher uma? Por exemplo, quando está procurando um apartamento, qual é o número ideal de lugares que você deve procurar antes de parar e escolher apenas um? A parada ótima não é um tópico deste livro. Está mais para um problema de teoria dos jogos do que um problema cognitivo, no qual este livro se concentra. Mas, se você tiver interesse nesse tipo de problema, recomendo fortemente *Algoritmos Para Viver: A ciência exata das decisões humanas*, de Brian Christian e Tom Griffiths.

Quando os acadêmicos pensam sobre esse problema explorar (prospectar)/explorar (obter resultados), eles geralmente se voltam para as formigas como um exemplo do equilíbrio apropriado entre as duas posturas.

Isso nos leva ao quebra-cabeça das forrageadoras errantes. Se o rastro de feromônio é um sinal tão confiável e quase todas rapidamente o detectam e começam a explorar a fonte de alimento, o que está acontecendo com essas poucas outras?

A resposta é que essas formigas continuam a explorar o território. Isso serve a um propósito vital para a colônia por dois motivos.

Primeiro, às vezes, as formigas serão forçadas a abandonar a fonte de alimento que estão explorando. Afinal, essas fontes podem ser instáveis. Os insetos podem ter má sorte. A fonte de alimento pode desaparecer. É melhor a colônia ter um plano B. Essas formigas que continuam a explorar estão procurando exatamente isso.

Segundo, mesmo que a fonte de alimento permaneça estável, isso não significa que não haja uma outra disponível e melhor do que aquela que estão explorando atualmente. Só porque há algo bom acontecendo para as formigas, isso não significa que não haja uma coisa melhor por aí.

Se todas entrarem no modo de exploração, e 100% delas marcharem em sincronia ao longo da mesma trilha de feromônio, nunca descobrirão a melhor fonte de alimento, porque nenhuma formiga estará procurando por ela.

Isso é ruim para a sobrevivência das formigas, porque, se houver uma fonte de alimento de melhor qualidade lá fora, os insetos deveriam estar mudando para ela, mas só podem mudar se a conhecerem.

É por isso que as formigas anarquistas não são anarquistas de forma alguma.

É claro que aqui temos uma lição para nós humanos. Quando as formigas chegam a um território, elas o exploram em busca de oportunidades. Assim que encontram uma oportunidade, uma fonte de alimento de alta qualidade, elas começam a explorá-la. Mas uma porcentagem delas nunca para de explorar. Isso permite que descubram planos B. Esses planos caem muito bem quando as formigas são forçadas a desistir, quando ficam sem sorte, e a fonte de alimento desaparece. Mas igualmente importante é que, às vezes, quando procuram um Plano B, encontram algo ainda melhor do que o Plano A.

É assim que precisamos pensar também. Quando encontramos algo que está funcionando para nós, seja um emprego, uma carreira, um produto que estamos desenvolvendo, uma estratégia de negócios ou até mesmo um restaurante favorito a que adoramos ir, continuar a explorar outras opções disponíveis é uma boa estratégia em um mundo tão incerto como o que vivemos.

Nunca pare de explorar.

Esse é o tópico para o qual voltaremos nossa atenção na última seção deste livro.

PARTE 4

O Custo de Oportunidade

CAPÍTULO 10

Lições Provenientes da Desistência Forçada

Q uando Maya Shankar tinha 6 anos de idade, sua mãe desceu com um pequeno violino do sótão da casa da família em Connecticut. A mãe de Maya havia levado o instrumento, que pertencia à própria mãe, consigo da Índia quando imigrou para os Estados Unidos. Os três irmãos mais velhos de Maya já haviam considerado o violino muito chato. Mas Maya ficou imediatamente fascinada por ele.

Ela rapidamente demonstrou um talento prodigioso. Aos 9 anos, fez um teste e foi aceita no programa pré-universitário da Juilliard School, o lendário conservatório de artes cênicas de Nova York. Todos os sábados, sua mãe a levava e buscava de um treinamento intenso de dez horas na Juilliard.

Maya se destacou, tanto que, aos 13 anos, conseguiu uma cobiçada audição com Itzhak Perlman, que é amplamente considerado um dos maiores violinistas de todos os tempos, tendo ganhado dezesseis prêmios Grammy, um Prêmio Grammy de Contribuição em Vida e quatro Emmys.

Perlman a aceitou como aluna particular. Maya Shankar, tendo conquistado tanto em pouco tempo, estava no caminho de uma carreira estelar nos mais altos níveis da música profissional.

Tudo isso foi tirado dela quando, um dia, durante o verão antes do seu último ano de ensino médio, Maya rompeu um tendão do dedo enquanto tocava uma parte difícil do Caprice nº 13.

Ela passou por uma cirurgia para reparar o tendão, mas a dor persistiu. No ano seguinte, ela tentou superar o desconforto tomando anti-inflamatórios. Maya acabou sendo diagnosticada, além do tendão rompido, com artrite reumatoide juvenil. Esse diagnóstico significava que não apenas teria que desistir de tocar violino, mas também enfrentaria um futuro em que sentiria dor todos os dias e, eventualmente, talvez não conseguisse andar.

Foi o fim repentino de uma carreira promissora.

A questão é: o que fazer quando se é forçado a desistir do objetivo pelo qual se trabalhou a vida inteira? A resposta é, claro, que é preciso começar a buscar uma nova meta a que aspirar.

Para todos nós, há momentos em nossas vidas em que o mundo nos faz parar o que estamos fazendo. Em um relacionamento, seu parceiro pode decidir terminar, mesmo quando você prefere ficar com ele. As pessoas perdem seus empregos o tempo todo. O empregador pode ficar insatisfeito com seu desempenho e mandá-las embora por esse motivo. Ou a demissão pode não ter nada a ver com o seu desempenho, e a empresa para a qual você trabalha pode precisar fazer cortes no orçamento ou simplesmente fechar. O mesmo pode ser verdade quando é você quem administra o negócio. Um funcionário pode desistir do trabalho. Um contratado confiável pode abandonar o navio e ir trabalhar para um concorrente. Você pode ficar sem capital e ser forçado a fechar.

Às vezes, você escolhe desistir e, outras, o mundo faz essa escolha por você.

É obviamente doloroso quando a decisão de desistir não é nossa. Mas, quando isso acaba acontecendo, todos nós temos que nos levantar, sacudir a poeira e procurar algo novo para fazer.

E foi exatamente isso que Maya Shankar fez. Depois de superar o ressentimento inicial de ter sua paixão — sua identidade — literalmente arrancada, ela se inscreveu na faculdade e foi aceita em Yale. Durante o verão antes de seu primeiro ano, encontrou um dos antigos livros didáticos de sua irmã no porão, *O Instinto da Linguagem*, de Steven Pinker. A ideia de estudar linguística, como ela diz, "iluminou meu cérebro".

Maya se formou em psicologia cognitiva em Yale, recebeu uma bolsa Rhodes e obteve seu doutorado em Oxford.

Enquanto estudava em Oxford, Shankar descobriu que sua artrite reumatoide havia sido diagnosticada erroneamente. Essa notícia foi um alívio para seu futuro, que ela temia que fosse limitado por uma condição física degenerativa. E, possivelmente, significava uma volta ao violino. Ela se apresentou algumas vezes e começou a procurar competições musicais de que participar, mas tocar violino em nível profissional não era mais uma opção por causa do tecido cicatricial acumulado em sua mão em cirurgias anteriores.

Depois de obter seu doutorado, ela voltou para os Estados Unidos e completou um pós-doutorado no Laboratório de Neurociência Cognitiva e de Sistemas da Universidade de Stanford. Enquanto estava lá, Shankar percebeu que estava infeliz na vida cotidiana de neurocientista, porque o trabalho que fazia significava passar horas sozinha, presa em um laboratório no porão, administrando e lendo imagens de ressonância magnética funcional.

Ela ansiava por colaboração. Queria um aspecto social em seu trabalho.

Ser forçada a largar o violino a ensinara isso sobre si mesma. Com a perspectiva que vem com o passar do tempo, Shankar percebeu que, embora houvesse muitas coisas que amasse em tocar violino, havia uma em particular de que ela realmente não gostava: a solidão de ser uma violinista solo.

No porão do laboratório de Stanford, ocorreu-lhe que estava trabalhando sozinha novamente, a própria característica que descobrira, em seu tempo como violinista, não ser para ela.

Então, Shankar desistiu.

Ela decidiu que, assim que concluísse o pós-doutorado, abandonaria a carreira acadêmica. Fez isso apesar dos ventos contrários cognitivos que estava enfrentando. Os mesmos ventos contrários que tantas pessoas cujas histórias foram contadas neste livro também precisaram enfrentar. Na verdade, esses são os mesmos obstáculos que todos nós temos que superar.

Obstáculos como custos irrecuperáveis, os dez anos de tempo e esforço que Maya dedicara para se formar. Seu apego aos programas de pesquisa que ela criara e conduzira, bem como todos os prêmios, bolsas de estudos e diplomas que ganhara ao longo do caminho. O que acompanhou esses diplomas foi um título de doutora que vinha antes do nome dela e fazia parte de sua identidade. Doutora Maya Shankar.

Eu suspeito que uma das razões pelas quais ela foi capaz de se afastar e superar todas aquelas coisas que burlavam a balança foi que sua experiência anterior com a desistência forçada a ensinara que, toda vez que se está perseguindo um objetivo, sempre há outras oportunidades que estão sendo negligenciadas. Você simplesmente não as vê porque não as está procurando. Tendo desistido, ela estava, mais uma vez, na posição de ter que descobrir o que fazer a seguir.

Os próximos passos não foram fáceis ou naturais para Shankar. Como ela me disse: "O que uma pós-doutora em neurociência cognitiva faz quando percebe que não quer ser uma acadêmica ou se tornar uma consultora geral de administração? Os caminhos não eram óbvios."

Em um casamento, ela encontrou sua orientadora de Yale, Dra. Laurie Santos, e elas marcaram de sair para tomar um chá. Santos lhe contou sobre um trabalho incrível com economia comportamental aplicada que estava acontecendo no governo, especificamente usando o poder da opção padrão para encorajar o comportamento positivo. Esses padrões são conhecidos como *nudges*, que ficaram famosos no best-seller *Nudge: Como Tomar Melhores Decisões Sobre Saúde, Dinheiro e Felicidade*, de Richard Thaler e Cass Sunstein. Santos conectou Shankar a Sunstein, que a apresentou ao conselheiro científico do presidente Obama, Tom Kalil, vice-diretor do Escritório de Política Científica e Tecnológica.

Shankar apresentou a Kalil a ideia de criar um novo cargo para ela, reunindo uma equipe de especialistas em ciências comportamentais para aconselhar agências federais sobre políticas baseadas em percepções comportamentais. Ele gostou dessas ideias e a contratou como consultora sênior de ciências comportamentais. Inicialmente, Maya não tinha orçamento, mandato nem equipe. Mas, em um ano, ela reuniu um grupo multidisciplinar de cientistas comportamentais, especialistas em políticas e criadores de programas, fundando e presidindo a primeira Equipe de Ciências Sociais e Comportamentais da Casa Branca.

Quando Obama deixou o cargo em janeiro de 2017, Shankar também saiu, tornando-se a diretora global de ciência comportamental do Google. Em 2021, ela também passou a criadora, apresentadora e produtora executiva do podcast *"A Slight Change of Plans"* [*"Uma Leve Mudança de Planos"*, em tradução livre], sem dúvida inspirada pelas mudanças significativas e nada pequenas em seus próprios planos.

A carreira de Maya Shankar foi pontuada por mudanças abruptas e, quer tenha sido forçada a desistir ou desistido voluntariamente, ela se deu mais do que bem.

Obviamente, as coisas nem sempre funcionam tão bem. Um tendão rompido nem sempre acaba com uma bolsa Rhodes. Abandonar os estudos nem sempre termina com um emprego na Casa Branca ou um cargo sênior no Google.

Mas, mesmo que a maioria de nós não esteja destinada a alcançar as coisas que Maya Shankar alcançou, ainda há algo em sua história para todos nós aprendermos. Se ela não tivesse rompido o tendão, nunca teria buscado a psicologia cognitiva, um caminho que acabou a levando à Casa Branca e, depois, ao Google, porque não estaria procurando outra coisa para fazer.

Você nem sempre encontrará algo melhor quando for forçado a desistir, mas, às vezes, sim. O problema é que a maioria de nós nunca descobre essas outras oportunidades porque não consegue sequer ver o que está procurando.

A lição aqui é que não devemos esperar até sermos forçados a encontrar um plano B. Devemos sempre explorar um pouco, especialmente porque, às vezes, o plano B pode ser melhor do que aquilo que você já está perseguindo.

Nesse Meio Tempo

Até os 26 anos de idade, eu estava me encaminhando profissionalmente para me tornar uma acadêmica e pesquisadora. Esse caminho começou na minha primeira semana como estudante de graduação em Columbia. Eu estava me candidatando a empregos de meio período e vi uma vaga para assistente de pesquisa da Dra. Barbara Landau, uma cientista cognitiva especializada em aquisição de primeira língua. Consegui o emprego e trabalhei para ela por quatro anos, todo o meu tempo na Columbia. Barbara se tornou uma mentora e amiga e me incentivou a estudar com seus mentores na Universidade da Pensilvânia, a lendária Lila Gleitman e seu igualmente lendário marido, Henry.

Passei cinco anos na Pensilvânia, ganhando uma bolsa da National Science Foundation e concluindo meu curso de doutorado, bem como a pesquisa para minha tese. No inverno do meu último ano de pós-graduação, consegui um punhado de entrevistas de emprego de prestígio em lugares como a Universidade de Nova York, a Universidade de Duke, a Universidade do Texas em Austin e a Universidade de Oregon. Eu estava a caminho de garantir um cargo estável.

Mas também, durante o último ano, eu estava lutando contra problemas estomacais crônicos, que estavam me causando muito desconforto e me deixando enjoada o tempo todo. Eu havia consultado um médico e recebido o diagnóstico de gastroparesia, um distúrbio potencialmente perigoso em que o estômago não se esvazia adequadamente. Meu plano era persistir, terminar minhas palestras, minha tese e, depois, voltar minha atenção para a saúde.

Mas meu corpo tinha um plano diferente.

Alguns dias antes da minha primeira entrevista na NYU, a doença se agravou, e acabei no hospital por algumas semanas, incapaz de engolir qualquer alimento ou líquido. Tive que adiar a entrada no mercado de trabalho. Fui forçada a tomar a decisão de tirar uma folga da faculdade para me recuperar e cuidar da minha saúde.

Como meu corpo exigia que eu tirasse uma licença da pós-graduação, eu não tinha mais a bolsa que me fornecia um modesto salário para viver.

Realmente precisava de dinheiro.

Foi quando comecei a jogar pôquer como uma alternativa nesse meio tempo. Isso foi uma década antes de o jogo se tornar onipresente na televisão e antes de o pôquer na internet ser uma realidade. A maioria das pessoas provavelmente nunca chegou a pensar que o pôquer poderia ser um trabalho.

Mas acontece que meu irmão, Howard Lederer, já jogava há dez anos, ganhando a vida em Nova York em jogos de apostas altas que incluíam alguns dos melhores jogadores da Costa Leste. Ele também já havia alcançado o sucesso em um palco maior, tendo chegado à mesa final do evento anual principal da World Series of Poker em Las Vegas aos 23 anos de idade, tornando-se, na época, o jogador mais jovem a alcançar esse feito.

Enquanto eu estava na pós-graduação, ele começou a se oferecer para pagar meu voo e me hospedar no Golden Nugget para que eu o acompanhasse durante sua jornada anual da World Series. Agarrei a oportunidade, já que obviamente não poderia pagar férias assim.

Foi nessas viagens que tentei, pela primeira vez, jogar pôquer de apostas baixas. Tendo assistido ao meu irmão jogar por horas quando eu estava na faculdade, na época em que ambos morávamos em Nova York, entendi o suficiente sobre o jogo para ter um sucesso modesto.

Quando fui abruptamente forçada a me afastar dos estudos, foi meu irmão quem sugeriu que eu jogasse pôquer para pagar as contas até que pudesse terminar minha tese e voltar à carreira acadêmica. Minhas circunstâncias impuseram muitos limites sobre o que eu poderia fazer para ganhar a vida. Eu não sabia como me sentiria no dia a dia, então precisava de horários flexíveis. Pretendia me tornar professora em algum momento do próximo ano, então, também precisava fazer algo de que pudesse facilmente desistir quando chegasse a hora.

O pôquer atendeu bem às minhas necessidades. Se houver um jogo acontecendo, você pode decidir jogar ou não. Pode escolher em quais dias trabalha, a que horas começa e quando quer sair do jogo. E, se quiser deixar o pôquer para fazer outra coisa, não precisa avisar ou se preocupar em incomodar alguém que depende de você.

O resto da minha história é bem conhecido. Apaixonei-me pelos desafios do pôquer, até mesmo pela versão jogada no lugar onde comecei, o porão enfumaçado de um bar em Billings, Montana. Eu estava estudando aprendizado e cognição, e o pôquer era uma aplicação real e de alto risco desses assuntos. Adorei o teste constante de me destacar em um ambiente com tanta incerteza, especialmente a descoberta de como superar os mesmos preconceitos sobre os quais falamos neste livro.

Não voltei para Pensilvânia na primavera seguinte... ou na outra.

Continuei com o pôquer, eventualmente ganhando um bracelete do campeonato da World Series of Poker, vencendo o WSOP Tournament of Champions, o NBC National Heads-Up Poker Championship e tendo uma longa e frutífera carreira. O que era para ser algo para fazer "nesse meio tempo" acabou durando dezoito anos.

Para mim, aos 26 anos de idade, qualquer carreira que não fosse a acadêmica era um território praticamente inexplorado. Mesmo no que diz respeito ao pôquer, quando jogava nessas viagens a Las Vegas, nunca me ocorreu que o jogo fosse algo além de uma diversão de férias e, talvez, algo que eu continuaria fazendo ocasionalmente como um hobby ao longo da minha vida.

Eu gostava do jogo e ganhava algum dinheiro jogando nas férias, mas pensar no pôquer como uma espécie de oportunidade era tão tolo que até brinquei com Lila sobre isso. Quando a vi pela primeira vez na faculdade depois de uma dessas viagens, disse a ela maliciosamente: "Eu me diverti tanto jogando pôquer que quase não voltei."

Nós duas rimos muito disso.

Para eu sequer pensar no jogo como uma opção de carreira séria, foi preciso ser forçada a deixar a faculdade, perder minha chance de passar para a próxima etapa da minha carreira acadêmica por pelo menos um ano, precisar desesperadamente de uma renda e ter opções severamente limitadas devido ao meu estado de saúde.

Tanto para mim quanto para Maya Shankar, bem como para qualquer pessoa que foi forçada a sair do caminho que perseguiu com tanta paixão, esses podem ser momentos de descoberta. Às vezes, a desistência forçada leva você a explorar novas oportunidades, como quando Maya descobriu seu amor pela ciência cognitiva. E, às vezes, ser forçado a desistir faz com que você veja com novos olhos as opções que estiveram bem debaixo do seu nariz o tempo todo.

Foi o que aconteceu comigo e com o pôquer.

O Que as Formigas Podem Nos Ensinar Sobre Planos B

O mundo é incerto. Independentemente do que você tenha decidido perseguir — um projeto, um esporte, um emprego, um relacionamento —, isso pode não estar lá amanhã. O mundo pode afastá-lo de você. Ou pode ser que você mesmo escolha abandoná-lo quando as circunstâncias do que estiver fazendo mudarem. Você pode estar em um emprego que ama com um chefe que lhe foi um mentor, mas esse chefe pode sair e ser substituído por alguém tóxico. Pode estar morando em um apartamento que ama, e seus novos vizinhos do andar de cima começam a dançar à meia-noite. Pode estar escalando uma montanha, e uma forte neblina pode aparecer.

Em todas essas situações, o valor esperado de seu caminho não é o mesmo de quando você o escolheu inicialmente.

Nem sempre é o mundo que muda. Às vezes, quem muda é você. Seus gostos, preferências e valores evoluem com o tempo. Um trabalho que você ama aos 20 anos pode não ser uma atividade que você ame aos 30. Talvez, quando mais jovem, oitenta horas semanais de trabalho de alta pressão sejam exatamente o que você esteja procurando. Mas, na casa dos 30 anos, você pode valorizar seu tempo de maneira diferente e estar menos disposto a sacrificar o tempo com sua família para progredir na carreira.

Não importa se é o mundo ou você que está mudando, às vezes, existe a opção de desistir e, outras, o mundo faz essa escolha por você.

De maneira realista, todos nós vamos enfrentar uma dessas duas situações em um contexto importante, provavelmente muitas vezes ao longo de nossas vidas. Em ambos os casos, explorar outras oportunidades e, pelo menos, *iniciar* um plano B é a base para facilitar a situação.

As formigas têm esse direito.

Se encontram algo que parece incrível, como uma melancia que rolou de uma mesa no pátio dos fundos e se espatifou no chão, pelo menos algumas delas ainda estão procurando outras fontes de alimento. Afinal, aquela melancia pode desaparecer depois que a família limpar ou lavar o recinto usando uma mangueira. Então, mesmo enquanto a melancia ainda está lá, algumas formigas continuam explorando.

Nós, humanos, infelizmente, muitas vezes não exploramos até sermos forçados a isso. A melancia de Maya Shankar era o violino. A minha era a psicologia cognitiva. Nenhuma das duas explorou intencionalmente os planos B porque nunca nos ocorreu que seríamos forçadas a desistir. Nenhuma de nós começou a procurar outra coisa que gostaria de perseguir, desde que tivéssemos o equivalente a uma fonte de alimento explorável. Isso também é verdade para muitas das pessoas que conhecemos neste livro.

Enquanto Stewart Butterfield estava focado no *Glitch*, ele nem notou o unicórnio bem debaixo de seu nariz. O Slack estava lá o tempo todo, mas foi preciso sair do *Glitch* para que ele visse seu potencial. Isso já havia acontecido com Butterfield uma vez, quando precisou ficar sem capital para o *Game Neverending* para perceber o potencial do Flickr.

Sasha Cohen foi forçada a deixar a patinação artística porque envelheceu. Isso a liberou de fazer algo no qual ela estava infeliz para explorar outras coisas que poderia buscar. Ela acabou se formando na Columbia, tornando-se gerente de investimentos do Morgan Stanley e começando uma família. Cohen encontrou muito mais felicidade do que havia experimentado nos últimos anos de sua carreira, quando estava infeliz nas turnês, mas só depois que foi forçada a sair em busca dela.

As formigas encontram o equilíbrio certo na exploração. A força da trilha de feromônio determina a porcentagem de forrageadoras que continuam a explorar, mas não importa o quão forte seja esse cheiro, o número de formigas explorando nunca cai para zero, o que faz todo o sentido. O planeta que as formigas habitam sempre contém alguma incerteza. As coisas mudam. Praticamente nada permanece o mesmo ou dura para sempre.

Claro, estamos vivendo no mesmo planeta. E devemos aprender essa lição nós mesmos.

As formigas se saíram extremamente bem. Sobreviveram por mais de 100 milhões de anos. Prosperaram em todos os tipos de clima e território. Elas se tornaram tão boas em sobreviver, em parte, porque estão sempre explorando.

Simplificando, esse pouco de exploração fornece à colônia um plano B, *antes* que ela seja forçada a abandonar uma fonte de alimento. Além disso, isso possibilita que as formigas encontrem algo melhor.

Nós, como humanos, faríamos bem em seguir o exemplo desses insetos e sempre explorar um pouco. Não devemos esperar sermos forçados a desistir para fazer isso.

Certa vez, quando eu estava palestrando para um grupo de profissionais de vendas, no final da palestra, um deles me perguntou se deveria conversar com outros recrutadores, embora amasse muito o trabalho que estava exercendo.

Eu lhe disse que, claro, deveria atender às ligações dos recrutadores. Primeiro, ele poderia ser demitido. A empresa (uma startup) poderia fechar as portas ou precisar reduzir sua força de vendas. Ter esses relacionamentos com os recrutadores certamente seria benéfico nessas circunstâncias. Da mesma forma, poderia acontecer algo que mudasse a maneira como o vendedor se sentia em relação ao seu trabalho dentro da empresa. O produto poderia começar a falhar ou um novo chefe de vendas com quem ele não se dá bem poderia assumir. Nesse caso, saber quais outras opções estavam disponíveis facilitaria muito mais uma tomada de decisão racional sobre sua permanência ou saída da empresa.

Ou nada poderia mudar. Esse trabalho ainda pode ter algo bom, e ele pode continuar a amá-lo, mas, se não explorar ocasionalmente com esses recrutadores, nunca descobrirá quando há algo melhor por aí.

É aqui que as formigas superam os humanos, porque uma formiga nunca me faria essa pergunta. Elas apenas atenderiam a ligação.

Notas do Metrô de Londres

Como as formigas, quando um passageiro se muda para uma nova cidade ou consegue um novo emprego em um novo local, ele começa explorando todas as maneiras diferentes de chegar ao trabalho para tentar descobrir a rota mais eficiente. Mas, ao contrário delas, uma vez que ele encontra uma de que gosta, essa rota rapidamente se torna o status quo, o ponto em que eles seguem o mesmo caminho de manhã e à noite e param de explorar alternativas.

A menos que sejam forçados a explorar.

Isso aconteceu em 2014 com muitas das 2 milhões de pessoas que fazem 2 viagens por dia na rede do metrô de Londres (conhecida como Underground ou Tube). O metrô inclui 11 linhas, 270 estações e mais de 400 km de trilhos, o que significa que existem muitas maneiras diferentes de ir do ponto A ao ponto B.

Em janeiro de 2014, o maior sindicato de transportes da Grã-Bretanha anunciou uma greve de 48 horas, começando na noite de terça-feira, 4 de fevereiro. Quando a greve começou, 171 das 270 estações fecharam nesses 2 dias. Isso significava que muitos passageiros foram forçados a explorar rotas alternativas.

Então, o que aconteceu quando muitos deles, apenas por 2 dias, tiveram que encontrar uma nova maneira de chegar ao trabalho? Shaun Larcom, de Cambridge, com os colegas Ferdinand Rauch, de Oxford, e Tim Willems, do Fundo Monetário Internacional, analisaram os dados para descobrir a resposta a essa questão de desistência forçada.

O que eles descobriram foi que, antes da greve, muitas pessoas faziam o caminho mais longo para chegar ao trabalho. Pode parecer surpreendente que tantos passageiros não tenham encontrado a rota mais curta possível, mas basta olhar para o mapa do metrô de Londres para entender o porquê.

Ele claramente não está desenhado em escala. Sua simplicidade, organização e simetria o tornaram um dos mapas de trânsito mais reconhecidos do mundo, mas é impossível usá-lo como meio para comparar a distância ou o tempo do trajeto do ponto A ao ponto B em linhas diferentes.

Quando essa grande interrupção aconteceu, 70% dos passageiros tiveram que encontrar uma nova rota para trabalhar nesses 2 dias. Após o término da greve, cerca de 5% mantiveram o novo trajeto que haviam descoberto. Essas pessoas reduziram o tempo de locomoção, em média, em mais de seis minutos por viagem. Dada uma viagem média de 32 minutos, aqueles que mudaram permanentemente seu trajeto reduziram seu tempo de deslocamento em aproximadamente 20%, o que significa que economizaram 12 minutos por dia, 1 hora por semana e 4 horas por mês.

Essas rotas alternativas estavam bem debaixo do nariz dos passageiros o tempo todo. Mas foi preciso que fossem forçados a desistir de sua maneira habitual de trabalhar para explorarem uma melhor.

Imagine quantas pessoas mais poderiam ter feito a troca, se a greve tivesse durado mais e elas tivessem que explorar por mais de dois dias. Essa é uma lição valiosa sobre por que devemos explorar, mesmo que não sejamos forçados a isso. Muitos londrinos aparentemente aprenderam essa lição porque, além dos 5% que mudaram permanentemente sua rota, os pesquisadores descobriram que, mesmo após a greve, houve um aumento na exploração de alternativas entre os passageiros.

Tendo passado pela experiência de serem forçados a desistir, eles começaram a se comportar mais como formigas.

Apenas um Dia

Mike Neighbors é um lendário técnico de basquete universitário feminino. Em suas primeiras 8 temporadas como treinador principal (2013 a 2021), incluindo 4 anos na Universidade de Washington e 4 na Universidade de Arkansas, suas realizações são quase inigualáveis em comparação aos técnicos da Divisão 1 da NCAA naquela gestão: 176 vitórias (a segunda melhor posição de todos os tempos) e 6 jogadoras convocadas para a WNBA, o que nenhum outro técnico conseguiu nesse período.

O técnico Neighbors atribui muito de seu sucesso à desistência.

Depois de mais de uma década trabalhando em várias escolas como assistente técnico, ele finalmente teve sua chance como treinador principal na Universidade de Washington em 2013. Neighbors herdou um programa no qual suas alunas atletas jogavam ou praticavam seis dias por semana, que era o status quo para times universitários de basquete. A NCAA exige que as jogadoras da Divisão 1 tenham, no mínimo, um dia de folga das atividades atléticas, de modo que praticamente todos os técnicos da NCAA tratam esse mínimo como máximo.

Depois de muitos anos perdendo, os Huskies se recuperaram nas duas temporadas anteriores sob o comando do técnico Kevin McGuff (que trouxe Neighbors como assistente). Quando McGuff assumiu o cargo de técnico principal no estado de Ohio, coube a Neighbors atender às crescentes expectativas.

Seu time se atrapalhou imediatamente, perdendo seus 2 primeiros jogos, incluindo uma derrota terrível, 91–77, na estreia, em casa, para a Universidade de Portland, um time que os Huskies venceram por 20 pontos no ano anterior sob o comando do técnico McGuff.

Eles melhoraram um pouco, indo para o recesso de fim de ano com 6–4, mas Neighbors percebeu que precisava fazer algumas mudanças. Lesões leves foram se acumulando, e ele notou que suas titulares não poderiam jogar pesado nas competições devido à intensidade dos treinos.

Durante o recesso, ele teve tempo e espaço para refletir sobre como poderia mudar as coisas e, no voo de volta para Washington, decidiu fazer uma mudança drástica.

Neighbor resolveu cortar mais um dia de treino por semana, conferindo a suas jogadoras dois dias de folga em vez de um.

Ele decidiu fazer essa jogada não convencional porque seu time estava sofrendo com lesões. Seus corpos estavam se desgastando, e o treinador sabia, por todos os seus anos como assistente técnico, que essas lesões se acumulariam com o decorrer da temporada. Ele supôs que o dia extra de descanso daria às suas jogadoras mais tempo na quadra quando mais importava — durante os jogos.

Para entender a ousadia dessa decisão, é preciso perceber que nenhum outro técnico da Divisão 1 fez algo assim. Isso foi no final de 2013, muito antes de a linguagem do autocuidado se tornar parte do zeitgeist. Ele sabia que estava correndo um risco e assumiria a culpa, se essa decisão não funcionasse. Mas, em suas palavras, se os Huskies e sua carreira de técnico estivessem indo mal, isso acabaria com ele.

Depois que o time voltou do recesso, quando a maioria dos técnicos estava tentando a todo custo extrair das jogadoras cada momento de treino que as regras da NCAA permitiam, o treinador Neighbors chocou o programa com o anúncio de seu plano de conferir ao time uma vantagem extra. Folga.

O treinador Neighbors imediatamente recebeu críticas de todas as direções. Ele ouviu, de dentro do programa de basquete masculino: "Elas estão desistindo. Nem estão tentando." Quando contou a seus mentores sobre esse plano, eles lhe disseram: "Cara, se você fizer isso, vai demitido." Sua principal recruta e melhor jogadora, a caloura Kelsey Plum, brigou com ele por causa da decisão: "Não estamos treinando o suficiente. Isso é estranho. Não vai funcionar."

Plum mudou de opinião, e suas companheiras de time compraram a ideia totalmente com base nas mudanças que notaram, começando em um jogo no mês seguinte contra o terceiro colocado de Stanford, que os havia derrotado por 35 pontos no ano anterior. Agora, no primeiro jogo de Neighbors na TV nacional, as jogadoras quebraram a sequência de 62 vitórias consecutivas de Stanford no Pac-12, com uma vitória chocante de 87-82.

Não foi por acaso. Washington terminou a temporada forte, ganhou uma oferta para o WNIT e venceu três jogos antes de perder nas quartas de final. Em sua segunda temporada, os Huskies voltaram ao torneio da NCAA. Um ano depois, eles chegaram à Final Four. No último ano daquela classe de recrutamento, foram um dos melhores times do país, terminando em 29-6 e chegando ao Sweet Sixteen. Cada equipe ganhava mais jogos do que a do ano anterior.

Quando a turma se formou, a *alma mater* de Neighbors, a Universidade de Arkansas, pediu-lhe que mudasse seu programa de basquete feminino, e ele se tornou o técnico principal dos Razorbacks. Em suas primeiras quatro temporadas no Arkansas, o programa teve o maior sucesso de sua história.

Os times do treinador Neighbors não ficaram menos competitivos ou começaram a ganhar menos por causa do dia extra de folga. Começaram a ganhar mais.

E aquele dia extra de folga não apenas deu às jogadoras mais vitórias na quadra. Esse dia extra lhes deu tempo e espaço para explorar outras oportunidades e interesses que não poderiam explorar se tivessem que estar na quadra para aquele dia extra de treino. Elas usaram aquele dia de maneiras que as beneficiaram muito depois de suas carreiras no basquete universitário.

É incrível o que você pode realizar em apenas um dia.

Algumas jogadoras com aspirações de jogar na WNBA, como Kelsey Plum, passaram o dia extra na academia. Ela teve uma das maiores carreiras de basquete universitário de todos os tempos e foi a escolha número 1 no *draft* de 2017 da WNBA.

Outras jogadoras usaram esse tempo para estudar mais, o que ajudou a aumentar suas médias de pontuação acadêmica, o que obviamente era bom para suas futuras perspectivas de carreira. Algumas exploraram novas carreiras em potencial. Uma jogadora trabalhou para obter sua licença imobiliária. Ela se tornou uma das corretoras de imóveis mais bem-sucedidas, vendendo casas de luxo na área de Seattle. Outra aproveitou a folga para conseguir um estágio na Nike. Ela passou a trabalhar lá após a formatura e avançou rapidamente na empresa.

Muitas pessoas acreditam (especialmente nos esportes, mas também em muitas outras atividades) que é preciso obstinação para ser bem-sucedido e que, se tiverem um plano B, aumentarão sua probabilidade de falhar. Mas o técnico Neighbors jogou pelos ares esse conceito. Embora muitas de suas jogadoras tenham criado um plano B para si mesmas durante aquele dia de exploração, suas equipes se saíram ainda melhor.

Diversificando Suas Oportunidades

O técnico Neighbors decidiu conferir a suas jogadoras um dia extra de folga porque estava tentando reduzir as lesões, mas o que aconteceu foi que elas puderam usar esse tempo para diversificar seus interesses, habilidades e oportunidades. Isso é semelhante ao que as formigas estão fazendo. Esses insetos, ao continuarem explorando, estão diversificando o portfólio de fontes de alimento para a colônia. Essa diversificação ajuda a mitigar os efeitos da má sorte. Se uma fonte de alimento secar, eles já têm outras opções disponíveis.

O poder da diversificação é, obviamente, bem conhecido no mundo dos investimentos. Os investidores querem um portfólio diversificado pela mesma razão que as formigas, para reduzir o impacto em seus resultados caso algum de seus investimentos desmorone.

Isso não é vale apenas para investidores ou formigas. Para qualquer um de nós, ter um portfólio diversificado de interesses, habilidades e oportunidades ajuda a nos proteger da incerteza.

Se não houvesse incerteza, e você soubesse, de fato, como tudo acabaria, não precisaria diversificar. Sua fonte de alimento sempre estaria disponível e sempre seria a melhor. Um investimento, aquele que trouxesse a certeza de um maior valor esperado, seria tudo do que precisaria em seu portfólio. Você só escolheria o melhor emprego e nunca o perderia.

Mas, é claro, não é assim que o mundo realmente é. E por isso que é melhor você atender a ligação do recrutador. Porque essa conversa exploratória pode protegê-lo, caso a empresa em que trabalha feche, ou haja demissões, ou você simplesmente decida que não gosta mais do seu trabalho.

Mesmo sem querer, ter o pôquer no meu portfólio me permitiu ter a quem recorrer quando a minha carreira acadêmica foi suspensa. Ter Flickr e Slack em seu portfólio permitiu a Stewart Butterfield uma rápida recuperação depois que *Game Neverending* e *Glitch* não deram certo.

Um dos objetivos de todos nós deve ser, tanto quanto possível, maximizar a diversificação de interesses, habilidades e oportunidades em cada um de nossos portfólios.

Existem todos os tipos de maneiras pelas quais você pode executar isso em sua própria vida. Por exemplo, em seu trabalho, é uma boa ideia explorar outras funções, pedindo para participar de qualquer integração ou treinamento que possa estar disponível, desde que isso não tenha um efeito negativo no trabalho pelo qual você é o principal responsável.

Explorar essas outras funções beneficia você de várias maneiras. Isso maximizará o número de empregos para os quais está qualificado e permitirá que experimente outras carreiras que talvez não tivesse considerado. Então, se o seu trabalho acabar por algum motivo, você terá mais coisas às quais recorrer para seguir em frente.

Às vezes, você pode descobrir que gosta mais de uma função diferente daquela que está fazendo no momento. Ter novas habilidades em seu portfólio, desenvolvidas por meio da exploração, permite que você mude para essa nova função com mais facilidade.

A mesma ideia vale para a sua educação. Não vá para a faculdade focado em apenas uma área. Pense em vários cursos que tenham recursos ou planos de carreira futuros que possam interessá-lo. Ao selecionar os cursos, escolha aqueles que atendem aos requisitos do maior número de áreas possíveis. Isso o ajudará a maximizar o número de opções disponíveis e a diversificar os conjuntos de habilidades que está desenvolvendo. Ao escolher um curso em detrimento de outro, considere selecionar aquele que deixa mais oportunidades de carreira em aberto.

Em seu primeiro ano de faculdade, você deve, essencialmente, se esforçar para "namorar" o maior número possível de cursos. Quando se trata de relacionamentos pessoais, esse período de exploração (namoro) o ajuda a tomar melhores decisões sobre com quem você acabará se comprometendo. Mas, ao contrário de um relacionamento sério, em praticamente qualquer outra coisa, seja na sua educação, carreira ou hobbies, ou mesmo no caminho que segue para o trabalho, a quantidade de exploração que você está fazendo nunca deve chegar a zero.

A diversificação não apenas oferece uma aterrissagem mais suave, se você for forçado a desistir. Ela também o ajuda a tomar decisões mais racionais sobre se afastar de algo que não vale mais a pena perseguir. Isso porque é mais fácil ir embora quando você sabe *para onde* está caminhando.

Ter outras opções disponíveis elimina um pouco da incerteza sobre o que vem a seguir, a qual pode impedir você de desistir.

A Philips certamente demonstra como é mais fácil desistir quando você já sabe melhor para onde está caminhando. Os irmãos Philips, há mais de um século, iniciaram um laboratório de inovação para que pudessem diversificar seu portfólio, desenvolvendo novos produtos e tecnologias. Esse laboratório iniciou a empresa no caminho da tecnologia médica. Ao continuar a diversificar seu portfólio de produtos, ela pôde abrir mão de oportunidades de menor qualidade, incluindo seu principal negócio de iluminação, bem como passar para as melhores oportunidades que havia descoberto ao longo do caminho.

É claro que, como tudo o mais que potencialmente melhora o comportamento de desistência, só porque seu portfólio é diversificado, não significa necessariamente que você fará ótimas escolhas de desistência e perseverança. Afinal, a Sears construiu um lucrativo e crescente império de serviços financeiros, do qual decidiu renunciar para tentar salvar seu frágil negócio de varejo.

Mas ter outras oportunidades, pelo menos, confere a você uma chance de fazer melhores escolhas de desistência e perseverança. Continuar a explorar novas oportunidades para aumentar a diversificação do seu portfólio ajuda quando você é forçado a desistir, quando o que está fazendo não vale mais a pena e quando está se dando bem, permitindo que veja quando houver uma oportunidade melhor do lado de fora.

De qualquer forma, não importa o motivo pelo qual você está desistindo, lembre-se sempre disto: o que você acha que é um plano de B geralmente se tornará seu plano A.

A Grande Renúncia

Em março e abril de 2020, quando a Covid-19 atingiu os Estados Unidos com força pela primeira vez, a pandemia criou um grande evento de desistência forçada. Apenas nesses 2 meses, 20 milhões de pessoas perderam seus empregos, chegando a 1 milhão por dia.

Para aproximadamente 28 milhões de pessoas nos Estados Unidos empregadas nos setores de varejo, hospedagem e serviços de alimentação, o trabalho simplesmente parou. Não havia clientes. Um grande número dessas empresas fechou, de forma temporária ou permanente. Muitas outras tiveram que demitir, dispensar ou reduzir drasticamente as horas de seus funcionários restantes. O nível de incerteza para esses trabalhadores e empreendimentos permaneceu especialmente alto até o final de 2020.

Quando as pessoas começassem a se sentir mais à vontade para voltar às lojas, hotéis e restaurantes, era de se presumir que, depois de toda essa incerteza, aquelas que haviam sido demitidas desses empregos estariam ansiosas para voltar ao trabalho. Mas algo surpreendente aconteceu. A partir de abril de 2021, houve uma segunda onda de desistências em massa, só que, dessa vez, voluntária.

A Grande Renúncia havia começado.

Em abril, quase 4 milhões de pessoas deixaram seus empregos voluntariamente, o número mais alto que o Bureau of Labor Statistics contabilizou desde 2001. A maior taxa de desistência se deu pelos trabalhadores do setor de serviços, as mesmas pessoas que foram forçadas a desistir de seus empregos no início da pandemia. Mais de 1,3 milhão desses trabalhadores pediram demissão em abril. Em outras palavras, apenas naquele mês, cerca de uma em cada vinte pessoas que trabalhavam em serviços se demitiu.

Quase o mesmo número de funcionários dessas indústrias se demitiu voluntariamente em maio. Um novo recorde de desistência foi estabelecido em junho, que foi quebrado novamente em julho. E novamente em agosto.

Por que tantas pessoas que perderam seus empregos durante a pandemia decidiram pedir demissão quando esses empregos voltaram?

Com base no que aprendemos neste livro sobre a decisão de desistir, podemos fazer algumas suposições fundamentadas.

Em primeiro lugar, aqueles que perderam seus empregos no início da pandemia foram forçados a explorar outras opções que lhes poderiam estar disponíveis para ganhar a vida, algo que geralmente não teriam feito em outras circunstâncias. Isso lhes deu uma noção melhor da paisagem e permitiu que vissem oportunidades que poderiam estar negligenciando.

Em segundo lugar, isso também permitiu que eles reexaminassem suas próprias preferências. Da mesma forma que Maya Shankar descobriu que não gostava de trabalhar sozinha, ser forçado a desistir faz com que você se pergunte quais são as características de que gosta e não gosta no trabalho que tem feito. Você quer estar fisicamente presente em um local de trabalho ou prefere trabalhar remotamente? Quer trabalhar com horários mais flexíveis? Ama seu trabalho? Acha sua função gratificante? Há algo mais que o deixaria mais feliz? Pode parecer que as pessoas se fazem essas perguntas o tempo todo, mas, muitas vezes, é preciso que sejam forçadas a se afastar para que deem uma segunda olhada.

Em terceiro lugar, quando você está atualmente empregado, tem uma conta mental aberta. Ser forçado a desistir fez com que todas aquelas pessoas fechassem essas contas. Sabemos que, quando se tem uma conta aberta, é difícil desistir. Você sente que é um fracasso, que falhou ou desistiu. Existem tantas forças cognitivas trabalhando contra você. Mas, quando houve essa demissão em massa, as pessoas que foram forçadas a desistir tiveram que fechar essas contas mentais, limpando a lousa.

Quando isso acontece com você, seu *katamari* volta a ser uma pequena moita. Agora você se parece mais com as formigas que estão entrando em um novo território, explorando a área para ver o que existe lá.

Aliviados pela desistência forçada de todo aquele entulho, era mais fácil para aqueles que perderam o emprego se perguntarem: "O quanto eu realmente gosto do que estou fazendo?" Também foi mais fácil responderem racionalmente a essa pergunta, especialmente porque foram essencialmente forçados a explorar alternativas. Muitas pessoas descobriram que não queriam continuar fazendo o que estavam fazendo e que desejavam mudar para novas oportunidades.

Claro, você só pode mudar para algo novo se houver oportunidades para mudar, e, com a Grande Renúncia, houve a Grande Reabertura. Quando as coisas se abriram, isso trouxe uma criação recorde de empregos. Para aquelas pessoas que queriam mudar, havia muitas oportunidades de mudança.

A Grande Reabertura criou essencialmente um portfólio mais diversificado de oportunidades para quem as procurava.

Esse crescimento muito acelerado de novos empregos ocorreu em muitos setores, mas o aumento nas saídas e trocas voluntárias foi mais concentrado entre aquelas que foram forçadas a deixar seus empregos durante o início da pandemia. Como os passageiros do metrô de Londres depois que as linhas voltaram a funcionar, aqueles que perderam seus empregos continuaram a explorar mesmo depois que esses cargos voltaram.

Eles aprenderam a lição das formigas: *não espere ser forçado a desistir para começar a explorar alternativas.*

Deixados por conta própria, tendemos a nos concentrar no que estamos fazendo, praticamente excluindo qualquer outra coisa. Não é só que não exploramos outras oportunidades. Não as notamos quando estão bem na nossa frente. Ficamos míopes. Essa incapacidade de ver outras coisas que podem estar disponíveis, além de todas as outras forças que impedem a desistência, dificulta mudar o que estamos fazendo, porque, afinal, como você pode mudar para algo que nem ao menos sabe que existe?

É para essa miopia que vamos voltar nossa atenção a seguir.

Resumo do Capítulo 10

- Ser forçado a desistir força você a começar a explorar novas opções e oportunidades. Mas é preciso começar a explorar antes de ser forçado a isso.
- Mesmo depois de ter encontrado um caminho que deseja seguir, continue explorando um pouco. As coisas mudam, e, independentemente do que você esteja fazendo agora, esse pode não ser o melhor caminho a seguir no futuro. Ter mais opções lhe confere algo para que mudar quando for a hora certa.
- A exploração ajuda você a diversificar seu portfólio de habilidades, interesses e oportunidades.
- Um portfólio diversificado ajuda a proteger você contra a incerteza.
- É bom ter um plano B, especialmente porque alguns deles podem se tornar melhores do que os que já estamos buscando.

CAPÍTULO 11

A Miopia das Metas

A Maratona de Londres de 2019 foi a maior da história do evento, com mais de 42 mil corredores completando os 42 km. Com tantos inscritos, não é de se estranhar que a corrida tenha sido recheada de histórias e conquistas inusitadas. O Guinness World Records anunciou a conquista de 38 títulos naquele dia, incluindo "a maratona mais rápida com 2 corredores algemados juntos (mista)", "a maratona mais rápida com corredores vestidos de árvore de Natal (masculina)" e, estranhamente, 4 minutos mais lento que a equipe das árvores de Natal, "a maratona mais rápida com corredores vestidos de árvore (masculina)".

E depois há a história de Siobhan O'Keeffe. A corredora treinou quatro meses para o evento e esperava terminar o percurso em cerca de cinco horas. Seu tornozelo começou a doer depois de ultrapassar 6 km na corrida e continuou piorando. Mesmo assim, ela continuou correndo, ignorando os sinais que seu corpo lhe enviava.

Depois de mais 6 km, o osso da sua fíbula se partiu ao meio.

Por que alguém com o tipo de dor crescente que O'Keeffe estava sentindo continuaria correndo até que sua perna quebrasse?

Se uma pessoa que estivesse planejando correr uma maratona *soubesse* que quebraria a perna no quilômetro doze, todos nós certamente compartilhamos a intuição de que ela nem começaria a corrida. E, se você perguntasse a alguém que já começara a maratona se ele desistiria de correr *antes* de quebrar a perna, dado o nível de dor que deve preceder tal lesão, a resposta também seria um enfático "sim".

O'Keeffe frustra a intuição. E o caso fica ainda mais estranho.

Os médicos a aconselharam a parar de correr — não é surpresa, o osso da fíbula havia partido ao meio —, mas ela recusou. Correu os últimos 23 km com dores quase insuportáveis e *terminou a maratona* em 6h:14min:20s.

Você pode pensar que esta é uma história bizarra, estranha e única, mas, na verdade, não é tão incomum quanto parece. Na verdade, naquele mesmo dia, na mesma maratona, na mesma altura do percurso, *outro* corredor quebrou o pé e correu os 23 km restantes. Steven Quayle, a 12 km de distância, pisou em uma garrafa de água solta, machucando o pé direito, a panturrilha e o quadril. A dor continuou piorando. No quilômetro dezesseis, ele teve que parar em uma tenda de fisioterapia para receber assistência médica, a primeira de quatro ou cinco paradas feitas antes de terminar a corrida em 3h:57min:33s.

Quatro semanas depois, na Maratona de Edimburgo, Mike Lewis Copeland fraturou a fíbula no quilômetro 25. A dor era diferente de tudo o que já havia experimentado, mas ele continuou mancando, arrastando aquela perna, contando os últimos 13 km, até terminar em 4h30.

Na Maratona de Londres de 2014, Graham Colborne fez exatamente a mesma coisa que Steven Quayle em 2019: aos 12 km, pisou em uma garrafa de água, quebrou um osso do pé e correu os 23 km restantes em absoluta agonia.

Uma rápida pesquisa no Google revela várias outras histórias, apenas da Maratona de Londres. Em 2012, Darren Oliver quebrou uma perna 1,6 km após o início do evento e correu 40 km com fortes dores para terminar. Na maratona de 2021, Angie Hopson sentiu dores desde o início, que se tornaram tão excruciantes que ela precisou parar depois de 10 km, mas apenas por um breve período. Hopson correu os últimos 32 km e, no dia seguinte, descobriu que havia feito isso com uma perna quebrada.

Muitas dessas lesões ocorreram com corredores de longa distância dedicados. Ao continuarem correndo apesar da dor, eles não estavam apenas arriscando a saúde ou a aflição de uma lesão mais grave. Também estavam colocando em risco sua capacidade de treinar e participar de corridas futuras, algo que eles claramente amavam e priorizavam em suas vidas. Tanto Oliver quanto Hopson lamentaram o tempo que precisariam perder até correr novamente.

Lewis-Copeland, que completou a Maratona de Londres em 2019 antes de fraturar a fíbula em Edimburgo, reconheceu que sua recuperação e reabilitação o impediriam de correr em mais seis maratonas naquele ano.

Por que esses corredores desconsideram sua dor a ponto de quebrarem alguma parte do corpo para continuarem avançando? E, novamente, após a lesão, por que eles continuam, colocando em risco sua capacidade futura de disputar outra corrida?

Porque há uma linha de chegada.

Linhas de chegada são uma coisa engraçada. Ou você as alcança, ou não. Ou tem sucesso, ou falha. Não há meio-termo. O progresso ao longo do caminho importa muito pouco.

Quando consideramos como é infundada a nossa intuição de que iremos embora quando as circunstâncias deixarem claro que é isso que devemos fazer, esses maratonistas nos ajudam a entender por que entendemos tudo errado. Depois de iniciar a corrida, o sucesso é medido apenas pelo cruzar da linha de chegada. E mesmo uma perna quebrada não nos fará desistir diante da escolha entre falhar e continuar com dor.

O Problema Com a Aprovação/Reprovação

Os benefícios de estabelecer metas são bem conhecidos. Elas definem um objetivo principal e conferem a você algo pelo que lutar. Elas o motivam a persistir quando as coisas ficam difíceis. Tem sido repetidamente demonstrado que metas desafiadoras e específicas levam você a trabalhar mais e são mais eficazes do que as mais amorfas e gerais. Se disser: "Quero correr 25 km por semana" ou "Gostaria de aumentar minha média acadêmica em meio ponto no próximo semestre", você progredirá mais para alcançar essas coisas do que se disser: "Eu gostaria de correr mais" ou "Quero me esforçar mais nos estudos".

Mas, só porque há muitos benefícios em definir metas, não significa que não haja uma desvantagem para elas também. Como você já deve suspeitar, linhas de chegada claramente definidas devem vir com um aviso: *Perigo, você pode experimentar uma escalada de compromisso.*

Maurice Schweitzer, da Wharton School, e Lisa Ordóñez, então da Universidade do Arizona, com vários outros estudiosos, incluindo Max Bazerman, Adam Galinsky e Bambi Douma, foram coautores de uma série de artigos que defendem que as metas têm um lado sombrio. Eles apontam inúmeras consequências negativas do estabelecimento de objetivos, várias das quais interferem no comportamento racional de desistência. Em particular, eles observaram a natureza de aprovação e reprovação das metas, sua inflexibilidade e como persegui-las leva a ignorar outras oportunidades que possam estar disponíveis.

O argumento que os autores estão manifestando é que, embora as metas nos ajudem a ser mais corajosos, a garra nem sempre é uma virtude. Como você já sabe, ela é boa para fazê-lo se ater a coisas difíceis que valem a pena, mas também o faz se apegar a coisas difíceis que não valem mais a pena.

Em parte, o que torna as metas eficazes é que elas fazem você se concentrar na linha de chegada e o motivam a continuar. Mas a dualidade é que elas também evitam que você desista em uma situação ruim, porque o fazem focar a linha de chegada e o motivam a continuar.

Por quê? Em parte, porque as metas classificam o desempenho como aprovado ou reprovado.

Para entender por que a natureza de aprovação e reprovação das metas pode impedir o progresso e aumentar o aumento do comprometimento, considere este experimento mental. Em qual caso você se sente pior? Se nunca tentar correr uma maratona, ou se tentar participar dela e tiver que parar depois de 25 km? No primeiro caso, você nem treina para a maratona, nunca a inicia e nunca a termina. Corre 0 km. No segundo caso, você decide tentar, treina, começa e, 25 km depois, tem que desistir.

Acho que todos nós compartilhamos a intuição de que o último caso seria pior, mesmo que essa versão sua tenha treinado para corrida de longa distância e realmente tenha corrido 25 km de um percurso de 42 km, em comparação com a sua versão que nunca saiu do sofá.

A razão pela qual isso parece pior é que, se você não tentar, se nunca começar a corrida, não há como falhar em alcançar a linha de chegada, porque, em primeiro lugar, você nunca definiu isso como uma meta para si mesmo.

A natureza do binômio aprovação/reprovação nas metas impede seu progresso, porque impede que você comece as coisas por medo de não conseguir concluí-las. Sem dúvida, a pessoa que treinou e correu 25 km de uma maratona está em melhores condições em termos de saúde do que a que nunca começou. Se sua meta é ser mais saudável, a pessoa que tentou claramente fez mais progresso em direção a esse objetivo.

Mas para muitos de nós, esse medo de ficar aquém nos faz não querer começar.

Como Richard Thaler brincou: "Se uma medalha de ouro nas Olimpíadas é a única nota que garante aprovação, você não quer fazer sua primeira aula de ginástica."

Uma vez que definimos uma meta, é a partir dela que nos medimos. Se estivermos correndo em uma maratona, qualquer coisa que não seja 42 km é um fracasso. É assim que as metas exacerbam a escalada de compromisso, porque qualquer coisa que não seja a linha de chegada é inaceitável para nós. Não importa o que estiver acontecendo no mundo ou o que estiver acontecendo com nossos corpos. Não queremos sentir que fomos reprovados.

Vamos continuar correndo em direção à linha de chegada até que nossa perna quebre.

Quando se trata de nossa aversão a fechar contas nas derrotas, essa natureza da aprovação/reprovação piora esse problema. Assim que você define uma meta ou um objetivo, coloca-se imediatamente nas perdas, pelo menos em relação à sua distância da meta. Assim que cruza a linha de partida, falta chegar à linha de chegada.

Quando um economista fala sobre estar nos ganhos ou nas perdas, ele está falando se você está ganhando ou perdendo atualmente em comparação com o ponto de partida. Mas, como costuma acontecer, quando se trata de metas, nossa cognição se importa muito pouco com o que os economistas têm a dizer.

Estar nas perdas é tanto um estado de espírito quanto qualquer outra coisa. Não nos vemos ganhando, embora tenhamos ultrapassado o ponto de partida, porque não estamos nos medindo com base no quanto avançamos além da linha de partida. Estamos nos medindo com base na distância até a linha de chegada.

Porque não queremos fechar contas mentais nas perdas, vamos apenas continuar correndo em direção à linha de chegada, mesmo que sintamos que nossa perna vai quebrar, e mesmo depois que isso acontecer.

Se você retornar do monte Everest estando a 90 m do cume, sentirá que falhou. Esse deve ter sido o sentimento que ficou com Rob Hall e seu cliente Doug Hansen quando eles retornaram, mesmo chegando tão perto do cume em 1995, um ano antes da expedição narrada no livro de Jon Krakauer. Não importa que Hansen tivesse subido mais de 8.500m, algo que poucos humanos já conseguiram.

Hansen expressou esse sentimento de fracasso em relação ao ano anterior de forma tão pungente quando disse a Krakauer: "O cume parecia muuuuito próximo. Pode acreditar, não houve um dia desde então em que eu não pensei nisso."

Quando Hall convenceu Hansen a voltar e tentar novamente, isso deu início às perdas de ambos. Eles abriram uma nova conta, uma segunda tentativa para escalar o Everest, e qualquer coisa além da chegada a esse cume significaria falhar novamente.

Hall se sentiu compelido a deixar Hansen alcançar a linha de chegada desta vez, de modo que ele, apesar de ser considerado um guia extremamente metódico e líder de expedição, esperou duas horas no cume pela chegada de Hansen, muito depois do tempo de retorno que estabelecera para seus clientes. Claro, isso acabou em tragédia para os dois.

O progresso ao longo do caminho deveria contar para alguma coisa, mas nós o descartamos porque as metas se baseiam em aprovação/reprovação, tudo ou nada, sim ou não. Não há crédito parcial conferido.

Ao todo, a natureza de aprovação/reprovação delas pode impossibilitar o progresso, causar uma escalada de compromisso e nos impedir de considerar como um sucesso a evolução que temos ao longo do caminho.

O lamentável em tudo isso é que essas linhas de chegada costumam ser arbitrárias.

Se completar 5 km no contexto de uma corrida de 5 km, você conseguiu. Mas, se isso é tudo o que corre durante uma meia maratona, fracassou. Se correr 21 km no contexto de uma meia maratona, você teve sucesso, mas, no contexto de uma maratona completa, falhou. E o sucesso de correr 42 km se torna um fracasso, se você estiver tentando uma ultramaratona.

Para entender por que Sasha Cohen suportou três anos de tristeza após as Olimpíadas de 2006, precisamos apenas pensar sobre a natureza de aprovação/reprovação das metas. A linha de chegada de Cohen, indo para as Olimpíadas de 2006 como favorita, era ganhar uma medalha de ouro. Ela falhou, de maneira literal e figurada, quando tropeçou em seu programa longo e teve que se contentar com a prata.

Ser o segundo melhor do mundo conta pouco quando o objetivo é ser o primeiro. E, assim, Cohen continuou patinando infeliz nas apresentações, ficando por perto para tentar alcançar a linha de chegada mais uma vez em 2010. Quando, por dois lugares, ela não conseguiu entrar para a equipe olímpica de 2010 e finalmente envelheceu, isso a forçou a fechar aquela conta mental. Cohen se sentiu livre, aliviada do fardo imposto pela natureza de aprovação/reprovação das metas.

As metas funcionam, mas, às vezes, o fazem a ponto de nos levar a ignorar sinais claros de que não vale a pena continuar perseguindo o objetivo em questão. Quando uma meta é de tudo ou nada, as escolhas disponíveis são, essencialmente, não começar ou se ater à meta, aconteça o que acontecer.

Isso é parte do que cria o paradoxo da desistência. O bom de ter a opção de desistir é que ela facilita que nós tomemos decisões sob incerteza. Sempre que decidimos fazer algo, seja começar uma corrida, subir uma montanha, abrir um negócio ou iniciar um relacionamento, estamos tomando essa decisão com informações incompletas em um mundo que é conjectural. Estamos sob a influência do destino. O mundo pode mudar. Nós podemos mudar.

Para quase tudo em que escolhemos acreditar ou que escolhemos fazer, teremos a opção de mudar de ideia ou ir embora em algum momento no futuro. Quando enfrentarmos essa decisão, geralmente teremos informações muito melhores do que no momento em que fizemos a escolha original de começar.

Mas essa opção de desistir só é útil se realmente a usarmos. O problema é que não a usamos, e aqui vemos o porquê. Uma vez que começamos, nós nos colocamos nas perdas. Estamos longe do nosso objetivo, o progresso ao longo do caminho não conta quase nada.

Isso nos faz seguir em direção à linha de chegada, que se dane a perna quebrada.

Metas Fixas em um Mundo em Transição

Para agravar o problema da aprovação/reprovação, uma vez que estabelecemos uma meta, raramente a revisamos. As metas tendem a ser estabelecidas e esquecidas. A linha de chegada não se move.

Se não houvesse incerteza, e o mundo não mudasse, isso não seria um problema, porque qualquer que fosse o objetivo principal pelo qual você estivesse lutando, ele não apenas seria o certo para você, mas também permaneceria como tal. Claro, o mundo é incerto e muda. Isso significa que nossas metas devem mudar em resposta. Mas as metas que estabelecemos são notavelmente insensíveis a novas informações.

Sempre que definimos uma meta, fazemos concessões. Há todos os tipos de coisas diferentes que valorizamos — dinheiro, tempo com nossa família, disponibilidade para hobbies e amigos, nossa saúde, a sensação de ajudar outras pessoas, e assim por diante. Não há meta que possamos definir que nos permita maximizar tudo o que valorizamos.

Por sua natureza, as metas privilegiarão certas coisas que valorizamos em detrimento de outras. Essencialmente, estamos nos perguntando: "O que eu quero alcançar e do que estou disposto a desistir para obtê-lo?" Provavelmente, os benefícios de perseguir a meta superarão os custos.

Um objetivo é a expressão desse ato de equilíbrio. Em outras palavras, estamos tentando maximizar nosso valor esperado, e as metas que definimos para nós mesmos devem nos ajudar a fazer isso.

Por exemplo, se você definir a meta de completar uma maratona, há coisas que espera conseguir e outras das quais espera desistir. A sensação de realizar algo difícil pode ser importante para você. Ou a meta reflete a importância que atribui ao condicionamento físico. Ou talvez como acha bom correr ao ar livre. Ou muitas outras coisas. O que você quer e a importância relativa da meta são específicos para você.

O mesmo vale para os sacrifícios que está disposto a fazer em termos de outras coisas que pode valorizar. Treinar para uma maratona, naturalmente, significa sacrificar seu tempo livre com a família ou os amigos, ou a possibilidade de buscar outros hobbies dos quais você possa gostar. A maioria de nós valoriza nosso conforto físico, e você claramente tem que desistir disso em algum grau. O desconforto rotineiro e as lesões fazem parte da corrida e do treinamento de longa distância. Você provavelmente está considerando que terá que passar um certo tempo fora de casa quando estiver frio ou chovendo e, às vezes, sair nessas condições de manhã cedo, em vez de dormir até tarde.

Ao estabelecer metas para sua carreira, você também faz esse tipo de análise de custo-benefício. Se seu objetivo é começar a gerenciar uma empresa da Fortune 500, você priorizará certas coisas que valoriza (como avançar em sua carreira ou riqueza) em detrimento de outras, das quais está disposto a desistir (como ter uma profissão pouco estressante na qual você não leva seu trabalho para casa).

Seja de forma explícita ou implícita, a meta que você define é um fator para uma equação de valor esperado, equilibrando os benefícios que está tentando obter com os custos com que terá de arcar para tanto.

Tudo isso faz parte do processo de definição da meta. Mas o que acontece com esse cálculo depois que você define a meta e a persegue?

Depois que definimos um objetivo, ele se torna um objeto fixo. Essa coisa que substitui outra se torna o próprio objeto. A meta é aquilo que estamos tentando alcançar, em vez de todos os valores expressos e equilibrados quando a definimos originalmente.

Ela se torna fixa mesmo quando todos os insumos que levaram à escolha desse objetivo específico evoluem. As condições no mundo mudam. Nosso conhecimento muda. Os pesos que atribuímos aos benefícios e aos custos mudam. Nossas preferências e valores mudam.

Com essas mudanças, se executássemos novamente a análise de custo-benefício, o resultado certamente seria diferente. Mas não reanalisamos.

Para alcançar as coisas que queremos, precisamos ser receptivos à maneira como o mundo está mudando ao nosso redor e à maneira como nós mesmos estamos mudando. Isso significaria nos desvencilharmos de nossas metas, mas não fazemos isso naturalmente.

Junto a isso, a aprovação/reprovação e a natureza fixa das metas nos levam a continuar em direção à linha de chegada, mesmo quando ela não é mais a direção para a qual deveríamos estar correndo.

Objetivos inflexíveis não são adequados para um mundo flexível.

Toda Meta Precisa de, Pelo Menos, uma Ressalva

Metas são ferramentas poderosas. Elas podem possibilitar que realizemos coisas que valem a pena. Mas o simples fato de ter uma meta pode causar uma escalada de compromisso, na qual você acaba se apegando a um objetivo que não é mais a melhor forma de alcançar o que deseja.

Claro que, em parte, é a natureza fixa das metas que causa essa confusão. Uma vez que definimos um objetivo, aprendemos novas informações. O mundo muda. Nós mudamos. Resolvemos certos problemas complicados. Criar metas mais flexíveis é uma maneira de resolver isso.

Uma ressalva é algo poderoso. Acrescentar algumas ressalvas bem pensadas aos nossos objetivos nos ajudará a alcançarmos a flexibilidade que estamos buscando, a sermos mais receptivos ao cenário em transição e a reduzirmos a escalada de compromisso com causas perdidas.

"Vou seguir com esse lead, *a menos que* não consiga um executivo na sala."

"Vou continuar no meu emprego, *a menos que* precise levar meu trabalho constantemente para casa ou comece a odiar o início do dia de trabalho, e esse sentimento persista."

"Vou continuar desenvolvendo este produto, *a menos que*, nos próximos dois meses, eu não consiga atingir os padrões claros que estabeleci com meu treinador de desistência."

"Vou continuar a correr esta maratona, *a menos que* eu quebre um osso."

É por isso que ter critérios de eliminação é tão importante. Quando você define uma meta, criar uma lista de critérios de eliminação fornece as ressalvas necessárias para você ser mais racional sobre a hora certa de ir embora.

Esses critérios de eliminação podem considerar o que o mundo está sinalizando para você, como observar o comportamento que lhe diz que seu chefe é tóxico, ou as taxas de juros que estão subindo, ou uma névoa que está se aproximando ou uma pandemia que está começando.

Ou podem considerar mudanças pessoais, seja a dor que você pode sentir, precedendo a quebra da fíbula ou, como no meu caso, uma doença que você está enfrentando se tornar aguda.

Ou podem considerar apenas que suas preferências mudaram ou que as coisas que você valoriza evoluíram. Que um emprego na indústria de serviços não é mais para você. Ou que o esporte que você amava agora o deixa infeliz.

Para tornar essas ressalvas mais eficazes, precisamos criar fortes contratos de compromisso prévios que estabeleçam como seguiremos esses critérios de eliminação. Então, para ter certeza de que estamos escolhendo as ressalvas que nos levarão à resposta mais rápida sobre se vale a pena perseguir o que estamos fazendo, precisamos fazer o trabalho de identificar os macacos e pedestais.

Fazer isso com um treinador de desistência que possa responsabilizar você por essas ressalvas é ainda melhor.

Elas, é claro, exigem planejamento antecipado. Você está tentando antecipar o máximo possível de cenários que podem se desenrolar. Mas não é possível antecipar todas as circunstâncias em que você pode permanecer e todas as circunstâncias em que pode desistir.

Isso significa que você deve verificar continuamente a análise de custo-benefício que representa a meta. Deve reavaliar, em uma cadência regular, se os valores que está tentando privilegiar ainda estão sendo privilegiados e se os valores de que está se privando, os custos que está suportando, ainda valem a pena. Essas verificações também oferecem uma oportunidade de reavaliar os critérios de eliminação antigos e definir novos.

Boas ressalvas nos permitem escapar da atração das metas de curto prazo que, na verdade, não nos ajudam a alcançar as de longo prazo pelas quais estamos lutando.

É muito fácil para nós cair na armadilha de tentar ganhar uma única mão de pôquer, ou na de garantir que não sairemos da partida como perdedores. Mas essas metas locais podem nos impedir de agir de uma forma que incorpore a realidade de que a vida é um jogo de longa duração. Isso significa que precisamos tentar maximizar o valor esperado ao longo de nossa vida, o que exige que, às vezes, desistamos dessas linhas de chegada intermediárias.

Existem muitas ressalvas que você pode aplicar no pôquer. Vou continuar jogando, a menos que eu tenha perdido uma certa quantia de dinheiro, ou a menos que novos jogadores tenham entrado no jogo e sejam significativamente melhores do que os que saíram, ou a menos que eu tenha jogado além de um certo número de horas, ou que eu esteja me sentindo emotiva, cansada ou doente. As ressalvas podem nos tirar das forças que nos manterão jogando no curto prazo, perseguindo uma vitória, e alinhar nosso comportamento mais de perto com nossos melhores interesses de longo prazo.

Ater-se a algo que não vale mais a pena vai impedi-lo de colher os benefícios que foram a razão original para você definir a meta em primeiro lugar, ou vai fazer com que incorra em mais custos do que os com que você estava originalmente disposto a arcar.

Seus objetivos devem mudar, porque o mundo muda, e você também. Para acompanhar todas essas mudanças, é preciso verificar periodicamente se está seguindo o caminho mais rápido para a linha de chegada ou se está correndo para o lugar certo.

Distinguindo o Progresso ao Longo do Caminho

A visão de mundo que define o sucesso apenas pelo cruzar da linha de chegada é bastante rígida.

Não é só que precisamos definir metas mais flexíveis. Nós mesmos também precisamos ser mais flexíveis na forma como avaliamos o sucesso e o fracasso.

A maneira de aprovação/reprovação como vemos as metas é, por definição, inflexível e categórica, levando-nos a descontar ou ignorar completamente qualquer progresso que tenhamos feito. Isso significa que, para combatermos esse problema, precisamos encontrar maneiras de distinguir esse progresso, de celebrar as coisas que realizamos no caminho até a linha de chegada.

Se você está tentando escalar o Everest porque obtém muito valor desse desafio físico e mental, não está *objetivamente* nas perdas, se chegar ao Acampamento 1, 2, 3 ou 4, ou a 90m do cume, certamente não em comparação com não ter tentado nada.

Claro, essa não é a nossa experiência subjetiva. É isso que precisamos mudar.

Precisamos encontrar uma maneira de invertermos o roteiro e pararmos de nos medir apenas pela distância que nos falta até a linha de chegada. Precisamos começar a nos dar mais crédito pela distância que percorremos em relação ao início do caminho.

Se fizermos isso, uma medalha de prata parecerá muito menos decepcionante, porque, na realidade, ela é uma grande conquista, comparada ao ponto em que qualquer patinador artístico já começou. Fazer isso permitiria que você visse como ser aceito como aluno particular de Itzhak Perlman, ou, no meu caso, ter completado cinco anos de pós-graduação, é uma conquista.

É mais fácil distinguir e comemorar seu progresso em direção a uma meta se a meta em si não for tão tudo ou nada. Existem alguns objetivos que você define e não trazem muito valor, se não conseguir alcançá-los. Enquanto isso, existem outras metas que trazem muitas coisas de valor a realizar ou aprender ao longo do caminho, não importando se você realmente cruzou a linha de chegada.

Esses são os tipos de metas que devemos priorizar.

Isso é algo que Astro Teller realmente entende. Se ele puder escolher entre um projeto em que pouca tecnologia ou aprendizado resultará da tentativa e outro em que há muito a se obter dela, ele priorizará o projeto em que obterá mais valor ao longo do caminho.

O trem-bala oferece um exemplo de meta do tipo tudo ou nada. Construir trilhos era uma tecnologia antiga. Fazer o trem acelerar e correr em alta velocidade, da mesma forma, era algo que já havia sido descoberto. Realizar essas coisas não exigiria o desenvolvimento de nada novo. O macaco, a possibilidade de embarcar e desembarcar passageiros com segurança, era o desafio tecnológico. O problema era que eles precisaram construir todos aqueles pedestais antes de descobrirem se conseguiriam enfrentar aquele macaco. E, se não conseguissem enfrentá-lo, sairiam sem nada de novo.

Compare isso com um projeto como o Loon, cuja missão era levar acesso à internet para áreas remotas usando balões gigantes. Havia muitas abordagens diferentes para fazer os balões se comunicarem com o chão. Uma das primeiras coisas que tentaram foi inventar uma nova tecnologia laser para fazer isso. Ela acabou não sendo a melhor solução, então, adotaram uma abordagem diferente, mas a tecnologia a laser que desenvolveram se tornou muito valiosa para a X em um projeto posterior. A equipe de especialistas em laser do Loon se tornou parte da Taara, que está implementando um aumento significativo na largura de banda de telecomunicações.

Em grande escala, Teller está pensando muito sobre como criar uma cultura que celebre as vitórias ao longo do caminho, que celebre as corridas de 5 e de 10 km, bem como as meias maratonas, mesmo que não cheguemos a 42 km.

Essa é uma lição importante para os líderes em geral aprenderem, porque a maneira como lideramos pode exacerbar os problemas que tanto a aprovação/ reprovação quanto a natureza fixa das metas pode criar. Os líderes geralmente caem na armadilha de avaliar as pessoas apenas pelo fato de elas terem alcançado uma meta ou não. Quando fazem isso, estão aumentando o potencial da escalada de comprometimento.

Se os líderes agirem como se o sucesso dependesse apenas de atingir a meta, o objetivo ou o prazo, as pessoas que eles lideram aprenderão rapidamente que precisam cruzar a linha de chegada a todo custo. Elas não vão falar, se acharem que não vale a pena perseguir o objetivo por mais tempo. Não estarão dispostas a desistir, mesmo quando a situação o justificar, porque a liderança avaliará isso como um fracasso.

Uma das boas características das ressalvas é que elas oferecem outra maneira de ganhar. Um bom conjunto de critérios de eliminação significa que você pode vencer alcançando um objetivo *ou* seguindo com sucesso esses critérios de eliminação. Desistir quando for a hora certa é realizar algo valioso. Seguir uma ressalva lhe confere uma maneira de viver isso.

As ressalvas que atribuímos aos objetivos que definimos nos permitem seguir a metáfora do "processo acima do resultado". A meta em si é orientada para o resultado, mas as ressalvas se concentram no processo.

A Miopia Induzida Pelas Metas

Já vimos as maneiras pelas quais nossa fixação obstinada em alcançar uma meta pode nos impedir de ver evidências claras e óbvias de que devemos desistir, óbvias para alguém que não está vivendo isso, pelo menos.

Mas não é só que as metas nos levam a ignorar as mudanças que ocorrem ao longo do caminho em que estamos ou as que estão ocorrendo em nós mesmos enquanto seguimos esse percurso. Os objetivos também podem causar uma miopia que faz com que não possamos ver os outros caminhos que nos estão disponíveis, as outras oportunidades que poderíamos perseguir.

Você já está familiarizado com o problema da negligência do custo de oportunidade. O estabelecimento de metas pode exacerbá-lo. Uma vez que estabelecemos uma linha de chegada e um caminho para chegar até ela, tornamo-nos míopes, deixando de explorar outros caminhos que podem estar disponíveis para nós ou outras linhas de chegada que podem ser melhores para seguirmos.

Não os vemos, e isso não é apenas uma falha em nossa visão periférica.

A simples busca de um objetivo pode fazer com que deixemos de perceber o que está bem à nossa frente. Certamente foi o que aconteceu com Stewart Butterfield quando estava com o Slack debaixo do seu nariz. Ele não pôde apreciar totalmente seu potencial até sair do *Glitch*, fechando essa conta mental e se forçando a voltar ao modo de exploração. Foi certamente o que aconteceu comigo com o pôquer, que eu não via como uma carreira possível até ser forçado a deixar meu programa de pós-graduação.

Nossas vidas são melhores se tivermos um portfólio maior de habilidades e oportunidades disponíveis para nós. A miopia que as metas provocam limita o tamanho dessa carteira, porque não procuramos nem vemos alternativas.

Nesse quesito, as formigas se saem melhor do que os humanos, porque são uma colônia, uma coleção de indivíduos trabalhando juntos. Isso facilita as formigas examinarem *e* explorarem ao mesmo tempo. Algumas delas seguem a trilha do feromônio, enquanto outras exploram novas fontes de alimento. Mesmo que as formigas ao longo da trilha de feromônio sejam míopes, isso não importa para a colônia, porque outras forrageadoras ainda estão olhando ao redor.

Mas somos apenas nós. Você é apenas uma pessoa. Depois de estabelecer uma trilha de feromônio para seguir, torna-se míope, dificultando a visualização de outras oportunidades que suas amigas formigas estariam procurando.

Um dos estudos mais famosos que mostra que a fixação em uma tarefa ou objetivo pode fazer com que você literalmente não veja o que está bem à sua frente é o experimento do gorila invisível, conduzido pelos psicólogos de Harvard, Daniel Simons e Christopher Chabris, em 1999. Os participantes assistiram a um vídeo de um grupo de pessoas passando uma bola de basquete para frente e para trás e foram encarregados de contar o número de passes.

No meio do vídeo, uma mulher em um traje completo de gorila atravessou a cena.

Após completar a tarefa de contar o número de vezes que a bola de basquete foi passada, os participantes foram questionados se notaram algo incomum. Se respondessem que não, eram questionados se viram alguma coisa ou alguém além dos seis jogadores. Se dissessem não, eram questionados: "Você viu um gorila passando pela tela?"

Mais da metade dos participantes (56%) respondeu "não" a todas essas perguntas.

O gorila era óbvio para qualquer um que assistisse ao vídeo, sem receber nenhuma instrução para contar nada. De fato, quando os pesquisadores mostraram o vídeo uma segunda vez, os participantes ficaram constantemente chocados por terem deixado isso passar.

Se eles não podiam ver o gorila bem debaixo de seus narizes, o que você acha que está perdendo quando está perseguindo um objetivo?

É preciso ter muito cuidado com essa miopia, porque ela é contraproducente para a visão das oportunidades ao seu redor. Essa é outra razão pela qual desenvolver uma mentalidade exploratória é tão importante. Você precisa ter certeza de que tem uma boa visão da paisagem, de que está atendendo as ligações de recrutadores, de que está explorando outras funções e de que, de modo geral, está experimentando coisas novas para que possa começar a incrementar e expandir seu portfólio.

Treinadores de desistência também podem reduzir a miopia, porque geralmente conseguem ver melhor do que você as oportunidades disponíveis.

Desista de Pensar em Desperdício

Quando pensamos no atrito que dificulta a nossa desistência, podemos ver como o estabelecimento de metas se acumula no *katamari*. Detestamos fechar contas mentais nas perdas. Mas, assim que estabelecemos uma meta, começamos nas perdas. Isso amplifica a confusão causada por todos os outros preconceitos que burlam a balança, pendendo-a contra a desistência.

Somos apegados aos nossos objetivos, e eles podem facilmente se tornar parte de nossa identidade. Eles se tornam o status quo. Uma vez que começamos a nos dirigir a uma linha de chegada, acumulamos os custos irrecuperáveis de tempo, esforço e dinheiro gastos tentando chegar a ela.

O que dificulta tanto a desistência, se fôssemos resumir tudo o que falamos neste livro, é que, ao desistir, temermos duas coisas: que tenhamos falhado e que tenhamos perdido nosso tempo, esforço ou dinheiro.

Precisamos redefinir o que significa "falhar" e "desperdiçar".

Quando nos preocupamos que desistir significa que falhamos, em que exatamente estaríamos falhando? Se você desistir de algo que não vale mais a pena perseguir, isso não é um fracasso. É um sucesso.

A maneira como tendemos a pensar sobre o fracasso é parar antes de chegar ao objetivo, como não conseguir alcançar a linha de chegada. Mas, se você continua perseguindo algo que não vale mais a pena perseguir, isso não é um fracasso? Como começamos a redefinir o fracasso e a pensar nele como a falha em seguir um bom processo de decisão?

Sucesso significa seguir um bom processo de decisão, não apenas cruzar uma linha de chegada, especialmente se for a linha errada a cruzar. Isso significa seguir adequadamente os critérios de eliminação, ouvir nossos treinadores de desistência e reconhecer que o progresso que fizemos ao longo do caminho conta, e muito.

Também precisamos redefinir o desperdício. O que significa desperdiçar nosso tempo, dinheiro ou esforço? Nosso problema é que tendemos a pensar sobre essas coisas de maneira retrospectiva. Sentimos que, se nos afastarmos de algo, significa que desperdiçamos tudo o que investimos nisso.

Mas são recursos que já foram gastos. Você não pode recuperá-los.

Precisamos começar a pensar em desperdício como um problema voltado para o futuro, não para o passado. Isso significa perceber que gastar mais um minuto, dólar ou esforço em algo que não vale mais a pena é o verdadeiro desperdício.

Depois de pensar dessa maneira, você percebe quanto tempo foi realmente desperdiçado a serviço da ideia de que, se desistir, o tempo que já gastou terá sido gasto em vão. Basta olhar para o trem-bala da Califórnia, no qual continuam despejando dinheiro por medo de desperdiçar o tempo e o dinheiro dos contribuintes que já investiram.

Precisamos redefinir o fracasso. Precisamos redefinir o desperdício. Mas, em última análise, o que precisamos fazer é reabilitar a própria ideia de desistir.

Muitas coisas difíceis são dignas de se perseguir como metas, e a garra é benéfica para fazer você perseverar quando for o certo. Mas muitas coisas difíceis não valem a pena perseguir, e a capacidade de desistir quando for o certo também é uma habilidade que vale a pena desenvolver. Espero que este livro tenha lhe dado as ferramentas para fazer isso.

Em última análise, onde você está indo — onde todos nós estamos indo — é em direção a qualquer rota que tenha o maior valor esperado no percurso de nossas vidas. *Esse* caminho vai envolver muita desistência.

Ao contrário da crença popular, os vencedores desistem muito. É assim que eles ganham.

Resumo do Capítulo 11

- Metas podem possibilitar alcançar coisas que valem a pena, mas elas também podem aumentar as chances de amplificarmos o compromisso quando deveríamos desistir.
- As metas têm uma natureza de aprovação/reprovação. Ou você alcança a linha de chegada, ou não alcança, e o progresso ao longo do caminho importa muito pouco.
- Não meça apenas se você atingiu a meta, pergunte o que conquistou e aprendeu ao longo do caminho.
- Estabeleça metas intermediárias e priorize aquelas que lhe permitam reconhecer o progresso ao longo do caminho ou adquirir algo valioso mesmo sem alcançá-las.
- Os objetivos, quando definidos, são um substituto para uma equação de valor esperado, equilibrando os benefícios que você está tentando obter com os custos com que está disposto a arcar.
- Metas inflexíveis não são adequadas para um mundo flexível.
- Com um melhor planejamento antecipado (como a identificação de macacos e pedestais e critérios de eliminação) e a ajuda de um bom treinador de desistência, você pode tornar as metas mais flexíveis, definindo pelo menos uma ressalva e planejando avaliações regulares da análise que inicialmente o levou a definir a meta.
- Em geral, quando desistimos, tememos duas coisas: que tenhamos falhado e desperdiçado nosso tempo, esforço ou dinheiro.
- O desperdício é um problema voltado para o futuro, não para o passado.

AGRADECIMENTOS

Sou muito grata pela ajuda dos tantos cientistas, autores, inovadores, empreendedores, investidores e líderes que se envolveram comigo em discussões sobre a desistência e foram incrivelmente generosos com suas ideias e tempo: Stuart Baserman, Max Bazerman, Colin Camerer, Keith Chen, Ron Conway, David Epstein, Shane Frederick, Laurence Gonzales, Tom Griffiths, Alex Imas, Daniel Kahneman, Ken Kamler, Jennifer Kurkoski, Libby Leahy, Cade Massey, Michael Mauboussin, William McRaven, Michael Mervosh, Katy Milkman, Mark Moffett, Don Moore, Scott Page, Riley Post, Dan Raff, Eric Ries, Maurice Schweitzer, Ted Seides, Maya Shankar, Barry Staw, Hal Stern, Cass Sunstein, Joe Sweeney, Astro Teller, Phillip Tetlock, Richard Thaler, Tony Thomas, Richard Zeckhauser e Kevin Zollman.

Agradeço às pessoas que se dispuseram a compartilhar suas histórias comigo, o que me ajudou a desenvolver e refinar minhas ideias a partir de suas percepções conquistadas com muito esforço: Stewart Butterfield, Sasha Cohen, Mike Neighbours, Sarah Olstyn Martinez, Maya Shankar e Andrew Wilkinson. Agradeço também a Barry Staw, que, além de suas outras contribuições para este livro, passou horas comigo costurando a narrativa sobre seu grandioso pai, Harold.

Quero destacar a colaboração de Katy Milkman, Ted Seides e Richard Thaler. Katy e Ted liam os rascunhos de cada capítulo à medida que eu avançava, fornecendo-me feedback perspicaz e encorajamento ao longo do caminho.

Richard também leu muitas versões do manuscrito e passou horas comigo no Zoom, ajudando-me a esclarecer os conceitos apresentados no livro, muitos dos quais dependiam tanto da sua obra. *Desistir* ficou muito melhor por causa dessa parceria de pensamento, pela qual sou profundamente grata.

Também agradeço a Alex Imas, Daniel Kahneman, Barb Mellers, Don Moore, Dave Nussbaum, Ogi Ogas, Brian Portnoy, Barry Staw e Phillip Tetlock, que também leram rascunhos do trabalho em andamento e fizeram comentários inestimáveis.

Um aspecto da generosidade de meus amigos e colegas (e daqueles que se tornaram meus amigos enquanto eu escrevia este livro) foi a disposição de me colocar em contato com outras pessoas que eles achavam que poderiam me ajudar nessa jornada. Agradeço a Josh Kopelman por me apresentar a Stewart Butterfield, Ron Conway e Andrew Wilkinson; a Michael Mauboussin, por me apresentar a Sasha Cohen e Laurence Gonzales; a Richard Thaler, por me apresentar a Shane Frederick e Maya Shankar; a David Epstein, por me apresentar a Riley Post; a Max Bazerman, por me apresentar a Stuart Baserman; a Maya Shankar, por me apresentar a Jennifer Kurkoski, que, por sua vez, me apresentou a Barry Staw e Astro Teller; a Ted Seides, por me apresentar a Michael Mervosh; e a Mark Moffett, por me reconectar com Ken Kamler.

Este é meu terceiro livro com os mesmos pilares de apoio profissional: Jim Levine, Niki Papadopoulos e Michael Craig. Assim como os dois empreendimentos anteriores, este não teria sido possível sem esses queridos amigos.

Jim Levine alimentou este projeto desde o início. Além de sua óbvia perspicácia em proteger e promover meus interesses como meu agente, ele conseguiu, de alguma forma, ser constantemente encorajador e otimista, mantendo um olhar certeiro para desafiar qualquer coisa que, na sua opinião, tornaria o livro melhor à medida que o projeto evoluía.

Niki Papadopoulos moldou este livro passo a passo como editora. Sua atenção aos detalhes é incrível, e ela tem uma capacidade impressionante de entender e direcionar o fluxo e a organização de um livro. Eu confio completamente em seus instintos e julgamentos. Simplificando, Niki me entende. Não posso exagerar o quanto isso é importante para me ajudar no doloroso processo de escrever um livro, nem posso expressar o quanto este ficou melhor por causa dela.

Sou grata a Adrian Zackheim por sua torcida entusiástica neste projeto, assim como a todos na Portfolio e a toda a família Penguin Random House, incluindo Kimberly Meilun e Amanda Lang.

Sou profundamente grata a Michael Craig, que foi essencial para a produção deste livro. Além de ser um grande amigo, ele tem sido incrivelmente generoso com seus talentos como editor, pesquisador, participante do público-teste, colaborador de ideias e exemplos, compilador e organizador deste material. Tenho certeza de que este livro não existiria sem ele.

Também agradeço ao meu assistente de pesquisa, Antonio Grumser, bem como ao trabalho de Meghna Sreenivas no início deste projeto.

Este livro se beneficiou enormemente das informações e feedback que recebi de todas as empresas, conferências, grupos profissionais e executivos que me contrataram, conferindo-me a oportunidade de expor minhas ideias por meio de consultoria, treinamento, palestras e retiros ao longo dos anos. Um agradecimento especial ao pessoal da mParticle, que possibilitou uma ótima ilustração prática dos critérios de eliminação e me permitiu mencionar a empresa pelo nome.

Este livro é melhor por causa das experiências que tive trabalhando com a *Alliance for Decision Education*, uma organização sem fins lucrativos dedicada a desenvolver o campo da educação para decisões no K-12. Meus agradecimentos ao diretor executivo Joe Sweeney, a toda a sua equipe, ao conselho, ao conselho consultivo, ao conselho de embaixadores, a todos os convidados do podcast de educação para decisões da *Alliance* e aos que ajudam a apoiar a organização.

Agradeço a Jenifer Sarver, Maralyn Beck, Luz Stable, Alicia McClung e Jim Doughan pela ajuda constante e desesperadamente necessária para manter minha vida profissional em ordem.

Sou muito grata à minha família, ao meu marido, ao meus filhos, ao meu pai, aos meus irmãos e a toda a família deles. Esses são os principais responsáveis por me fazerem a pessoa mais feliz que já fui. Eles me apoiaram passo a passo desse caminho. Minha gratidão a eles vai além do que posso expressar em palavras.

Um último agradecimento à saudosa Lila Gleitman, minha mentora e melhor amiga. Até a semana em que faleceu, Lila perguntava sobre esse projeto, empolgada com o assunto e ansiosa para ser minha parceira de reflexões. O trabalho de um mentor vive através de seus alunos, e espero que ela tenha ficado orgulhosa do projeto finalizado. Tenho saudade dela todos os dias.

NOTAS

Prólogo

MUHAMMAD ALI

Os principais eventos da carreira de boxeador profissional de Muhammad Ali e da sua vida pós-boxe são amplamente divulgados. Além de em muitas outras fontes, você pode encontrar esses fatos estabelecidos nos seguintes livros sobre Ali: Jonathan Eig, *Ali: A Life* (Boston: Mariner, 2017); Dave Hannigan, *Drama in the Bahamas: Muhammad Ali's Last Fight* (Nova York: Sports Publishing, 2016); Thomas Hauser, *Muhammad Ali: His Life and Times* (Nova York: Simon and Schuster, 1991); David Remnick, *King of the World: Muhammad Ali and the Rise of an American Hero* (Nova York: Random House, 1998); David West, org., *The Mammoth Book of Muhammad Ali* (Nova York: Running Press, 2012).
O final desonroso de Ali contra Trevor Berbick nas Bahamas em dezembro de 1981 é o assunto do livro de Hannigan inteiro. Além disso, as seguintes fontes fornecem detalhes semelhantes e alguns adicionais sobre a série de problemas que dominaram a vitrine final do maior *showman* da história do esporte: BoxRec, "Trevor Berbick vs. Muhammad Ali" (incluindo citações de reportagens contemporâneas sobre a luta), modificado pela última vez em 3 de março de 2016, boxrec.com/media/index.php/Trevor_Berbick_vs._Muhammad_Ali; Mark Heisler, "From the Archives: Ali's Last Hurrah Turns into Circus with Few Laughs", *Los Angeles Times*, 5 de agosto de 2015 (data do artigo original, 12 de dezembro de 1981), latimes.com/sports/la-s-p-ali-last-hurrah-19811212-story.html. Veja também Eig; Hauser; Remnick; West.
O posterior diagnóstico de Parkinson de Muhammad Ali e o acúmulo de todos os castigos físicos, principalmente entre sua luta com Foreman e o fim de sua carreira, é descrito em profundidade em todos os livros citados acima.

GARRA VERSUS DESISTÊNCIA (FRASES INSPIRADORAS)

As frases inspiradoras específicas atribuídas à lista de luminares são as seguintes:
Babe Ruth: "Você simplesmente não pode vencer a pessoa que nunca desiste."
Vince Lombardi: "Quando você aprende a desistir, isso se torna um hábito." E, claro: "Os vencedores nunca desistem, e os desistentes nunca vencem."

Bear Bryant: "Nunca desista. É a desculpa mais fácil do mundo. Estabeleça uma meta e não desista até alcançá-la. Ao alcançá-la, estabeleça outro objetivo e não desista até alcançá-lo. Nunca desista."

Jack Nicklaus: "Resolva nunca desistir, nunca desistir, não importa qual seja a situação."

Mike Ditka: "Você nunca é um perdedor até parar de tentar."

Walter Payton: "Se você começar algo, não deve desistir; foi isso que nos ensinaram. Se você vai jogar, é melhor jogar para ser o seu melhor."

Joe Montana: "Meus pais, Joe e Theresa Montana, me ajudaram a melhorar e me ensinaram a nunca desistir e a me esforçar para ser o melhor."

Billie Jean King: "Os campeões continuam jogando até acertarem."

Conrad Hilton: "O sucesso... parece estar conectado com a ação. Homens de sucesso continuam em movimento. Eles cometem erros, mas não desistem."

Ted Turner: "Você nunca pode desistir. Vencedores nunca desistem, e desistentes nunca vencem."

Richard Branson: "Trate o fracasso como uma lição sobre como não abordar a conquista de um objetivo e, em seguida, use esse aprendizado para melhorar suas chances de sucesso quando tentar novamente. O fracasso só é o fim se você decidir parar."

Essas frases e inúmeras outras semelhantes podem ser encontradas em sites de compilam citações, como azquotes.com, brainyquote.com ou notable-quotes.com. Se você for a sites de compras como Amazon ou Etsy ou a diversos varejistas especializados, poderá encontrar a maioria delas em camisetas, canecas, pesos para papéis e pôsteres.

As fontes originais dessas citações não foram verificadas para este livro, embora o argumento aqui não seja o que qualquer um desses indivíduos realmente disse ou quis dizer. É que a mensagem a favor da garra é onipresente.

A fonte que investiga a atribuição incorreta de uma das raras citações a favor da desistência é o Quote Investigator, "Se na primeira você não conseguir, tente de novo e de novo. Então desista. Não adianta ser um idiota sobre isso." 11 de agosto de 2013, quoteinvestigator.com/2013/08/11/try-again.

GARRA VERSUS DESISTÊNCIA (SINÔNIMOS)

Os sinônimos para esses termos são dos sites merriam-webster.com e thesaurus.com e incluem diferentes formas dessas palavras, bem como sinônimos para "perseverança".

ENVOLTO EM EUFEMISMO (LINDSEY VONN)

Lindsey Vonn postou seu anúncio de aposentadoria no Instagram em 1º de fevereiro de 2019 (instagram.com/p/BtWBLQsnKXD). Seus feitos profissionais notáveis e inúmeras reviravoltas face a ferimentos graves são mencionados por Bill Pennington, "Lindsey Vonn to Retire", *New York Times*, 1º de fevereiro de 2019; Clare Menzel, "Lindsey Vonn's Toughest Recovery Yet May Be Healing the Heartbreak of Retiring", *Powder*, dezembro de 2019.

ENVOLTO EM EUFEMISMO (THE BUTCHER GAG)
A mordaça de Milton Berle apareceu em Milt Rosen, org, *Milton Berle's Private Joke File: Over 10,000 of His Best Gags, Anecdotes, and One-Liners* (Nova York: Three Rivers, 1989), 118.

Capítulo 1

O OPOSTO DE UMA GRANDE VIRTUDE TAMBÉM É UMA GRANDE VIRTUDE
Quando comecei a pensar em desistência como tema para um livro, discuti o assunto com Phil Tetlock, um mentor e amigo. Uma das coisas que ele disse naquela conversa, parafraseando uma grande citação do passado, foi "O contrário de uma grande virtude é uma virtude. O contrário da garra é a desistência, que também é uma grande virtude."
Essa ideia foi um norte inicial para mim no desenvolvimento deste livro. Na verdade, ela compõe *duas* grandes citações. Thomas Mann, em um ensaio de 1929 sobre Sigmund Freud, disse: "Uma grande verdade é uma verdade cujo oposto também é uma verdade." De acordo com Hans Bohr, filho do físico e vencedor do Prêmio Nobel Niels Bohr, uma das máximas favoritas de seu pai era "Verdades profundas [são] reconhecidas pelo fato de que o oposto também é uma verdade profunda." (Quando o rei Frederico IX da Dinamarca conferiu a Ordem do Elefante a Niels Bohr em 1947, o físico desenhou um brasão com o lema *Contraria sunt complementa* ("os opostos são complementares").

OS HOMENS INVISÍVEIS NO TOPO DO MUNDO
Grande parte da informação sobre a narrativa do Everest vem de *Into Thin Air: A Personal Account of the Mount Everest Disaster*, de Jon Krakauer (Nova York: Villard, 1997). Também revisitei partes do livro de memórias de Lou Kasischke, *After the Wind: Tragedy on Everest, One Survivor's Story* (Harbor Springs, MI: Good Hart, 2014), especialmente p. 125-127 (sobre a importância dos horários de retornos de escalada no Everest) e 167-179 (com seu relato em primeira pessoa da decisão de retroceder no dia da escalada do cume em 1996).
Existem pequenas diferenças nas duas versões, o que é compreensível pelo caos da situação e pela dificuldade de pensar com clareza nessas condições extremas. Kasischke é mais específico em identificar o horário de retorno da escalada de Rob Hall declarado anteriormente (13h) do que Krakauer (13h ou 14h). Kasischke também coloca a hora em que Stuart Hutchison e John Taske disseram a ele que estavam voltando como "perto do meio-dia", que é um pouco mais tarde do que o período de 11h às 11h30 mencionado por Krakauer. Kasischke também menciona brevemente ter seguido os outros alpinistas, continuando até o cume antes de tomar a decisão de, como Hutchison e Taske, retornar ao Acampamento 4.
Também tive a sorte de ter a oportunidade de discutir a tomada de decisões no alto do Everest com Ken Kamler, que foi médico em quatro expedições à montanha. Isso incluiu uma expedição de 1995, quando ele deu meia-volta a apenas 300 pés do cume, e uma de 1996, quando estava a um dia de tentar, ele mesmo, subir até o topo e abandonou a ideia para fornecer assistência médica a sobreviventes gravemente

feridos. Tive conversas e troquei correspondências com o Dr. Kamler para este livro, bem como discuti suas experiências no Everest e as tomadas de decisões em "Episode 013: Everest and Extreme Decision-Making with Dr. Ken Kamler", *The Decision Education Podcast*, 8 de setembro de 2021, alliancefordecisioneducation.org/podcasts/episode-013-everest-and-extreme-decision-making-dr-ken-kamler. Veja também Ken Kamler, *Doctor on Everest* (Adarsh, 2014, reimpressão).

Ken Kamler deu motivo para que as taxas de mortalidade na descida do cume aumentassem oito vezes. Sua visão sobre a febre do cume, embora expressa por outros, influenciou os exemplos de tomada de decisão de alpinistas que usei ao longo do livro: "Seu objetivo se torna chegar ao cume, e você esquece todo o resto. Mesmo considerando o fato de alcançar o topo, está apenas na metade do caminho. Eles acham que o objetivo final é chegar ao cume, mas não é. O objetivo é descer de volta."

Para escrever este livro, também conversei com Laurence Gonzales, autor e palestrante sobre tomada de decisões em ambientes perigosos. Gonzales me ajudou com sua visão sobre como não "vemos" os desistentes: "Desistir é um anátema. Você nem vê quando acontece na sua frente. Isso é algo importante. Temos que aprender a enxergar a desistência, porque todos imitamos uns aos outros. Imitamos a vitória. Você enxerga jogadores de futebol erguendo os punhos no ar. Também precisa enxergar os desistentes."

DESISTIR É UMA FERRAMENTA DE TOMADA DE DECISÃO

Para obter descrições e vantagens quanto à estratégia de desenvolvimento de "produto mínimo viável", veja Eric Ries, *The Lean Startup*. Exemplos famosos de empresas que começaram com MVPs incluem Amazon, Foursquare, Groupon, Zappos, Airbnb e Facebook. Laura Holton, "11 Standout Examples of Minimum Viable Products", MYVA360, myva360.com/blog/examples-of-minimum-viable-products.

Soube pela primeira vez sobre a dedicação de Richard Pryor à experimentação na Comedy Store no episódio 2 do documentário em cinco partes da Showtime, *The Comedy Store*, 2020, escrito e dirigido por Mike Binder. Detalhes complementares e adicionais sobre Pryor, seu processo e a Comedy Store aparecem nos seguintes livros: William Knoedelseder, *I'm Dying Up Here: Heartbreak and High Times in Stand-Up Comedy's Golden Era* (Nova York: PublicAffairs, 2009); Kliph Nesteroff, *The Comedians: Drunks, Thieves, Scoundrels and the History of American Comedy* (Nova York: Grove, 2015). As referências ao lugar de Pryor na história da comédia stand-up são do site *Ranker*, "Comedy Central's 100 Greatest Standups of All Time", atualizado em 24 de junho de 2021, ranker.com/list/comedy-central_s--100-greatest-standups-of-all-time-v1/celebrity-insider; Matthew Love, "50 Best Stand-Up Comics of All Time", *Rolling Stone*, 14 de fevereiro de 2017, rollingstone.com/culture/culture-lists/50-best-stand-up-comics-of-all-time-126359/richard-pryor-2-105990. Citações de elogio e reconhecimento sobre Pryor aparecem em richardpryor.com, "Praise of Richard Pryor", richardpryor.com/praise.

O CANTO DA SEREIA DA CERTEZA

Em uma de minhas conversas para este livro com Richard Thaler, ele disse: "A única vez em que você tem certeza de que deve desistir é quando não é mais uma decisão."

O SUPER BOWL É UM CEMITÉRIO CORPORATIVO

O jornalista Jon Erlichman (@jonerlichman) twittou de maneira brilhante no dia do Super Bowl de 2021 uma lista de algumas das empresas que anunciaram durante a primeira aparição de Tom Brady no evento dezenove anos antes: twitter.com/jonerlichman/status/1358528486076526592?s=21.

"SABER QUANDO PERMANECER, SABER QUANDO CEDER": MAS, PRINCIPALMENTE, QUANDO CEDER

O compositor Don Schlitz escreveu a letra de "The Gambler" em 1976. A forma mais famosa da música foi gravada por Kenny Rogers e lançada em um álbum homônimo, produzido por Larry Butler, em novembro de 1978. O *single* da canção foi lançado em 15 de novembro de 1978.

Capítulo 2

As informações biográficas sobre Stewart Butterfield e os detalhes do seu desenvolvimento de *Game Neverending*, Flickr, *Glitch* e Slack são das seguintes fontes: Carlos Chicas Berti, "Slack Co-founder Stewart Butterfield on Thriving through Failure", *Business Class*, outono de 2018, onlineacademiccommunity.uvic.ca/gustavson/2019/05/01/slack-co-founder-stewart-butterfield-on-thriving-through-failure; E.B. Boyd, "A Flickr Founder's Glitch: Can a Game That Wants You to Play Nice Be a Blockbuster?", *Fast Company*, 27 de setembro de 2011, fastcompany.com/1783127/flickr-founders-glitch-can-game-wants-you-play-nice-be-blockbuster; Deborah Gage, "Slack Raises $80 Million Fund to Support Platform Strategy", *Wall Street Journal*, December 15, 2015, blogs.wsj.com/digits/2015/12/15/slack-raises-80-million-fund-to-support-platform-strategy; Erin Griffith, "Slack Stock Soars, Putting Company's Public Value at $19.5 Billion", *New York Times*, 20 de junho de 2019, nytimes.com/2019/06/20/technology/slack-stock-ipo-price-trading.html; Reid Hoffman, "How to Turn Failure into Success: Lessons from Slack's Stewart Butterfield on the *Masters of Scale* Podcast", *Medium*, 12 de abril de 2018, reid.medium.com/how-to-turn-failure-into-success-lessons-from-slacks-stewart-butterfield-on-the-masters-of-scale-dfad48f2bbd2; Reid Hoffman, "*Masters of Scale* Episode Transcript: Stewart Butterfield", *Masters of Scale*, mastersofscale.com/stewart-butterfield-the-big-pivot; Mat Honan, "The Most Fascinating Profile You'll Ever Read about a Guy and His Boring Startup", *Wired*, 7 de agosto de 2014, wired.com/2014/08/the-most-fascinating-profile-youll-ever-read-about-a-guy-and-his-boring-startup; Maya Kosoff, "14 Surprising Facts about Slack CEO Stewart Butterfield", *Inc.*, 2 de setembro de 2015, inc.com/business-insider/behind-the-rise-of-stewart-butterfield-and-slack.html; Daniel Thomas, "The $5bn Tech Boss Who Grew Up without Electricity", BBC, 24 de junho de 2018, bbc.com/news/business-44550312; Aaron Tilley, "Salesforce Confirms Deal to Buy Slack for $27.7 Billion", *Wall Street Journal*, 1º de dezembro de 2020, wsj.com/articles/salesforce-confirms-deal-to-buy-slack-for-27-7-billion-11606857925.

Explicações específicas sobre o processo de Butterfield para desistir do *Glitch* e iniciar o Slack vieram das conversas que tive com Stewart Butterfield para a escrita deste livro. Referências a e-mails e informações sobre marketing e aquisição e retenção de clientes são provenientes das cópias desses materiais que ele compartilhou comigo durante e após essas conversas.

DESISTA ENQUANTO VOCÊ AINDA TEM ESCOLHA
As informações sobre a taxa de sucesso de contratações gerenciais e o custo de um erro médio de contratação são da introdução de Geoff Smart e Randy Street, *Who: The A Method for Hiring* (Nova York: Ballantine, 2008).

DECISÕES DE DESISTÊNCIA SÃO DECISÕES DE VALOR ESPERADO
As informações sobre Sarah Olstyn Martinez vêm de nossas conversas e correspondências quando ela me procurou para obter conselhos e para este livro. A fonte de informações sobre violência com armas de fogo no bairro de North Lawndale em Chicago é um artigo de Veronica Fitzpatrick *et al*. "Nonfatal Firearm Violence Trends on the Westside of Chicago Between 2005 and 2016", *Journal of Community Health* 44, no. 5 (2019): p. 866–73.

VIAJANTES DO TEMPO VINDOS DO PASSADO
As informações sobre o uso desse conceito pelo almirante McRaven em decisões militares são provenientes de conversas e correspondências com William McRaven para a composição deste livro.

JOGANDO CARA OU COROA
Veja Steven Levitt, "Heads or Tails", 2021.

SALTANDO SOBRE O TUBARÃO
Fred Fox Jr., um escritor e produtor de TV extremamente bem-sucedido entre meados dos anos 1970 e o final dos anos 1990, é creditado como o escritor do episódio da série *Happy Days* (junto com Garry Marshall como criador da série) que foi "acusado" de apresentar o exemplo original de saltar sobre o tubarão. Fox escreveu uma defesa espirituosa e bem-humorada do episódio. Veja em Fred Fox Jr., "First Person: In Defense of 'Happy Days' 'Jump the Shark' Episode", *Los Angeles Times*, 3 de setembro de 2010, latimes.com/archives/la-xpm-2010-sep-03-la-et-jump-the--shark-20100903-story.html. Este artigo também inclui informações sobre a data de exibição, classificações e audiência do episódio.

O VÍNCULO DA DESISTÊNCIA
As informações e citações dessa seção são das seguintes fontes: Jim Carnes, "Dave Chappelle Lets Rude Crowd Have It, Sticks Up for Cosby Comment", *Sacramento Bee*, 17 de junho de 2004; Christopher John Farley, "On the Beach with Dave Chappelle", *Time*, 15 de maio de 2005, content.time.com/time/magazine/article/0,9171,1061415,00.html; Josh Wolk, "EW Investigates the Disappearance of Dave Chappelle", *Entertainment Weekly*, 16 de maio de 2005, ew.com/article/2005/05/16/ew-investigates-disappearance-dave-chappelle; Kevin Power, "Heaven Hell Dave Chappelle", *Esquire*, 30 de abril de 2006; Oprah, "Chappelle's Story", 3 de fevereiro de 2006, oprah.com/oprahshow/chappelles-story; Hilton Als, "Who's Your Daddy?", *New Yorker*, 14 de julho de 2014, newyorker.com/magazine/2014/07/07/whos-your-daddy; CBS News, "Dave Chappelle on Fame, Leaving 'Chappelle's Show' and Netflix Special", 20 de março de 2017, cbsnews.

com/news/dave-chappelle-netflix-comedy-fame-leaving-chappelles-show; Biography, "Dave Chappelle", 29 de janeiro de 2018, biography.com/performer/dave--chappelle.

Capítulo 3

O estudo seminal sobre a dependência dos taxistas em relação às decisões diárias de desistência ou permanência, baseadas no cumprimento de sua meta de ganhos, vem de Camerer *et al.*, "Labor Supply of New York City Cabdrivers", 1997.

O economista de Princeton Henry Farber conduziu três estudos que questionam os estudos de Camerer *et al.* Veja Farber, "Is Tomorrow Another Day?", 2005; Farber, "Reference-Dependent Preferences and Labor Supply", 2008; Farber, "Why You Can't Find a Taxi in the Rain", 2015.

O estudo de Farber de 2005 descobriu que os efeitos da parada dos motoristas de táxi na sua renda diária eram pequenos. Mas ele descobriu que os taxistas usavam uma heurística referencial nas horas diárias passadas no táxi. Isso melhorou o comportamento que Camerer encontrou, mas ainda não era o ideal para tomar decisões sobre desistir ou permanecer com base na demanda. Em seu estudo de 2008, ele concluiu: "Embora possa haver um nível de referência de renda em um determinado dia, de modo que haja um aumento discreto na probabilidade de parar quando esse nível de renda for atingido, o nível de referência varia substancialmente dia a dia para um determinado condutor. Além disso, a maioria dos turnos termina antes que o nível de renda referencial seja atingido."

Seu estudo de 2015, baseado em dados de todas as corridas de motoristas de táxi em Nova York de 2009 a 2013, contradiz Camerer mais diretamente, concluindo que "há pouca evidência de que a dependência de referência seja um fator importante na determinação da oferta de trabalho dos taxistas de Nova York". Ele também observou o papel positivo da experiência: "A estimativa da elasticidade da oferta de mão de obra cresce substancialmente com a experiência, e novos motoristas com pouca elasticidade na oferta de mão de obra têm maior probabilidade de desistir."

Dois estudos com motoristas de táxi de Singapura relataram resultados semelhantes aos de Camerer. Veja Chou, "Testing Alternative Models of Labor Supply", 2002; Agarwal *et al.*, "Labor Supply Decisions", 2013.

O economista da Universidade de Notre Dame, Kirk Doran, relatou, em um estudo de 2014, que, em coerência com os resultados de Camerer, "muitos trabalhadores diminuem suas horas diárias em resposta a aumentos salariais de curto prazo que duram menos de um dia". Doran, "Long-Term Wage Elasticities", 2014.

GANHOS DE PAPEL E PERDAS DE PAPEL

O material apresentado no Capítulo 3 sobre aspectos da obra de Daniel Kahneman foi moldado por minhas conversas e correspondência com Kahneman durante o processo de redação deste livro.

Richard Thaler também moldou este capítulo (e outros, como veremos) por meio das nossas conversas e correspondência enquanto eu escrevia este livro.

Kahneman e Tversky expuseram pela primeira vez a teoria do prospecto em "Prospect Theory: An Analysis of Decision under Risk", 1979. Eles desenvolveram uma versão subsequente dela em "Advances in Prospect Theory", 1992. Kahneman descreveu em detalhes a teoria do prospecto em *Thinking, Fast and Slow*.

Um artigo de 2020 de Kai Ruggeri e mais de trinta coautores resumiu a enorme influência da teoria do prospecto: "É difícil exagerar o nível de importância que a Teoria do Prospecto teve na ciência, na política, no gerenciamento, nos serviços financeiros, no governo e além." Ademais, eles citam a teoria do prospecto como "a estrutura teórica mais influente em todas as ciências sociais" e "o artigo econômico mais citado que também está entre os mais citados nas ciências psicológicas". Esta lista internacional de coautores recriou os métodos e procedimentos do estudo *Econometrica* original em dezenove países e treze idiomas. Eles concluíram que "os princípios da teoria do prospecto se replicam além de quaisquer limites razoáveis". Ruggeri et al., "Replicating Patterns of Prospect Theory", 2020. Veja também a versão pré-publicação, "Not Lost in Translation", 2019.

Devido à importância da aversão à perda como um aspecto da teoria do prospecto, as citações acima também descrevem os fundamentos da aversão à perda de Kahneman e Tversky. Veja também Kahneman e Tversky, "Choices, Values, and Frames", 1984; Tversky e Kahneman, "Loss Aversion in Riskless Choice", 1991. Nathan Novemsky e Kahneman descreveram uma história de aversão à perda, incluindo numerosas contribuições teóricas e experimentais de outros cientistas. Novemsky e Kahneman, "The Boundaries of Loss Aversion", 2005, 120. Para algumas estimativas da dimensão da assimetria do impacto emocional das perdas em comparação com ganhos equivalentes, veja Kahneman, *Thinking, Fast and Slow*, 284; Thaler, *Misbehaving*, p. 34.

DESISTIR ENQUANTO VOCÊ ESTÁ À FRENTE?

Um dos poucos aforismos que incentivam a desistência é "Desista enquanto estiver ganhando." A citação se originou com um padre jesuíta chamado Baltasar Gracian, que a escreveu como conselho em um livro de 1647 chamado *A Arte da Sabedoria Mundana*. (Gracian acrescentou: "É o que todos os melhores jogadores fazem.")

PEGUE O DINHEIRO E CORRA

O estudo mencionado nesta seção é Heimer et al., "Dynamic Inconsistency", 2020 e 2021. Esta seção também tem como base minhas conversas e correspondências com Alex Imas para a escrita deste livro.

A pesquisa e as percepções de Imas foram especialmente valiosas, porque seu estudo analisou especificamente a desistência de comerciantes de varejo, comparando-a com a desistência *planejada* (na forma de ordens de lucro e ordens *stop-loss*). A tendência geral dos investidores ao vender investimentos favoráveis muito cedo e manter investimentos desfavoráveis por muito tempo está bem documentada. Veja, como exemplo, o famoso estudo de Terrance Odean "Are Investors Reluctant to Realize Their Losses?", 1998.

QUÃO INTELIGENTE É O DINHEIRO INTELIGENTE?

O trabalho de Henry Farber é citado na nota sobre motoristas de táxi deste capítulo. O estudo sobre decisões de compra e venda de gerentes de portfólio experientes e bem-sucedidos é Akepanidtaworn et al., "Selling Fast and Buying Slow", 2019.

As informações e descobertas do estudo também são provenientes das minhas conversas e correspondências com Alex Imas para a composição deste livro.

Interlúdio 1

A maioria dos detalhes descritos são da visualização do documentário *Free Solo* de 2018, dirigido por Jimmy Chin e Elizabeth Chai Vasarhelyi. Para os créditos do filme *Free Solo*, veja IMDb, *Free Solo*, "Full Cast & Crew" imdb.com/title/tt7775622/fullcredits, especialmente para as longas listas de câmera, som e outras equipes técnicas envolvidas. Alguns detalhes que não estão no filme são dos seguintes artigos: Daniel Duane, "El Capitan, My El Capitan", *New York Times*, 9 de junho de 2017, nytimes.com/2017/06/09/opinion/el-capitan-my-el-capitan.html; Peter Gwin, "How Jimmy Chin Filmed Alex Honnold's Death-Defying Free Solo", *National Geographic*, novembro de 2018, nationalgeographic.com/culture/article/alex-honnold-jimmy-chin-free-solo-yosemite-el-capitan-explore-through-the-lens; Matt Ray, "How Free Solo Climber Alex Honnold Conquered El Capitan", Red Bull, 8 de fevereiro de 2019, redbull.com/us-en/alex-honnold-interview-free-solo.

Capítulo 4

A principal fonte da história de Harold Staw foi seu filho, Barry Staw. Ele a compartilhou, bem como os detalhes incluídos aqui, durante várias conversas e em correspondências posteriores. Barry Staw também escreveu um breve resumo da história de seu pai em "Stumblingwards a Social Psychology of Organizations", 2016, 10. Alguns detalhes sobre a fusão com a Sage, a oferta de ações da empresa pós-fusão (Sage International), a primeira avaliação com base na oferta e propriedade acionária da família Staw são de "Sage International Files for Stock Offer", *Securities and Exchange Commission News Digest*, 1º de maio de 1962, p. 2, sec.gov/news/digest/1962/dig050162.pdf.

ESPERANDO ATÉ DOER
Rubin e Brockner, "Factors Affecting Entrapment in Waiting Situations", 1975. A introdução desse estudo menciona o envolvimento dos EUA na Guerra do Vietnã como uma situação de armadilha, 1054.

Rubin e Brockner inicialmente se referiram ao fenômeno como "armadilha" ou "armadilhas de escaladas", embora, mais tarde, tenham adotado o termo "escalada de compromisso". Seus influentes trabalhos posteriores incluem o seguinte: Rubin *et al.*, "Factors Affecting Entry into Psychological Traps", 1980; Brockner *et al.*, "Factors Affecting Entrapment in Escalating Conflicts", 1982; Brockner e Rubin, *Entrapment in Escalating Conflicts*, 1985; Brockner *et al.*, "Escalation of Commitment to an Ineffective Course of Action", 1986; Brockner, "The Escalation of Commitment to a Failing Course of Action", 1992.

Capítulo 5

Os planos, metas e projeções originais para o trem-bala da Califórnia são de documentos da Autoridade, especificamente *California High-Speed Train Business Plan*, November 2008; *Report to the Legislature*, dezembro de 2009. Os atrasos, aumentos nos custos e extensões da data de conclusão aparecem nos planos de negócios bienais da Autoridade: *Building California's Future*, abril de 2012 (Revised 2012 Business Plan); *Connecting California*, 30 de abril de 2014; *Connecting and Transforming California*, 1º de maio de 2016; *Transforming Travel, Expanding Economy, Connecting California*, 1º de junho de 2018; *Recovery and Transformation*, apresentado em 12 de abril de 2021 (Plano de Negócios Revisado de 2020); *Draft 2022 Business Plan*, fevereiro de 2022. Veja também *Project Update Report to the California State Legislature: Delivering High-Speed Rail to Californians*, maio de 2019; "The Economic Impact of California High-Speed Rail", 2022.

Informações sobre o reconhecimento tardio dos desafios, custos e incertezas no túnel sob a Pacheco Pass e as montanhas Tehachapi são do plano de negócios de 2018, *Transforming Travel, Expanding Economy, Connecting California*, p. ii, 17–18, 23, 28, 45–46, 47, 57, 114 (California HighSpeed Rail Peer Review Group Letter); *Recovery and Transformation* (Revised 2020 Business Plan), p. 73, 74.

A descrição dos desenvolvimentos no trem-bala da Califórnia também foi relatada pelas seguintes fontes: Jeff Daniels, "California's $77 Billion 'Bullet Train to Nowhere' Faces a Murky Future as Political Opposition Ramps Up", CNBC, 12 de março de 2018, cnbc.com/2018/03/12/californias-77-billion-high-speed-rail-project-is-in-trouble.html; Adam Nagourney, "A $100 Billion Train: The Future of California or a Boondoggle?", *New York Times*, 30 de julho de 2018, nytimes.com/2018/07/30/us/california-high-speed-rail.html; Reihan Salam, "Gavin Newsom's Big Idea", *The Atlantic*, 15 de fevereiro de 2019, theatlantic.com/ideas/archive/2019/02/governor-newsom-addresses-californias-housing-crisis/582892; Associated Press, "California Bullet Train Cost Rises by Another $1 Billion", *U.S. News & World Report*, 12 de fevereiro de 2020, usnews.com/news/best-states/california/articles/2020-02-12/california-bullettrain-cost-rises-by-another-1-billion; Nico Savidge, "Got $13 Billion? Planning for High Speed Rail's Bay Area Link Continues, without Money to Make it Happen", *San Jose Mercury News*, 3 de maio de 2020, mercurynews.com/2020/05/03/got-13-billion-planning-for-high-speed-rails-bay-area-link-continues-without-money-to-make-it-happen; Dustin Gardiner, "California's BulletTrain Project Faces Unprecedented Woes", *San Francisco Chronicle*, 9 de julho de 2020, sfchronicle.com/politics/article/California-s-bullet-train-project-faces-15356051.php; Associated Press, "California Again Pushes Back High-Speed Rail Construction Deadline", KTLA, February 5, 2021, ktla.com/news/california/california-again-pushes-back-high-speed-rail-construction-deadline; Kim Sloway, "What's Behind the California Bullet Train Project's Latest Woes?", *Construction Dive*, 8 de abril de 2021, constructiondive.com/news/whats-behind-the-california-bullet-train-projects-latest-woes/597850; Kathleen Ronayne, "California Bullet Train's Latest Woe: Will It Be High Speed?", *San Jose Mercury News*, 13 de outubro de 2021, mercurynews.com/2021/10/13/california-bullet-trains-latest-woe-will-it-be-high-speed; Ralph Vartabedian, "Costs of California's Trouble Bullet Train Rise Again, by an Estimated $5 Billion", *Los Angeles Times*, 8 de fevereiro de 2022, latimes.com/california/story/2022-02-08/california-bullet-train-costs-rise-roughly-5-billion.

O EFEITO DO CUSTO IRRECUPERÁVEL
Dois dos trabalhos acadêmicos mais influentes que identificam e explicam o efeito do custo irrecuperável são "Toward a Positive Theory of Consumer Choice", de Richard Thaler, 1980; e "The Psychology of Sunk Cost", de Arkes e Blumer, 1985 (incluindo os resultados de dez experimentos demonstrando o efeito do custo irrecuperável e o exemplo da hidrovia Tennessee-Tombigbee).

QUANDO "OBRAS PÚBLICAS" É UM OXÍMORO
Fatos e citações sobre a hidrovia Tennessee-Tombigbee foram retirados de Arkes e Blumer, 1985. Fatos e citações sobre a usina nuclear de Shoreham foram retirados de Ross e Staw, "Organizational Escalation and Exit", 1993. Veja também Flyvbjerg, Holm e Buhl, "Underestimating Costs in Public Works Projects", 2002.

KATAMARI
Mal sabia eu que a devoção de minha filha mais velha a um videogame e as horas que passei assistindo-a jogar *Katamari Damacy* uma década e meia atrás me ofereceriam uma metáfora tão caprichosa, mas totalmente apropriada para a escalada de compromisso.

As informações sobre a versão original do jogo são das seguintes fontes: L. E. Hall, *Katamari Damacy* (Boss Fight, 2018); Ivan Sulick, "Katamari Damacy", postado originalmente em 16 de setembro de 2004, atualizado em 12 de dezembro de 2018, IGN, ign.com/articles/2004/09/16/katamari-damacy; Steven Kent, "Katamari Damashii: The Snowball Effect", 8 de abril de 2004, GameSpy, ps2.gamespy.com/playstation-2/katamari-damashii/504503p1.html; Malindy Hetfield, "The Joy of Katamari Damacy", 14 de dezembro de 2018, Eurogamer, eurogamer.net/articles/2018-12-14-the-joy-of-katamari-damacy.

QUÃO GRANDE FICA O KATAMARI?
Veja Staw, "Knee-Deep in the Big Muddy", 1976.

Staw, com vários colaboradores, usou esse mesmo projeto geral com algumas modificações para estabelecer aspectos específicos da escalada de compromisso e a eficácia (ou ineficácia) de diferentes meios de combater essa escalada. Veja Staw e Fox, "Escalation: Determinants of Commitment", 1977; Staw e Ross, "Commitment to a Policy Decision", 1978; Fox e Staw, "The Trapped Administrator", 1979; Simonson e Staw, "Deescalation Strategies", 1992.

CONTABILIDADE MENTAL
Enquanto eu lutava com um rascunho inicial de uma seção sobre contabilidade mental, tive uma conversa com Richard Thaler, durante a qual ele me lembrou da importância de incluir o conceito e acertar, dizendo, a certa altura: "Acho que tudo na vida é uma contabilidade mental." Minhas conversas e correspondência com Thaler desempenharam um papel enorme em tornar a explicação da contabilidade mental, se não "certa", definitivamente muito melhor.

A contabilidade mental é, como a aversão à perda, um dos pilares da teoria do prospecto. Kahneman e Tversky descreveram a contabilidade mental pela primeira vez no artigo "Choices, Values, and Frames", 1984. Nele, os autores observaram a importância do trabalho de Thaler, recorrendo, inclusive, a seus escritos em andamento não publicados até pouco depois da publicação desse artigo. (Na página 346: "Nossa análise da contabilidade mental deve muito ao trabalho estimulante de Richard Thaler, que mostrou a relevância desse processo para o comportamento do consumidor.") A primeira explicação de Thaler sobre esse conceito e sua conexão com a teoria do prospecto, junto a tantas outras ideias inovadoras, apareceu em "Toward a Positive Theory of Consumer Choice" em 1980, como parte de um "sistema de contabilidade psíquica do indivíduo".

Além da contribuição pessoal de Thaler, seus artigos mais influentes sobre contabilidade mental incluem "Mental Accounting and Consumer Choice", 1985; "Mental Accounting Matters", 1999. Veja também Thaler, *Misbehaving*, p. 56–84, 115–24; Thaler e Sunstein, *Nudge*, p. 49–52; Kahneman, *Thinking, Fast and Slow*, p. 342–52.

Veja Flepp, Meier e Franck, "The Effect of Paper Outcomes versus Realized Outcomes on Subsequent Risk-Taking", 2021.

Raphael Flepp e seus colegas da Universidade de Zurique estudaram os resultados individuais de mais de 4 mil jogadores de caça-níqueis fazendo uma média de 6 visitas ao cassino durante um período de 4 meses. Como eles usavam cartões de jogador personalizados, seus ganhos e perdas ficavam em aberto até que eles saíssem do cassino, momento em que uma transferência de dinheiro acontecia.

Os pesquisadores descobriram que, durante uma visita ao cassino, os jogadores aumentavam significativamente sua tomada de risco quando tinham perdas de papel, e o efeito aumentava proporcionalmente ao tamanho de sua perda não realizada, demonstrando a aversão ao fechamento das contas mentais nas perdas. Depois que os jogadores deixaram o cassino e esses resultados se tornaram perdas realizadas, eles não correram esses riscos nas visitas subsequentes. Na verdade, em contraste com seu comportamento durante as visitas que terminaram em uma grande perda, eles *diminuíram* significativamente seu nível de risco na próxima vez em que jogaram no cassino.

O CUSTO MAIS DIFÍCIL DE SUPORTAR

O general Thomas me contou essa história durante uma conversa sobre custos irrecuperáveis e outras questões relacionadas a este livro.

Veja também Arkes e Blumer, 126 (uso de baixas na Guerra do Vietnã para justificar a continuação da guerra); Teger, 1 (Vietnã); Barry Schwartz, "The Sunk-Cost Fallacy: Bush Falls Victim to a Bad New Argument for the Iraq War", *Slate*, 9 de setembro de 2005, slate.com/news-and-politics/2005/09/bush-is-a-sucker-for-the-
-sunk-cost-fallacy.html (citando um discurso de agosto de 2005 do então presidente George W. Bush, justificando a continuidade da missão no Iraque, dizendo: "Devemos [aos 2 mil soldados que já morreram]. Vamos terminar a tarefa pela qual eles deram suas vidas."); Van Putten, Zeelenberg e Van Dijk, "Who Throws Good Money after Bad?", 2010, 33 ("uma das razões mais importantes para continuar no Iraque foi evitar reconhecer que os soldados que morreram em batalha morreram em vão").

A DIFERENÇA ENTRE SABER E FAZER

Os fatos desta história são provenientes de uma conversa com Don Moore, que também escreveu um relato sobre ela em *Perfectly Confident*, p. 131–132, bem como do obituário de Rubin por Wolfgang Saxon, "Jeffrey Z. Rubin, 54, an Expert on Negotiation", *New York Times*, 9 de junho de 1995, nytimes.com/1995/06/09/obituaries/jeffrey-z-rubin-54-an-expert-on-negotiation.html. General background about one hundred highest peaks in New England is from Lindsey Gordon, "A Quick Guide to the New England 100 Highest", 27 de março de 2019, *TheTrek*, thetrek.co/quick-guide-new-england-100-highest.

VOCÊ NÃO PODE FAZER UM TRUQUE MENTAL JEDI PARA TOMAR UMA DECISÃO DO ZERO

Veja Simonson e Staw, "Deescalation Strategies", 1992.

Capítulo 6

Os fatos e descrições sobre a liderança de Astro Teller na X, a missão e cultura da empresa e seus projetos específicos, macacos e pedestais e critérios de eliminação são provenientes das minhas conversas e correspondências com Astro Teller e Libby Leahy, chefe de comunicações da X, e das seguintes fontes adicionais: x.company; Astro Teller, "Failure, Innovation, and Engineering Culture", vídeo gravado em re: Work with Google event, 24 de maio de 2016, youtube.com/watch?v=3SsnY2B-vzeA; Astro Teller, "A Peek Inside the Moonshot Factory Operating Manual", *X* (blog), 23 de julho de 2016, blog.x.company/a-peek-inside-the-moonshot-factory--operating-manual-f5c33c9ab4d7; Adele Peters, "Why Alphabet's Moonshot Factory Killed Off a Brilliant, Carbon-Neutral Fuel", *Fast Company*, 13 de outubro de 2016, fastcompany.com/3064457/why-alphabets-moonshot-factory-killed-off--a-brilliant-carbon-neutral-fuel; Astro Teller, "Tackle the Monkey First", *X* (blog), 7 de dezembro de 2016, blog.x.company/tackle-the-monkey-first-90fd6223e04d; Kathy Hannun, "Three Things I Learned from Turning Seawater into Fuel", *X* (blog), 7 de dezembro de 2016, blog.x.company/three-things-i-learned-from--turning-seawater-into-fuel-66aeec36cfaa; Derek Thompson, "Google X and the Science of Radical Creativity", *The Atlantic*, novembro de 2017, theatlantic.com/magazine/archive/2017/11/x-google-moonshot-factory/540648; Alex Davies, "Inside X, the Moonshot Factory Racing to Build the Next Google, *Wired*, 11 de julho de 2018, wired.com/story/alphabet-google-x-innovation-loon-wing-graduation; "*The Gimbal V2.0*", julho de 2018, storage.googleapis.com/x-prod.appspot.com/files/the_x_gimbal_v2.10_web.pdf ("um guia para a cultura de trabalho *moonshot* da X"); Astro Teller, "Tips for Unleashing Radical Creativity", *X* (blog), 12 de fevereiro de 2020, blog.x.company/tips-for-unleashing-radical-creativity--f4ba55602e17; Astro Teller, "Loon's Final Flight", *X* (blog), 21 de janeiro de 2021, blog.x.company/loons-final-flight-e9d699123a96.

Os fatos históricos sobre Teller e X são das seguintes fontes: "Astro Teller, Captain of Moonshots", *X*, x.company/team/astroteller; "Biography", Astro Teller, astroteller.net/about/bio; diversos artigos extraídos de astro teller.net, "Articles", astroteller.net/press/articles; Thompson, "Google X and the Science of Radical Creativity";

Relatório anual de 2020 da Alphabet e Formulário 10-K da SEC, de 31 de dezembro de 2020.
As citações diretas de Teller e a descrição da consideração da X sobre o projeto de hyperloop são provenientes das minhas conversas e correspondências com Astro Teller.

CRITÉRIO DE ELIMINAÇÃO
Veja Simonson e Staw, "Deescalation Strategies", 1992.

A VISÃO DE FUNIL
O exemplo é do meu trabalho com a mParticle.

ESTADOS E DATAS
O exemplo do ataque a Osama bin Laden é proveniente das minhas conversas e correspondência com o almirante McRaven. O exemplo de definição de uma data para um cargo efetivo é proveniente das minhas conversas e correspondências com Kevin Zollman.

Interlúdio 2

A base para grande parte das informações sobre a história de Sasha Cohen vem de conversas e correspondência com ela para a escrita deste livro. Detalhes adicionais para este interlúdio vieram das seguintes fontes: Sasha Cohen, "An Olympian's Guide to Retiring at 25", *New York Times*, 24 de fevereiro de 2018, nytimes.com/2018/02/24/opinion/sunday/sasha-cohen-olympics-pyeongchang.html; o documentário de 2020 *The Weight of Gold* (Podium Pictures), dirigido por Brett Rapkin, escrito por Aaron Cohen e Rapkin, em que Cohen aparece; Jessica Lachenal, "Figure Skater Sasha Cohen Has a Surprising New Career Off the Ice", *Bustle*, 29 de julho de 2020, bustle.com/entertainment/what-is-sasha-cohen-doing-now; Megan Sauer, "Sasha Cohen: Embracing Uncertainty", U.S. Figure Skating Fan Zone, 30 de março de 2021, usfigureskatingfanzone.com/news/2021/3/30/figure-skating-sasha-cohen-embracing-uncertainty.aspx. Alguns detalhes do histórico competitivo de Cohen são provenientes da página de Cohen no site Wikipedia, en.wikipedia.org/wiki/Sasha_Cohen.

Capítulo 7

Informações sobre os antecedentes e sucessos de Andrew Wilkinson com MetaLab, Tiny Capital e outros investimentos são provenientes de "Warren Buffett for Startups, Andrew Wilkinson", *The Hustle*, 27 de julho de 2020, thehustle.co/warren-buffett-for-startups-andrew-wilkinson; Allen Lee, "10 Things You Didn't Know about Andrew Wilkinson", *Money Inc.*, 26 de dezembro de 2020, moneyinc.com/andrew-wilkinson.
A experiência de Wilkinson com a Flow chamou minha atenção por meio de uma longa postagem no Twitter que ele fez em 30 de março de 2021, twitter.com/awilkinson/status/1376985854229504007. Os detalhes de sua história da Flow são

provenientes dessa postagem, bem como das minhas conversas e correspondência com Andrew Wilkinson.

Pelas respostas de Moskovitz ao tuíte acima, fica óbvio que Dustin Moskovitz teve uma interpretação diferente do que aconteceu em seu encontro com Wilkinson, bem por outra postagem feita por Wilkinson em 27 de dezembro de 2019, twitter.com/awilkinson/status/1210696247587139584, na qual ele opinou sobre um debate no Twitter sobre *bootstrapping* versus capital de risco. Descrevi a visão de Wilkinson sobre a reunião por causa da probabilidade de que sua percepção afetasse suas decisões futuras. Portanto, não foi necessário determinar o grau em que a descrição ou interpretação de Wilkinson estava correta (ou razoável).

O EFEITO DE DOTAÇÃO

Richard Thaler nomeou o efeito de dotação em seu artigo de 1980 "Toward a Positive Theory of Consumer Choice". Também foi nele que Thaler contou a história do colecionador de vinho. A atualização é de Kahneman, Knetsch e Thaler, "The Endowment Effect, Loss Aversion, and Status Quo Bias", 1991. Kahneman identificou seu amigo amante do vinho em *Thinking, Fast and Slow* como o saudoso Richard Rosett, professor de economia de longa data e ex-reitor da Booth School of Business da Universidade de Chicago. Thaler fez o mesmo em *Misbehaving*, observando também que, quando enviou a Rosett uma cópia de um artigo no qual contava a história e se referia a Rosett como "Sr. R", a resposta de duas palavras de Rosett foi: "Ah, fama!" *Misbehaving*, 17.

Os artigos de Jack Knetsch mencionados nesta seção, além do artigo de 1991 com Kahneman e Thaler citado acima, são: Knetsch, "The Endowment Effect and Evidence of Nonreversible Indifference Curves", 1989; Kahneman, Knetsch, and Thaler, "Experimental Tests of the Endowment Effect", 1990.

A referência à revisão da literatura sobre o efeito de dotação é de Morewedge e Giblin, "Explanations of the Endowment Effect", 2015.

A referência ao estudo do efeito IKEA é proveniente de Norton, Mochon e Ariely, "The IKEA Effect", 2012.

Os documentos a seguir examinaram a aplicação do efeito de dotação à propriedade psicológica, que inclui a posse de nossas ideias, crenças e escolhas, bem como as conexões que elas fazem com organizações às quais nos afiliamos: Dommer e Swaminathan, "Explaining the Endowment Effect through Ownership", 2013; Morewedge *et al.*, "Bad Riddance or Good Rubbish?", 2009; Pierce, Kostova e Dirks, "Toward a Theory of Psychological Ownership in Organizations", 2001; Pierce, Kostova e Dirks, "The State of Psychological Ownership", 2003; Reb e Connolly, "Possession, Feelings of Ownership and the Endowment Effect", 2002; Shu e Peck, "Psychological Ownership and Affective Reaction", 2011.

Veja também Peck e Shu, *Psychological Ownership and Consumer Behavior*, 2018 (um livro inteiro de artigos acadêmicos sobre tópicos relacionados à propriedade psicológica).

As explicações nesta seção também refletem minhas conversas e correspondências com Richard Thaler e Daniel Kahneman para a composição deste livro.

TIMES ESPORTIVOS PROFISSIONAIS E SEU CRESCENTE COMPROMISSO COM AS ESCOLHAS MAIS ALTAS DO DRAFT

Os estudos originais que demonstram o efeito da ordem do *draft*, independentemente da habilidade ou do nível de produtividade dos jogadores, provêm de Staw e Hoang, "Why Draft Order Affects Playing Time", 1995; Camerer e Weber, "Econometrics and Behavioral Economics of Escalation of Commitment", 1999.

Na era pós-*Moneyball*, há, naturalmente, a questão de saber se a ênfase na tomada de decisões impulsionada pela análise corrigiu as irracionalidades baseadas em custos irrecuperáveis, efeito de doação ou viés de escalada. Quinn Keefer, em 2017, constatou que, na NFL, "apesar de não serem mais produtivas, as seleções da primeira rodada recebem um prêmio de compensação, o que as leva a iniciar significativamente mais jogos". Veja Keefer, "Sunk-Cost Fallacy in the National Football League", 2017, 282.

Isso é coerente com o trabalho adicional de Keefer, que encontrou uma relação (novamente, independente de habilidade ou produtividade) entre o tempo de jogo e os salários (que, para os jogadores recém-recrutados, estão cada vez mais padronizados na NFL, NBA e MLB com base na ordem do *draft*). Veja Keefer, "Decision-Maker Beliefs and the Sunk-Cost Fallacy", 2018; Keefer, "Sunk Costs in the NBA", 2021. Veja também Hinton e Sun, "The Sunk-Cost Fallacy and the National Basketball Association", 2020, 1019 (encontrando um "pequeno, mas significativo efeito de custo irrecuperável"). Salário e ordem de recrutamento não são medidas intercambiáveis de dotação ou custo irrecuperável, mas são relevantes para essas questões e estão cada vez mais relacionados a atletas profissionais de esportes coletivos no início de suas carreiras.

Daniel Leeds, Michael Leeds e Akira Motomura apresentaram a conclusão contrária, de que não há efeito de custo irrecuperável do *draft* da NBA, em "Are Sunk Costs Irrelevant?", 2015.

É DIFÍCIL DESISTIR DO STATUS QUO

Veja Samuelson e Zeckhauser, "Status Quo Bias in Decision Making", 1988. O artigo de 1991 de Kahneman, Knetsch e Thaler, além de sua importância no efeito de dotação, também é considerado uma das explicações fundamentais para o viés do status quo.

Os professores de marketing David Gal e Derek Rucker, que contestaram a validade da aversão à perda como um princípio generalizado, considerando muito do comportamento atribuído à aversão à perda como resultado do viés do status quo. Gal e Rucker, "The Loss of Loss Aversion", 2018; veja também Gal, "A Psychological Law of Inertia", 2006.

A sobreposição e as diferenças entre o viés do status quo e o viés de omissão-comissão estão além do escopo deste livro. Para uma discussão dessa questão, bem como uma explicação do viés de omissão-comissão, veja Ritov e Baron, "Status Quo and Omission Biases", 1992; Baron e Ritov, "Reference Points and Omission Bias", 1994; Ritov e Baron, "Outcome Knowledge, Regret e Omission Bias", 1995; Schweitzer, "Disentangling Status Quo and Omission Effects", 1994.

A citação de Keynes é de John Maynard Keynes *The General Theory of Employment, Interest, and Money*, 1936, p. 79–80 (International Relations and Security Network edition, files.ethz.ch/isn/125515/1366_KeynesTheoryofEmployment.pdf).

O PREÇO DA PERSISTÊNCIA

Para assistir a um vídeo do evento MIT Sloan Sports Analytics Conference com Richard Thaler, veja "The Sports Learning Curve: Why Teams Are Slow to Learn and Adapt", 2020, sloansportsconference.com/event/the-sports-learning-curve-why-teams-are-slow-to-learn-and-adapt. O vídeo inclui a apresentação de slides "Learning by Sports Teams" de Chris Avery, Kevin Meers e Richard Thaler. Ver também Mauboussin e Callahan, "Turn and Face the Strange", 2021.

Capítulo 8

Histórias de negócios narrando o declínio, desinvestimentos e queda da Sears (que também contêm informações históricas): Robert Lindsey, "Sears, Roebuck: Nation's Banker?", *New York Times*, 17 de abril de 1977, nytimes.com/1977/04/17/archives/sears-roebuck-nations-banker-sears-roebuck-nations-banker.html; Stanley Ziemba, "Sears Slips to No. 3 in the Retail Kingdom, Behind Wal-Mart, K", *Chicago Tribune*, 21 de fevereiro de 1991, chicagotribune.com/news/ct-xpm-1991-02-21-9101170011-story.html; "Sears Approves Spinoff of Dean Witter, Discover & Co.", UPI, 18 de junho de 1993, upi.com/Archives/1993/06/18/Sears-approves-spinoff-of-Dean-Witter-Discover-Co/4516740376000; Barnaby Feder, "Sears, Returning to Its Roots, Is Giving Up Allstate", *New York Times*, 11 de novembro de 1994, nytimes.com/1994/11/11/us/sears-returning-to-its-roots-is-giving-up-allstate.html; Genevieve Buck, "Allstate, Sears Set to Split Up", *Chicago Tribune*, 31 de março de 1995, chicagotribune.com/news/ct-xpm-1995-03-31-9503310328-story.html; Peter Truell, "Morgan Stanley and Dean Witter Agree to Merge", *New York Times*, 6 de fevereiro de 1997, nytimes.com/1997/02/06/business/morgan-stanley-and-dean-witter-agree-to-merge.html; Lorene Yue, "Citigroup Buys Sears Credit Division", *Chicago Tribune*, 16 de julho de 2003, chicagotribune.com/news/ct-xpm-2003-07-16-0307160208-story.html.

Linhas do tempo e histórias adicionais da Sears: "Sears, Roebuck & Co.", Encyclopedia of Chicago, encyclopedia.chicagohistory.org/pages/2840.html; Vicki Howard, "The Rise and Fall of Sears", *Smithsonian*, 25 de julho de 2017, smithsonianmag.com/history/rise-and-fall-sears-180964181; Tiffany Hsu, "Sears Went from Gilded-Age Boom to Digital-Age Bankruptcy", *New York Times*, 15 de outubro de 2018, nytimes.com/2018/10/15/business/sears-bankrupt-history-timeline.html; Chris Isodore, "Sears' Extraordinary History: A Timeline", CNN, outubro de 2018, cnn.com/interactive/2018/10/business/sears-timeline/index.html; "History of Sears, Roebuck and Co.", Reference for Business, n.d., ca. 1996, referenceforbusiness.com/history2/88/Sears-Roebuck-and-Co.html; Kori Rumore, "Rise, Fall and Restructuring of a Chicago Icon: More Than 130 Years of Sears", *Chicago Tribune*, 24 de abril de 2019, chicagotribune.com/news/ct-sears-company-history-timeline-htmlstory.html; searsarchives.com; Mike Snider, "A Look Back at Some of Sears Ventures, Beyond Retail Stores, Through the Years", *USA Today*, 15 de outubro de 2018, usatoday.com/story/money/

nation-now/2018/10/15/sears-had-far-reaching-legacy-beyond-retail-into-brands--and-financials/1645882002.
Para uma linha do tempo da Allstate, veja "Allstate History & Timeline", Allstate, allstate.com/about/history-timeline.aspx.
Estudos e trabalhos acadêmicos (que também incluem informações históricas): Shoshanna Delventhal, "Who Killed Sears? Fifty Years on the Road to Ruin", Investopedia, 26 de setembro de 2020, investopedia.com/news/downfall-of-sears; Gillan, Kensinger e John Martin, "Value Creation and Corporate Diversification", 2000; Raff e Temin, "Sears, Roebuck in the Twentieth Century", 1999; Lawrence J. Ring e John S. Strong, "Sears and Kmart, a Sad, Sad Story", July 2017, babson.edu/academics/executive-education/babson-insight/strategy-and-innovation/sears-and-kmart-a-sad-sad-story/# (referring to the Sears-Kmart merger as "a double suicide"); Varadrajan, Jayachandran e White, "Strategic Interdependence in Organizations", 2001.
Algumas das informações sobre o IPO da Sears são provenientes de "Landmark IPO Helps an American Retailing Icon Achieve the Next Level of Growth", Goldman Sachs, goldmansachs.com/our-firm/history/moments/1906-sears-roebuck-ipo.html.
Minhas conversas e correspondência com Barry Staw foram fundamentais para trazer a história da Sears à minha atenção como um tópico potencial relacionado à escalada de comprometimento. Também conversei com Daniel Raff.

A SEITA DA IDENTIDADE
Veja Festinger, Riecken e Schachter, *When Prophecy Fails*.
No final desta seção, no resumo sobre o amplo impacto que a identidade tem sobre nossas decisões de desistência, beneficiei-me de percepções da cientista comportamental Maya Shankar (cuja história aparece no capítulo 10) que obtive em conversas para a escrita deste livro. Ela me lembrou de que colocamos as crianças no caminho de conectar sua identidade a um trabalho de adulto: "Quando as crianças estão crescendo, muitas vezes lhes perguntam o que querem ser quando crescerem, o que significa que estão vinculando sua identidade a uma única profissão. Isso aumenta o atrito que elas terão ao se afastar dessa identidade."

DISSONÂNCIA COGNITIVA
O desenvolvimento, significado e aplicações da teoria da dissonância vão muito além do escopo deste livro. O estudo da dissonância cognitiva, se marcado a partir de *When Prophecy Fails* e do amplamente influente *A Theory of Cognitive Dissonance*, de Leon Festinger, está agora em sua oitava década. Para uma introdução recente, história e visão geral da teoria da dissonância cognitiva, veja Harmon-Jones e Mills, "An Introduction to Cognitive Dissonance Theory", 2019.
Elliot Aronson, um aluno de Festinger, pesquisou e escreveu sobre dissonância cognitiva desde 1960. Depois de mais de trinta anos de trabalho, ele estava em condições de escrever sobre o "retorno" da teoria. Aronson, "The Return of the Repressed", 1992. (A citação de Aronson nesta seção está nas p. 304 e 305 desse artigo.) Quase trinta anos depois dessa publicação, ele escreveu (com Carol Tavris) sobre a aplicação de dissonância cognitiva à pandemia. "The Role of Cognitive Dissonance in the Pandemic", 2020. Aronson e Tavris também descrevem o trabalho de

Festinger, a dissonância cognitiva em geral e um pouco da história e amplitude da pesquisa de dissonância em seu livro *Mistakes Were Made*.
Veja também Beasley e Joslyn, "Cognitive Dissonance and Post-Decision Attitude Change", 2001; Fried e Aronson, "Hypocrisy, Misattribution e Dissonance Reduction", 1995; Harmon-Jones, *Cognitive Dissonance*.

O ESPELHO E A JANELA

Os artigos mencionados sobre o tamanho dos efeitos da identidade interna e externa na escalada do compromisso são Staw, "Knee-Deep in the Big Muddy", 1976; Fox e Staw, "The Trapped Administrator", 1979.
Vários dos artigos mais influentes de Staw sobre a escalada de compromisso explicam a sua relação com a teoria da dissonância, bem como os aspectos internos e externos da identidade. Staw e Fox, "Escalation: The Determinants of Commitment", 1977; Staw e Ross, "Commitment to a Policy Decision", 1978; Staw, "The Escalation of Commitment to a Course of Action", 1981; Staw, McKechnie e Puffer, "The Justification of Organizational Performance", 1983; Chatman, Staw e Bell, "The Managed Thought", 1986; Ross e Staw, "Understanding Behavior in Escalation Situations", 1989; Ross e Staw, "Managing Escalation Processes in Organizations", 1991; Simonson e Staw, "Deescalation Strategies", 1992.

ARRISCANDO

Veja Beshears e Milkman, "Do Sell-Side Stock Analysts Exhibit Escalation of Commitment?", 2011.
A citação de Andrew Wilkinson foi retirada de uma conversa que tive com ele para a escrita deste livro.

A IDENTIDADE ERRADA

As citações são de conversas que tive com Sarah Olstyn Martinez para a composição deste livro.

UM RAIO DE ESPERANÇA

Se você quiser um exemplo de uma empresa que, à primeira vista, parece suscetível a ser aprisionada por sua identidade, seria a Philips. A empresa holandesa é instantaneamente identificável há mais de um século por fabricar lâmpadas. Sua fundação, em 1891, foi pelos irmãos Gerard e Anton Philips. Nos primeiros *oitenta* anos, ela teve apenas quatro CEOs: os irmãos Philips, o genro de Anton e o filho de Anton. É claro que os irmãos Philips, remontando a 1914 (se não a antes), mostraram que ter um familiar no comando ou o nome da família na empresa ou em seus produtos não os impedia de expandir ou mudar a composição do negócio.

As fontes para a história da Philips são as seguintes: sites corporativos e páginas do site Wikipedia.org da Philips, Philips USA, Philips Museum e Signify (o nome corporativo adotado em 2018 para o que era conhecido anteriormente como Philips Lighting, desmembrado em 2016); Philips, "Philips Celebrates 100 Years of Research", comunicado à imprensa em 9 de janeiro de 2014, dev.usa.philips.com/a-w/about/news/archive/standard/news/press/2014/20140109-Philips-celebrates-100-years-of-research.html; "Philips to Spin of Lighting Branch in 'Historic' IPO", *IndustryWeek*, 3 de maio de 2016, industryweek.com/finance/

article/21972654/philips-to-spin-off-lighting-branch-in-historic-ipo; Philips *2020 Annual Report*, philips.com/c-dam/corporate/about-philips/investors/shareholder-info/agm-2021/Philips%20Annual%20Report%202020.pdf; Signify, *2020 Annual Report*, signify.com/static/2020/signify-annual-report-2020.pdf.

Capítulo 9

A abordagem de Ron Conway descrita na narrativa provém das conversas e correspondência que tive com ele para a composição deste livro.

Informações sobre o histórico de Ron Conway, investimentos bem-sucedidos, aspectos de sua abordagem e/ou a estima que ele tem entre os fundadores, investidores de capital de risco e em todo o Vale do Silício são das seguintes fontes: "The Ronco Principle", Paul Graham, janeiro de 2015, paul-graham.com/ronco; Max Chafkin, "Legendary Angel Investor Ron Conway Isn't Looking at Your Idea, He's Looking at You", *Fast Company*, 5 de março de 2015, fastcompany.com/3043196/ron-conway-and-y-combinator-a-love-story; Aric Jenkins, "Silicon Valley Investing Legend Ron Conway on the Lessons Learned from Napster", *Fortune*, 2 de dezembro de 2020, fortune.com/2020/12/02/ron-conway-sv-angel-napster-google-facebook (no qual Conway descreveu a frequência de fracasso em seus investimentos iniciais: "Cerca de 60% de todas as empresas em que investimos fecham as portas; não ganhamos um centavo sequer. Dos outros 30%, talvez recebamos nosso dinheiro de volta. E é naquele saldo diminuto, 10% a 20%, que você ganha mais do que coloca, o que dá para pagar todos os que faliram."); "Ron Conway: Founder and Co-Managing Partner", SVAngel, svangel.com/team.

O OTIMISMO (EXCESSIVO)

O número de cópias vendidas dos livros sobre o poder do otimismo provém dos números declarados nas páginas da Amazon para *The Power of Positive Thinking*, *Think and Grow Rich* e *The Secret*.

A maior parte das informações nesta seção provém das minhas conversas e correspondências com Don Moore para este livro; Moore, *Perfectly Confident*; Tenney, Logg e Moore, "(Too) Optimistic about Optimism", 2015.

A famosa pesquisa de 3 mil empreendedores mencionada é de Cooper, Woo e Dunkelberg, "Entrepreneurs' Perceived Chances for Success", 1988.

DIVIDIR E CONQUISTAR

Veja Staw, Barsade e Koput, "Escalation at the Credit Window", 1997.

Além das referências já mencionadas nas notas deste capítulo relacionadas a conversas com Ron Conway e Don Moore, muitas das citações e explicações sobre treinadores de desistência provêm das minhas conversas e correspondências para a composição deste livro com Daniel Kahneman, Richard Thaler, Andrew Wilkinson, almirante William McRaven e Astro Teller.

Interlúdio 3

Minhas conversas e correspondências para a escrita deste livro provieram das seguintes fontes (e da revisão de alguns de seus escritos sobre o assunto): Mark Moffett, bem como seu livro *Adventures among Ants: A Global Safari with a Cast of Trillions* (Berkeley: University of California Press, 2010) e Michael Mauboussin, bem como seu livro *More Than You Know*, p. 187–197.
O trabalho do mentor do Dr. Moffett, o falecido Edward O. Wilson, influenciou este material, especificamente Bert Hölldobler e E. O. Wilson, *The Superorganism: The Beauty, Elegance, and Strangeness of Insect Societies* (Nova York: W. W. Norton, 2009); Edward O. Wilson, *Tales from the Ant World* (Nova York: W. W. Norton, 2020).
Artigos e estudos de forrageamento por colônias de formigas e algoritmos de formigas: JL Deneubourg, S. Aron, S. Goss e JM Pasteels, "Error, Communication and Learning in Ant Societies", *European Journal of Operational Research* 30, no. 2 (Junho de 1987): p. 168–172; J. L. Deneubourg, J. M. Pasteels e J. C. Verhaeghe, "Probabilistic Behaviour in Ants: A Strategy of Errors?", *Journal of Theoretical Biology* 105, no. 2 (1983): p. 259–271; Marco Dorigo, Gianni A. DiCaro e Luca Maria Gambardella, "Ant Algorithms for Discrete Optimization", *Artificial Life* 5, no. 2 (Abril de 1999): p. 137–172; Drew Levin, Joshua Hecker, Melanie Moses e Stephanie Forrest, "Volatility and Spatial Distribution of Resources Determine Ant Foraging Strategies", *Proceedings of the European Conference on Artificial Life*, 2015, p. 256–263; E. David Morgan, "Trail Pheromones of Ants", *Physiological Entomology* 34, no, 1 (Março de 2009): p. 1–17; Masashi Shiraishi, Rito Takeuchi, Hiroyuki Nakagawa, Shin I. Nishimura, Akinori Awazu e Hiraku Nishimori, "Diverse Stochasticity Leads a Colony of Ants to Optimal Foraging", *Journal of Theoretical Biology* 465 (Março de 2019): p. 7–16.
Veja também Deborah Gordon, "Collective Wisdom of Ants", *Scientific American*, Fevereiro de 2016, p. 44–47; Deborah Gordon, "Colonial Studies", *Boston Review*, setembro-outubro de 2010, p. 59–62.

Capítulo 10

As informações para a narrativa de Maya Shankar vêm das seguintes fontes: minhas conversas e correspondência com Maya Shankar para este livro; E. J. Crawford, "Getting to Know You: Maya Shankar", Yale Alumni, 22 de julho de 2021, alumni.yale.edu/news/getting-know-you-maya-shankar-07; "Maya Shankar: Behavioral Science: From the White House to Google", The Decision Lab, thedecisionlab.com/thinkers/psychology/maya-shankar; Robert Lipsyte e Lois Morris, "How Do You Get to Camp? Practice, of Course: Teenagers Who Play Music, Not Tennis", *New York Times*, 27 de junho de 2002, nytimes.com/2002/06/27/arts/how-do-you-get-to-camp-practice-of-course-teenagers-who-play-music-not-tennis.html; mayashankar.com; "The Power of Nudges: Maya Shankar on Changing People's Minds", *Knowledge at Wharton*, 1º de junho de 2021, knowledge.wharton.upenn.edu/article/power-nudges-maya-shankar-changing-peoples-minds"; "Maya Shankar, Aspiring Concert Violinist Turned Cognitive Scientist at the White

House, UN and Google", *Rediscover STEAM*, 21 de março de 2021, medium.com/rediscover-steam/maya-shankar-aspiring-concert-violinist-turned-cognitive-scientist-at-the-white-house-un-google-e22d072ef72e; Sarah Stillman, "Can Behavioral Science Help in Flint?", *New Yorker*, 23 de janeiro de 2017, newyorker.com/magazine/2017/01/23/can-behavioral-science-help-in-flint; Shankar Vedantam e Maggie Penman, "Loss and Renewal: Moving Forward after a Door Closes", NPR, 31 de dezembro de 2018, npr.org/2018/12/28/680679054/loss-and-renewal-moving-forward-after-a-door-closes.

NOTAS DO METRÔ DE LONDRES

Veja Larcom, Rauch e Willems, "The Benefits of Forced Experimentation", 2017.

APENAS UM DIA

As informações para a narrativa de Mike Neighbours vêm das seguintes fontes: minhas conversas e correspondência com Mike Neighbours para a escrita deste livro; "Mike Neighbors", Arkansas Razorbacks, arkansasrazorbacks.com/coache/mike-neighbors; Doug Samuels, "A Major College Coach Defends His Decision to Practice ONCE Per Week", FootballScoop, 26 de março de 2019, footballscoop.com/news/major-college-coach-defends-decision-practice-per-week; "Operating Bylaws, Article 17 — Playing and Practices Seasons", *2021–22 NCAA Division I Manual*, p. 235–332, web3.ncaa.org/lsdbi/reports/getReport/90008. Informações sobre a lista e os resultados do time de basquete feminino Washington Huskies de 2013–2014 provêm do site Wikipedia, en.wikipedia.org/wiki/2013%E2%80%9314_Washington_Huskies_women%27s_basketball_team.

A GRANDE RENÚNCIA

O termo parece vir do professor Anthony Klotz da Texas A&M, citado por Arianne Cohen em "How to Quit Your Job in the Great Post-Pandemic Resignation Boom", *Bloomberg Businessweek*, 10 de maio de 2021, bloomberg.com/news/articles/202105-10/quit-your-job-how-to-resign-after-covid-pandemic. ("A grande demissão está chegando", diz Anthony Klotz, professor associado de administração da Texas A&M University que estudou as saídas de centenas de trabalhadores.")

Os dados desta seção provêm de comunicados de imprensa mensais (e das tabelas e estatísticas que os acompanham) do U.S. Department of Labor's Bureau of Labor Statistics, intitulados "Job Openings and Labor Turnover" (conhecido como JOLT) e indicando a data para o mês dos dados, normalmente no período de dois meses antes da data de divulgação. Isso inclui os seguintes lançamentos: "JOLT—April 2021" (8 de junho de 2021), bls.gov/news.release/archives/jolts_06082021.htm; "JOLT—June 2021" (9 de agosto de 2021), bls.gov/news.release/archives/jolts_08092021.htm; "JOLT—July 2021" (8 de setembro de 2021); "JOLT—August 2021" (12 de outubro de 2021), bls.gov/news.release/archives/jolts_10122021.htm; "JOLT—September 2021" (12 de novembro de 2021), bls.gov/news.release/archives/jolts_11122021.htm; "JOLT—October 2021" (8 de dezembro de 2021), bls.gov/news.release/archives/jolts_12082021.htm.

Algumas das informações básicas e aspectos da discussão pública sobre o "significado" da Grande Renúncia são dos seguintes artigos: Paul Krugman, "The Revolt of the American Worker", *New York Times*, 14 de outubro de 2021, nytimes.

com/2021/10/14/opinion/workers-quitting-wages.html; Eli Rosenberg, Abha Bhattarai e Andrew Van Dam, "A Record Number of Workers Are Quitting Their Jobs, Empowered by New Leverage", *Washington Post*, 12 de outubro de 2021, washingtonpost.com/business/2021/10/12/jolts-workers-quitting-august-pandemic; Scott Schieman, "Surprise: Workers Actually Like Their Jobs. Here Are the Real Reasons They're Quitting in Droves", *Fast Company*, 17 de dezembro de 2021, fastcompany.com/90706474/surprise-workers-actually-like-their-jobs-here-are--the-real-reasons-theyre-quitting-in-droves; Derek Thompson, "What Quitters Understand about the Job Market", *The Atlantic*, 21 de junho de 2021, theatlantic.com/ideas/archive/2021/06/quitting-your-job-economic-optimism/619242; Derek Thompson, "Where Did 7 Million Workers Go?", *The Atlantic*, 23 de outubro de 2021, theatlantic.com/ideas/archive/2021/10/how-do-you-make-7-million-workers-disappear/620475; Derek Thompson, "Three Myths of the Great Resignation", *The Atlantic*, 8 de dezembro de 2021, theatlantic.com/ideas/archive/2021/12/great-resignation-myths-quitting-jobs/620927; Abby Vesoulis, "Why Literally Millions of Americans Are Quitting Their Jobs", *Time*, 13 de outubro de 2021, time.com/6106322/the-great-resignation-jobs; Matthew Yglesias, "The Myth of the 'Great Resignation'", *Slow Boring*, 13 de janeiro de 2022, slowboring.com/p/the-myth-of-the-great-resignation.

Capítulo 11

Até onde eu sei, não há coleta central ou registro de pessoas que persistem após lesões em corridas distantes. Concentrei-me na Maratona de Londres e em outras corridas de longa distância na Grã-Bretanha, porque, no curto espaço de tempo que procurei por essas histórias, percebi rapidamente que havia duas ocorrências aproximadamente no mesmo local durante a Maratona de Londres de 2019. Elas não estavam relacionadas, embora, em ambas (como na maioria desses relatos de lesões em maratona), os médicos no local ou nos hospitais locais expressem total descrença de que tal coisa seja possível. Então, encontrei outro exemplo em Edimburgo, quatro semanas depois (bem como outro que não descrevi, uma meia maratona em Plymouth na semana anterior a Edimburgo). Depois, encontrei uma história da Maratona de Londres de 2014 com a mesma lesão e ocorrendo no mesmo local, como uma das lesões de 2019, bem como outras duas de histórias da Maratona de Londres de 2012 e 2021.

Encontrei vários desses exemplos em corridas de longa distância no Estados Unidos e Japão durante minha pesquisa limitada, mas isso obviamente não foi uma tentativa de documentar essas histórias de forma abrangente, nem estava destacando a Maratona de Londres.

As notícias relatando as histórias dos maratonistas nesta seção são as seguintes: "Stratford Dad Finishes London Marathon despite Broken Leg", *Coventry Telegraph*, 1º de maio de 2012, coventrytelegraph.net/news/coventry-news/stratford-dad-finishes-london-marathon-3024241; "London Marathon Runner Finishes despite Broken Bone", BBC, 14 de abril de 2014, bbc.com/news/uk-england-hampshire-27028222; "Thirty-Eight Guinness World Records Titles Achieved at the 2019 Virgin Money London Marathon", MarathonGuide, 29 de abril de 2019, marathonguide.com/pressreleases/index.cfm?file=London Marathon_190429;

Gianluca Mezzofiore, "A Firefighter Ran 18 Miles on a Broken Foot in the London Marathon", CNN, 30 de abril de 2019, cnn.com/2019/04/30/europe/firefighter--london-marathon-broken-foot-trnd/index.html; Georgia Diebelius, "Woman Ran 18 Miles of the London Marathon with a Broken Ankle", 1º de maio de 2019, *Metro*, metro.co.uk/2019/05/01/woman-ran-18-miles-london-marathon-broken--ankle-9375118; Fiona Pringle, "Edinburgh Marathon Runner Completes Race with Broken Leg", *Edinburgh Evening News*, 28 de maio de 2019, edinburghnews.scotsman.com/news/people/edinburgh-marathon-runner-completes-race-broken--leg-546182; Ben Hobson, "Runner Breaks Leg at Edinburgh Marathon but Still Finishes the Race", *Runner's World*, 29 de maio de 2019, runnersworld.com/uk/news/a27621746/edin burgh-marathon-broken-leg; "Woman Runs London Marathon with Broken Leg", BBC, 8 de outubro de 2021, bbc.com/news/uk-england--shropshire-58840890. A literatura científica sobre metas abrange muito mais do que eu poderia resumir aqui. O trabalho mais influente que incentiva o estabelecimento de metas específicas e difíceis é dos professores Edwin A. Locke e Gary P. Latham. Veja *A Theory of Goal Setting and Task Performance*; *New Developments in Goal Setting and Task Performance*; "Goal Setting: A Half Century Retrospective", 2019.

Os problemas que as metas podem criar ao interferir no comportamento de desistência inteligente (sua natureza de aprovação e reprovação, sua inflexibilidade quando as coisas mudam e a miopia que podem causar), bem como estratégias que os abordam, conforme desenvolvidos neste capítulo, incluem minhas conversas e correspondências para a composição deste livro com as seguintes pessoas: Maurice Schweitzer, Katy Milkman, Barry Staw e Richard Thaler.

As referências ao trabalho publicado por Schweitzer e colegas são de Schweitzer, Ordóñez e Douma, "The Dark Side of Goal Setting", 2002; Ordóñez *et al.*, "Goals Gone Wild", 2009; Ordóñez *et al.*, "On Good Scholarship, Goal Setting, and Scholars Gone Wild", 2009. See also Dai *et al.*, "Quitting When the Going Gets Tough", 2018.

Essas fontes, bem como outras consultadas para este capítulo, geralmente discutem vários problemas com objetivos, assim como soluções. Veja Beshears *et al.*, "Creating Exercise Habits", 2021; Heath, Larrick e Wu, "Goals as Reference Points", 1999; Lucas *et al.*, "When the Going Gets Tough", 2015; Milkman, *How to Change*; Oettingen, *Rethinking Positive Thinking*; Staw e Boettger, "Task Revision", 1990.

O famoso estudo do "gorila invisível" provém de Simons e Chabris, "Gorillas in Our Midst", 1999. Veja também Simons e Chabris, *The Invisible Gorilla*. No estudo original, eles relataram resultados semelhantes a outros participantes, nos quais o vídeo de passes com bola de basquete, em vez de apresentar uma mulher em um traje de gorila, mostrava uma mulher alta carregando um guarda-chuva aberto e andando pela cena. Esses vídeos tinham 75 segundos de duração cada, com os eventos inesperados durando 5 segundos, de 44 a 48 segundos no vídeo. Eles tentaram exagerar o efeito do gorila andando ao fazerem um vídeo adicional mais curto (62 segundos), no qual ele estava presente quase 2 vezes mais (9 segundos). Eles também fizeram-no parar no meio dos jogadores, olhar para a câmera e bater no peito. Eles deram a doze participantes a mesma tarefa de contar os passes da bola e, mesmo assim, apenas metade notou o gorila.

BIBLIOGRAFIA

LIVROS

Brockner, Joel; Rubin, Jeffrey Z. *Entrapment in Escalating Conflicts: A Social Psychological Analysis.* Nova York: Springer-Verlag, 1985.

Christian, Brian; Griffiths, Tom. *Algorithms to Live By: The Computer Science of Human Decisions.* Nova York: Henry Holt, 2016.

Dalio, Ray. *Principles: Life and Work.* Nova York: Simon and Schuster, 2017.

Duckworth, Angela. *Grit: The Power of Passion and Perseverance.* Nova York: Scribner, 2016. Publicado no Brasil com o título de *Garra: O Poder da Paixão e da Perseverança.*

Duke, Annie. *How to Decide: Simple Tools for Making Better Choices.* Nova York: Penguin Random House, 2020.

Duke, Annie. *Thinking in Bets: Making Smarter Decisions When You Don't Have All the Facts.* Nova York: Penguin Random House, 2018.

Ellenberg, Jordan. *How Not to Be Wrong: The Power of Mathematical Thinking.* New York: Penguin Press, 2014.

Epstein, David. *Range: Why Generalists Triumph in a Specialized World.* Nova York: Riverhead, 2019.

Festinger, Leon. *A Theory of Cognitive Dissonance.* Stanford, CA: Stanford University Press, 1957.

Festinger, Leon; Riecken, Henry W.; Schachter, Stanley. *When Prophecy Fails.* Mansfield Center, CT: Martino, 2009.

Gonzales, Laurence. *The Chemistry of Fire.* Fayetteville: University of Arkansas Press, 2020.

Gonzales, Laurence. *Deep Survival: Who Lives, Who Dies, and Why: True Stories of Miraculous Endurance and Sudden Death.* Nova York: W. W. Norton, 2017. Gonzales, Laurence. *Everyday Survival: Why Smart People Do Stupid Things.* Nova York: W. W. Norton, 2008.

Grant, Adam. *Think Again: The Power of Knowing What You Don't Know.* Nova York: Penguin Random House, 2021.

Harmon-Jones, Eddie (org). *Cognitive Dissonance: Reexamining a Pivotal Theory in Psychology*. 2ª edição Washington, D.C.: American Psychological Association, 2019, n.d.

Kahneman, Daniel. *Thinking, Fast and Slow*. Nova York: Farrar, Straus and Giroux, 2011.

Kahneman, Daniel; Sibony, Olivier; Sunstein, Cass R. *Noise: A Flaw in Human Judgment*. Nova York: Little, Brown Spark, 2021.

Kahneman, Daniel; Slovic, Paul; Tversky, Amos (org). *Judgment under Uncertainty: Heuristics and Biases*. Cambridge, Inglaterra: Cambridge University Press, 1982.

Komisar, Randy; Reigersman, Jantoon. *Straight Talk for Startups: 100 Insider Rules for Beating the Odds—from Mastering the Fundamentals to Selecting Investors, Fundraising, Managing Boards, and Achieving Liquidity*. Nova York: HarperCollins, 2018.

Levitt, Steven D.; Dubner, Stephen J. *Freakonomics: A Rogue Economist Explores the Hidden Side of Everything*. Nova York: William Morrow, 2006. Publicado no Brasil com o título *Freakonomics: O Lado Oculto e Inesperado de Tudo que nos Afeta*.

Levitt, Steven D.; Dubner, Stephen J. *Superfreakonomics: Global Cooling, Patriotic Prostitutes, and Why Suicide Bombers Should Buy Life Insurance*. Nova York: HarperCollins, 2009. Publicado no Brasil com o título *Superfreakonomics: O Lado Oculto do Dia a Dia*

Locke, Edwin A.; Latham, Gary P. (org). *New Developments in Goal Setting and Task Performance*. Nova York: Routledge, 2013.

Locke, Edwin A.; Latham, Gary P. *A Theory of Goal Setting and Task Performance*. Englewood Cliffs, NJ: Prentice Hall, 1990.

Mauboussin, Michael J. *More Than You Know: Finding Financial Wisdom in Unconventional Places*. Nova York: Columbia University Press, 2013.

Mauboussin, Michael J. *The Success Equation: Untangling Skill and Luck in Business, Sports, and Investing*. Boston: Harvard Business School Press, 2012.

Milkman, Katy. *How to Change: The Science of Getting from Where You Are to Where You Want to Be*. Nova York: Portfolio/Penguin, 2021.

Moore, Don A. *Perfectly Confident: How to Calibrate Your Decisions Wisely*. Nova York: Harper Business, 2020.

Oettingen, Gabriele. *Rethinking Positive Thinking: Inside the New Science of Motivation*. Nova York: Current, 2014.

Page, Scott E. *The Model Thinker: What You Need to Know to Make Data Work for You*. Nova York: Basic Books, 2018.

Peck, Joann; Shu, Suzanne B. (org). *Psychological Ownership and Consumer Behavior*. Nova York: Springer, 2018.

Ries, Eric. *The Lean Startup: How Today's Entrepreneurs Use Continuous Innovation to Create Radically Successful Businesses*. Nova York: Crown Business, 2011.

Simons, Daniel; Chabris, Christopher. *The Invisible Gorilla: How Our Intuitions Deceive Us*. Nova York: Crown, 2010.

Tavris, Carol; Aronson, Elliot. *Mistakes Were Made (but Not by Me): Why We Justify Foolish Beliefs, Bad Decisions, and Hurtful Acts*. Boston: Mariner, 2020 (updated edition).

Teger, Allan I. *Too Much Invested to Quit*. Nova York: Pergamon, 1980.

Tetlock, Phillip. E.; Gardner, Dan. *Superforecasting: The Art and Science of Prediction.* Nova York: Crown, 2015.
Thaler, Richard H. *Misbehaving: The Making of Behavioral Economics.* Nova York: W. W. Norton, 2015.
Thaler, Richard H.; Sunstein, Cass R. *Nudge: Improving Decisions about Health, Wealth, and Happiness.* New Haven, CT: Yale University Press, 2008.
Thaler, Richard H.; Sunstein, Cass R. *Nudge: The Final Edition.* Nova York: Penguin Books, 2021.
Van Bavel, Jay J.; Packer, Dominic J. *The Power of Us: Harnessing Our Shared Identities to Improve Performance, Increase Cooperation, and Promote Social Harmony.* Nova York: Little, Brown Spark, 2021.

ARTIGOS

Agarwal, Sumit; Diao, Mio; Pan, Jessica; Sing, Tien Foo. "Labor Supply Decisions of Singaporean Cab Drivers." *SSRN Electronic Journal* (2013): 1053.doi.org/10.2139/ssrn.2338476.

Akepanidtaworn, Klakow; Di Mascio, Rick; Imas, Alex; Schmidt, Lawrence. "Selling Fast and Buying Slow: Heuristics and Trading Performance of Institutional Investors." *SSRN Electronic Journal* (2019). doi.org/10.2139/ssrn.3301277.

Anderson, Christopher J. "The Psychology of Doing Nothing: Forms of Decision Avoidance Result from Reason and Emotion." *Psychological Bulletin* 129, no. 1 (2003): 139–67. doi.org/10.1037/0033-2909.129.1.139.

Ariely, Dan; Kahneman, Daniel; Loewenstein, George. "Joint Comment on 'When Does Duration Matter in Judgment and Decision Making?'" *Journal of Experimental Psychology: General* 129, no. 4 (2000): 524–29. doi.org/10.1037/0096-3445.129.4.524.

Ariely, Dan; Loewenstein, George. "When Does Duration Matter in Judgment and Decision Making?" *Journal of Experimental Psychology: General* 129, no. 4 (2000): 508–23. doi.org/10.1037/0096-3445.129.4.508.

Arkes, Hal R.; Blumer, Catherine. "The Psychology of Sunk Cost." *Organizational Behavior and Human Decision Processes* 35, no. 1 (February 1985): 124–40. doi.org/10.1016/0749-5978(85)90049-4.

Aronson, Elliot. "The Return of the Repressed: Dissonance Theory Makes a Comeback." *Psychological Inquiry* 3, no. 4 (Outubro de 1992): 303–11. doi.org/10.1207/s15327965pli0304_1.

Aronson, Elliot; Tavris, Carol. "The Role of Cognitive Dissonance in the Pandemic." *The Atlantic*, 12 de Julho de 2020. theatlantic.com/ideas/archive/2020/07/role-cognitive-dissonance-pandemic/614074.

Baron, Jonathan; Ritov, Ilana. "Reference Points and Omission Bias." *Organizational Behavior and Human Decision Processes* 59, no. 3 (Setembro de 1994): 475–98. doi.org/10.1006/obhd.1994.1070.

Basili, Marcello; Zappia, Carlo. "Ambiguity and Uncertainty in Ellsberg and Shackle." *Cambridge Journal of Economics* 34, no. 3 (Maio de 2010): 449–74. doi.org/10.1093/cje/bep008.

Beasley, Ryan K.; Joslyn, Mark R. "Cognitive Dissonance and Post-Decision Attitude Change in Six Presidential Elections." *Political Psychology* 22, no. 3 (Setembro de 2001): 521–40. doi.org/10.1111/0162-895x.00252.

Beshears, John; Lee, Hae Nim; Milkman, Katherine L.; Mislavsky, Robert; Wisdom, Jessica. "Creating Exercise Habits Using Incentives: The Trade-off between Flexibility and Routinization." *Management Science* 67, no. 7 (Julho de 2021): 4139–71. doi.org/10.1287/mnsc.2020.3706.

Beshears, John; Milkman, Katherine L. "Do Sell-Side Stock Analysts Exhibit Escalation of Commitment?" *Journal of Economic Behavior & Organization* 77, no. 3 (Março de 2011): 304–17. doi.org/10.1016/j.jebo.2010.11.003.

Bitterly, T. Bradford; Mislavsky, Robert; Dai, Hengchen; Milkman, Katherine L. "Want-Should Conflict: A Synthesis of Past Research." In: *The Psychology of Desire*, editado por W. Hofmann e L. F. Nordgren, 244–64. New York: Guilford, 2015.

Brockner, Joel. "The Escalation of Commitment to a Failing Course of Action: Toward Theoretical Progress." *Academy of Management Review* 17, no. 1 (Janeiro de 1992): 39–61. doi.org/10.2307/258647.

Brockner, Joel; Houser, Robert; Birnbaum, Gregg; Lloyd, Kathy; Deitcher, Janet; Nathanson, Sinaia; Rubin, Jeffrey Z. "Escalation of Commitment to an Ineffective Course of Action: The Effect of Feedback Having Negative Implications for Self-Identity." *Administrative Science Quarterly* 31, no. 1 (Março de 1986): 109–26. doi.org/10.2307/2392768.

Brockner, Joel; Rubin, Jeffrey Z.; Fine, Judy; Hamilton, Thomas P.; Thomas, Barbara; Turetsky, Beth. "Factors Affecting Entrapment in Escalating Conflicts: The Importance of Timing." *Journal of Research in Personality* 16, no. 2 (Junho de 1982): 247–66. doi.org/10.1016/00926566(82)90080-0.

Camerer, Colin F. "Prospect Theory in the Wild: Evidence from the Field." In: *Advances in Behavioral Economics*, editado por Colin F. Camerer, George Loewenstein, e Matthew Rabin, 148–61. Princeton, NJ: Princeton University Press, 2004.

Camerer, Colin; Babcock, Linda; Loewenstein, George; Thaler, Richard. "Labor Supply of New York City Cabdrivers: One Day at a Time." *Quarterly Journal of Economics* 112, no. 2 (Maio de 1997): 407–41. doi.org/10.1162/003355397555244.

Camerer, Colin; Lovallo, Dan. "Overconfidence and Excess Entry: An Experimental Approach." *American Economic Review* 89, no. 1 (Março de 1999): 306–18. doi.org/10.1257/aer.89.1.306.

Camerer, Colin; Weber, Roberto. "The Econometrics and Behavioral Economics of Escalation of Commitment in NBA Draft Choices." *Journal of Economic Behavior and Organization* 39, no. 1 (Maio 1999): 59–82.

Camilleri, Adrian R.; Cam, Marie-Anne; Hoffmann, Robert. "Nudges and Signposts: The Effect of Smart Defaults and Pictographic Risk Information on Retirement Saving Investment Choices." *Journal of Behavioral Decision Making* 32, no. 4 (Outubro de 2019): 431–49. doi.org/10.1002/bdm.2122.

Chatman, Jennifer; Staw, Barry; Bell, Nancy. "The Managed Thought: The Role of Self-Justification and Impression Management in Organizational Setting." In: *The Thinking Organization: Dynamics of Organizational Social Cognition*, editado por Henry P. Sims Jr. e Dennis A Gioia, 191–214. San Francisco: Jossey-Bass, 1986.

M. Keith, Chen; Sheldon, Michael. "Dynamic Pricing in a Labor Market: Surge Pricing and the Supply of Uber Driver-Partners" (documento de trabalho). 2015. anderson.ucla.edu/faculty_pages/keith.chen/papers/SurgeAndFlexibleWork_WorkingPaper.pdf.

Chou, Yuan K. "Testing Alternative Models of Labor Supply: Evidence from Taxi Drivers in Singapore." *Singapore Economic Review* 47, no. 1 (2002): 17–47.

Cooper, Arnold C.; Woo, Carolyn Y.; Dunkelberg, William C. "Entrepreneurs' Perceived Chances for Success." *Journal of Business Venturing* 3, no. 2 (Primavera de 1988): 97–108. doi.org/10.1016/0883-9026(88)90020-1.

Dai, Hengchen; Dietvorst, Berkeley J.; Tuckfield, Bradford; Milkman, Katherine L.; Schweitzer, Maurice E. "Quitting When the Going Gets Tough: A Downside of High Performance Expectations." *Academy of Management Journal* 61, no. 5 (2018): 1667–91. doi.org/10.5465/amj.2014.1045.

Dommer, Sara Loughran; Swaminathan, Vanitha. "Explaining the Endowment Effect through Ownership: The Role of Identity, Gender, and Self Threat." *Journal of Consumer Research* 39, no. 5 (Fevereiro de 2013): 1034–50. doi.org/10.1086/666737.

Doran, Kirk. "Are Long-Term Wage Elasticities of Labor Supply More Negative than Short-Term Ones?" *Economic Letters* 122, no. 2 (Fevereiro de 2014): 208–10. doi.org/10.1016/j.econlet.2013.11.023.

Duckworth, Angela L.; Peterson, Christopher; Matthews, Michael D.; Kelly, Dennis R. "Grit: Perseverance and Passion for Long-Term Goals." *Journal of Personality and Social Psychology* 92, no. 6 (Junho de 2007): 1087–1101. doi.org/10.1037/0022-3514.92.6.1087.

Ellsberg, Daniel. "Risk, Ambiguity, and the Savage Axioms." *Quarterly Journal of Economics* 75, no. 4 (Novembro de 1961): 643–69. doi.org/10.2307/1884324. Farber, Henry S. "Is Tomorrow Another Day? The Labor Supply of New York City Cabdrivers." *Journal of Political Economy* 113, no. 1 (Fevereiro de 2005): 46–82. doi.org/10.1086/426040.

Farber, Henry S. "Reference-Dependent Preferences and Labor Supply: The Case of New York City Taxi Drivers." *American Economic Review* 98, no. 3 (Junho de 2008): 1069–82. jstor.org/stable/29730106.

Farber, Henry S. "Why You Can't Find a Taxi in the Rain and Other Labor Supply Lessons from Cab Drivers." *Quarterly Journal of Economics* 130, no. 4 (Novembro de 2015): 1975–2026. doi.org/10.1093/qje/qjv026.

Flepp, Raphael; Meier, Philippe; Franck, Egon. "The Effect of Paper Outcomes versus Realized Outcomes on Subsequent Risk-Taking: Field Evidence from Casino Gambling." *Organizational Behavior and Human Decision Processes* 165 (Julho de 2021): 45–55. doi.org/10.1016/j.obhdp.2021.04.003.

Flyvbjerg, Bent; Holm, Mette K. Skamris; Buhl, Søren L. "Underestimating Costs in Public Works Projects: Error or Lie?" *Journal of the American Planning Association* 68, no. 3 (2002): 279–95. doi.org/10.1080/01944360208976273.

Fox, Frederick V.; Staw, Barry M. "The Trapped Administrator: Effects of Job Insecurity and Policy Resistance upon Commitment to a Course of Action." *Administrative Science Quarterly* 24, no. 3 (Setembro de 1979): 449–71. doi.org/10.2307/2989922.

Fried, Carrie B.; Aronson, Elliot. "Hypocrisy, Misattribution, and Dissonance Reduction." *Personality and Social Psychology Bulletin* 21, no. 9 (Setembro de 1995): 925–33. doi.org/10.1177/0146167295219007.

Gal, David. "A Psychological Law of Inertia and the Illusion of Loss Aversion." *Judgment and Decision Making* 1, no. 1 (2006): 23–32.

Gal, David; Rucker, Derek D. "The Loss of Loss Aversion: Will It Loom Larger Than Its Gain?" *Journal of Consumer Psychology* 28, no. 3 (Julho de 2018): 497–516. doi.org/10.1002/jcpy.1047.

Gillan, Stuart L.; Kensinger, John W.; Martin, John D. "Value Creation and Corporate Diversification: The Case of Sears, Roebuck & Co." *Journal of Financial Economics* 55, no.1 (Janeiro de 2000): 10337. doi.org/10.1016/S0304-405X(99)-00046-X.

Güllich, Arne; Macnamara, Brooke N.; Hambrick, David Z. "What Makes a Champion? Early Multidisciplinary Practice, Not Early Specialization, Predicts World-Class Performance." *Perspectives on Psychological Science* 17, no. 1 (Janeiro de 2022): 6–29. doi.org/10.1177/1745691620974772.

Halevy, Yoram. "Ellsberg Revisited: An Experimental Study." *SSRN Electronic Journal* (Julho de 2005): 1–48. doi.org/10.2139/ssrn.770964.

Harmon-Jones, Eddie; Mills, Judson. "An Introduction to Cognitive Dissonance Theory and an Overview of Current Perspectives on the Theory." *In:Cognitive Dissonance: Reexamining a Pivotal Theory in Psychology*, 2nd ed., editado por Eddie Harmon-Jones, 3–24. Washington, D.C.: American Psychological Association, n.d., 2019.

Heath, Chip; Larrick, Richard P.; Wu, George. "Goals as Reference Points." *Cognitive Psychology* 38, no. 1 (Fevereiro de 1999): 79–109. doi.org/10.1006/cogp.1998.0708.

Heimer, Rawley; Iliewa, Zwetelina; Imas, Alex; Weber, Martin. "Dynamic Inconsistency in Risky Choice: Evidence from the Lab and Field." *SSRN Electronic Journal* (2020). doi.org/10.2139/ssrn.3600583.

Heimer, Rawley; Iliewa, Zwetelina; Imas, Alex; Weber, Martin. "Dynamic Inconsistency in Risky Choice: Evidence from the Lab and Field." Artigo de Discussão No. 271, Projeto C 01, Universidade de Bonn, Collaborative Research Center, Março de 2021. wiwi.uni-bonn.de/bgsepapers/boncrc/CRCTR224_2021_274.pdf.

Hinton, Alexander; Sun, Yiguo. "The Sunk-Cost Fallacy in the National Basketball Association: Evidence Using Player Salary and Playing Time." *Empirical Economics* 59, no. 2 (Agosto de 2020): 1019–36. doi.org/10.1007/s00181-019-01641-4.

Kahneman, Daniel. "Cognitive Limitations and Public Decision Making." *In: Science and Absolute Values: Proceedings of the Third International Conference on the Unity of the Sciences*, 1261–81. London:" International Cultural Foundation, 1974.

Kahneman, Daniel; Knetsch, Jack L. "Contingent Valuation and the Value of Public Goods: Reply." *Journal of Environmental Economics and Management* 22, no. 1 (Janeiro de 1992): 90–94. doi.org/10.1016/0095-0696(92)90021-N.

Kahneman, Daniel; Knetsch, Jack L. "Valuing Public Goods: The Purchase of Moral Satisfaction." *Journal of Environmental Economics and Management* 22, no. 1 (Janeiro de 1992): 57–70. doi.org/10.1016/0095-0696(92)90019-s.

Kahneman, Daniel; Knetsch, Jack L.; Thaler, Richard H. "Anomalies: The Endowment Effect, Loss Aversion, and Status Quo Bias." *Journal of Economic Perspectives* 5, no. 1 (Inverno de 1991): 193–206. doi.org/10.1257/jep.5.1.193.

Kahneman, Daniel; Knetsch, Jack L.; Thaler, Richard H. "Experimental Tests of the Endowment Effect and the Coase Theorem." *Journal of Political Economy* 98, no. 6 (Dezembro de 1990): 1325–48. jstor.org/stable/2937761.

Kahneman, Daniel, Knetsch, Jack L.; Thaler, Richard H. "Fairness and the Assumptions of Economics." *Journal of Business* 59, no. 4 (Outubro de 1986): 285–300. jstor.org/stable/2352761.

Kahneman, Daniel; Knetsch, Jack L.; Thaler, Richard. "Fairness as a Constraint on Profit Seeking: Entitlements in the Market." *American Economic Review* 76, no. 4 (Setembro de 1986): 728–41. jstor.org/stable/1806070.

Kahneman, Daniel; Lovallo, Dan. "Timid Choices and Bold Forecasts: A Cognitive Perspective on Risk Taking." *Management Science* 39, no. 1 (Janeiro de 1993): 17–31. doi.org/10.1287/mnsc.39.1.17.

Kahneman, Daniel; Miller, Dale T. "Norm Theory: Comparing Reality to Its Alternatives." *Psychological Review* 93, no. 2 (1986): 136–53. doi.org/10.1037//0033-295x.93.2.136.

Kahneman, Daniel; Thaler, Richard. "Economic Analysis and the Psychology of Utility: Applications to Compensation Policy." *American Economic Review* 81, no. 2 (1991): 341–46. jstor.org/stable/2006882.

Kahneman, Daniel; Tversky, Amos. "Choices, Values, and Frames." *American Psychologist* 39, no. 4 (1984): 341–50. doi.org/10.1037/0003-066X.39.4.341. Kahneman, Daniel e Amos Tversky. "Intuitive Prediction: Biases and Cor-rective Procedures." *Management Science* 12 (1979): 313–27.

Kahneman, Daniel; Tversky, Amos. "On the Psychology of Prediction." *Psychological Review* 80, no. 4 (1973): 237–5l.

Kahneman, Daniel; Tversky, Amos. "On the Reality of Cognitive Illusions." *Psychological Review* 103, no. 3 (1996): 582–91. doi.org/10.1037/0033-295X.103.3.582.

Kahneman, Daniel; Tversky, Amos. "On the Study of Statistical Intuitions." *Cognition* 11, no. 2 (Março de 1982): 123–41. doi.org/10.1016/0010-0277(82) 90022-1.

Kahneman, Daniel; Tversky, Amos. "Prospect Theory: An Analysis of Decision under Risk." *Econometrica* 47, no. 2 (Março de 1979): 263–91. doi.org/10.2307/1914185.

Kahneman, Daniel; Tversky, Amos. "The Psychology of Preferences." *Scientific American* 246 (Janeiro de 1982): 160–73.

Kahneman, Daniel; Tversky, Amos. "Subjective Probability: A Judgment of Representativeness." *Cognitive Psychology* 3 (1972): 430–54.

Kahneman, Daniel; Tversky, Amos. "Variants of Uncertainty." *Cognition* 11 (Abril de 1982): 43–157.

Keefer, Quinn A. W. "Decision-Maker Beliefs and the Sunk-Cost Fallacy: Major League Baseball's Final-Offer Salary Arbitration and Utilization." *Journal of Economic Psychology* 75 (Dezembro de 2019): 1–16. doi.org/10.1016/j.joep.2018.06.002.

Keefer, Quinn A. W. "The Sunk-Cost Fallacy in the National Football League: Salary Cap Value and Playing Time." *Journal of Sports Economics* 18, no. 3 (2017): 282–97. doi.org/10.1177/1527002515574515.

Keefer, Quinn A. W. "Sunk Costs in the NBA: The Salary Cap and Free Agents." *Em-pirical Economics* 61, no. 3 (2021): 3445-78. doi.org/10.1007/s00181-020-01996-z.

Knetsch, Jack L. "The Endowment Effect and Evidence of Nonreversible Indifference Curves." *American Economic Review* 79, no. 5 (Dezembro de 1989): 1277-84. jstor.org/stable/1831454.

Knetsch, Jack L. "Environmental Policy Implications of Disparities between Willingness to Pay and Compensation Demanded Measures of Values." *Journal of Environmental Economics and Management* 18, no. 3 (Maio de 1990): 227-37. doi.org/10.1016/0095-0696(90)90003-H.

Koellinger, Philipp; Minniti, Maria; Schade, Christian. "I Think I Can, I Think I Can: Overconfidence and Entrepreneurial Behavior." *Journal of Economic Psychology* 28, no. 4 (Agosto de 2007): 502-27. doi.org/10.1016/j.joep.2006.11.002.

Koning, Rembrand; Hasan, Sharique; Chatterji, Aaron. "Experimentation and Startup Performance: Evidence from A/B Testing." Documento de trabalho 26278, National Bureau of Economic Research, Setembro de 2019. doi.org/10.3386/w26278.

Larcom, Shaun; Rauch, Ferdinand; Willems, Tim. "The Benefits of Forced Experimentation: Striking Evidence from the London Underground Network." *Quarterly Journal of Economics* 132, no. 4 (Novembro de 2017): 2019-55. doi.org/10.1093/qje/qjx020.

Leeds, Daniel M.; Leeds, Michael A.; Motomura, Akira. "Are Sunk Costs Irrelevant? Evidence from Playing Time in the National Basketball Association." *Economic Inquiry* 53, no. 2 (Abril de 2015): 1305-16. doi.org/10.1111/ecin.12190.

Lerner, Jennifer S.; Tetlock, Philip E. "Accounting for the Effects of Accountability." *Psychological Bulletin* 125, no. 2 (1999): 255-75. doi.org/ 10.1037/0033-2909.125.2.255.

Levitt, Steven D. "Heads or Tails: The Impact of a Coin Toss on Major Life Decisions and Subsequent Happiness." *Review of Economic Studies* 88, no. 1 (Janeiro 2021): 378-405. doi.org/10.1093/restud/rdaa016.

Locke, Edwin A.; Latham, Gary P. "The Development of Goal Setting Theory: A Half Century Retrospective." *Motivation Science* 5, no. 2 (2019): 93-105. doi.org/10.1037/mot0000127.

Lovallo, Dan; Kahneman, Daniel. "Living with Uncertainty: Attractiveness and Resolution Timing." *Journal of Behavioral Decision Making* 13, no. 2 (Abril de 2000): 179-90.

Lucas, Gale M.; Gratch, Jonathan; Cheng, Lin; Marsella, Stacy. "When the Going Gets Tough: Grit Predicts Costly Perseverance." *Journal of Research in Personality* 59 (Dezembro de 2015): 15-22. doi.org/10.1016/j.jrp.2015.08.004.

Massey, Cade; Thaler, Richard H. "The Loser's Curse: Decision Making and Market Efficiency in the National Football League Draft." *Management Science* 59, no. 7 (2013): 1479-95.

Mauboussin, Michael; Callahan, Dan. "Turn and Face the Strange: Overcoming Barriers to Change in Sports and Investing." Morgan Stanley, Counterpoint Global Insights, 8 de Setembro de 2021. morganstanley.com/im/publication/insights/articles/article_turnandfacethestrange_us.pdf.

Milkman, Katherine L.; Rogers, Todd; Bazerman, Max H. "Harnessing Our Inner Angels and Demons: What We Have Learned about Want/Should Conflicts and How That Knowledge Can Help Us Reduce Short-Sighted Decision Making." *Perspectives on Psychological Science* 3, no. 4 (Julho de 2008): 324–38. doi.org/10.1111/j.1745-6924.2008.00083.x.

Milkman, Katherine L.; Rogers, Todd; Bazerman, Max H. "I'll Have the Ice Cream Soon and the Vegetables Later: A Study of Online Grocery Purchases and Order Lead Time." *Marketing Letters* 21 (2010): 17–35. doi.org/10.1007/s11002-009-9087-0.

Moore, Don A.; Cain, Daylian M. "Overconfidence and Underconfidence: When and Why People Underestimate (and Overestimate) the Competition." *Organizational Behavior and Human Decision Processes* 103, no. 2 (Julho de 2007): 197–213. doi.org/10.1016/j.obhdp.2006.09.002.

Moore, Don A.; Oesch, John M.; Zietsma, Charlene. "What Competition? Myopic Self-Focus in Market-Entry Decisions." *Organization Science* 18, no. 3 (Maio-Junho de 2007): 440–54. doi.org/10.1287/orsc.1060.0243.

Morewedge, Carey K.; Giblin, Colleen E. "Explanations of the Endowment Effect: An Integrative Review." *Trends in Cognitive Sciences* 19, no. 6 (Junho de 2015): 339–48. doi.org/10.1016/j.tics.2015.04.004.

Morewedge, Carey K.; Shu, Lisa L.; Gilbert, Daniel T.; Wilson, Timothy D. "Bad Riddance or Good Rubbish? Ownership and Not Loss Aversion Causes the Endowment Effect." *Journal of Experimental Social Psychology* 45, no. 4 (Julho de 2009): 947–51. doi.org/10.1016/j.jesp.2009.05.014.

Northcraft, Gregory B.; Neale, Margaret A. "Opportunity Costs and the Framing of Resource Allocation Decisions." *Organizational Behavior and Human Decision Processes* 37, no. 3 (Junho de 1986): 348–56. doi.org/10.1016/0749-5978(86)90034-8.

Norton, Michael I.; Mochon, Daniel; Ariely, Dan. "The IKEA Effect: When Labor Leads to Love." *Journal of Consumer Psychology* 22, no. 3 (Julho de 2012): 453–60. doi.org/10.1016/j.jcps.2011.08.002.

Novemsky, Nathan; Kahneman, Daniel. "The Boundaries of Loss Aversion." *Journal of Marketing Research* 42, no. 2 (Maio de 2005): 119–28. doi.org/10.1509/jmkr.42.2.119.62292.

O'Connor, Kathleen M.; De Dreu, Carsten K. W.; Schroth, Holly; Barry, Bruce; Lituchy, Terri R.; Bazerman, Max H. "What We Want to Do versus What We Think We Should Do." *Journal of Behavioral Decision Making* 15, no. 5 (Dezembro de 2002): 403–18. doi.org/10.1002/bdm.426.

Odean, Terrance. "Are Investors Reluctant to Realize Their Losses?" *Journal of Finance* 53, no. 5 (Outubro de 1998): 1775–98. doi.org/10.1111/0022-1082.00072.

Ordóñez, Lisa D.; Schweitzer, Maurice E.; Galinsky, Adam D.; Bazerman, Max H. "Goals Gone Wild: The Systematic Side Effects of Overprescribing Goal Setting." *Academy of Management Perspectives* 23, no. 1 (Fevereiro de 2009): 6–16. doi.org/10.5465/amp.2009.37007999.

Ordóñez, Lisa D.; Schweitzer, Maurice E.; Galinsky, Adam D.; Bazerman, Max H. "On Good Scholarship, Goal Setting, and Scholars Gone Wild." *Academy of Management Perspectives* 23, no. 3 (Abril de 2009). doi.org/10.2139/ssrn.1382000.

Patil, Shefali V.; Vieider, Ferdinand; Tetlock, Philip E. "Process versus Outcome Accountability." *In: The Oxford Handbook of Public Accountability*, editado por Mark Bovens, Robert E. Goodin e Thomas Schillemans, 69–89. Nova York: Oxford University Press, 2014. doi.org/10.1093/oxfordhb/97801 99641253.013.0002.

Pierce, Jon L.; Kostova, Tatiana; Dirks, Kurt T. "The State of Psychological Ownership: Integrating and Extending a Century of Research." *Review of General Psychology* 7, no. 1 (Março de 2003): 107–84. doi.org/10.1037/1089-2680.7.1.84.

Pierce, Jon L.; Kostova, Tatiana; Dirks, Kurt T. "Toward a Theory of Psychological Ownership in Organizations." *Academy of Management Review* 26, no. 2 (Abril de 2001): 298–310. doi.org/10.2307/259124.

Polman, Evan. "Self–Other Decision Making and Loss Aversion." *Organizational Behavior and Human Decision Processes* 119, no. 2 (Novembro de 2012): 141–50. doi.org/10.1016/j.obhdp.2012.06.005.

Preller, Rebecca; Patzelt, Holger; Breugst, Nicola. "Entrepreneurial Visions in Founding Teams: Conceptualization, Emergency, and Effects on Opportunity Development." *Journal of Business Venturing* 35, no. 2 (Março de 2020): 105914. doi.org/10.1016/j.jbusvent.2018.11.004.

Rabin, Matthew; Bazerman, Max. "Fretting about Modest Risks Is a Mistake." *California Management Review* 61, no. 3 (Maio de 2019): 34–48. doi.org/10.1177/0008125619845876.

Raff, Daniel M. G.; Temin, Peter. "Sears, Roebuck in the Twentieth Century: Competition, Complementarities, and the Problem of Wasting Assets." *In: Learning by Doing in Markets, Firms, and Countries*, editado por Naomi R. Lamoreaux, Raff, and Temin, 219–52. Chicago: University of Chicago Press, 1999.

Reb, Jochen; Connolly, Terry. "Possession, Feelings of Ownership and the Endowment Effect." *Judgment and Decision Making* 2, no. 2 (Abril de 2007): 107–14. journal.sjdm.org/vol2.2.htm.

Ritov, Ilana; Baron, Jonathan. "Outcome Knowledge, Regret, and Omission Bias." *Organizational Behavior and Human Decision Processes* 64, no. 2. (1995): 119–27.

Ritov, Ilana; Baron, Jonathan. "Reluctance to Vaccinate: Omission Bias and Ambiguity." *Journal of Behavioral Decision Making* 3, no. 4 (Outubro/Dezembro de 1990): 263–77. doi.org/10.1002/bdm.3960030404.

Ritov, Ilana; Baron, Jonathan. "Status-Quo and Omission Biases." *Journal of Risk and Uncertainty* 5 (1992): 49–61. doi.org/10.1007/BF00208786.

Robertson-Kraft, Claire; Duckworth, Angela Lee. "True Grit: Trait-Level Perseverance and Passion for Long-Term Goals Predicts Effectiveness and Retention among Novice Teachers." *Teachers College Record* 116, no. 3 (Março de 2014): 1–27. doi.org/10.1177/016146811411600306.

Ross, Jerry; Staw, Barry M. "Managing Escalation Processes in Organizations." *Journal of Managerial Issues* 3, no. 1 (Primavera de 1991): 15–30. jstor.org/stable/40603896.

Ross, Jerry; Staw, Barry M. "Organizational Escalation and Exit: Lessons from the Shoreham Nuclear Power Plant." *Academy of Management Journal* 36, no. 4 (Agosto de 1993): 701–32. doi.org/10.2307/256756.

Rubin, Jeffrey Z.; Brockner, Joel. "Factors Affecting Entrapment in Waiting Situations: The Rosencrantz and Guildenstern Effect." *Journal of Personality and Social Psychology* 31, no. 6 (Janeiro de 1975): 1054–63. doi.org/10.1037/h0076937. Rubin, Jeffrey Z., Joel Brockner, Susan Small-Weil, and Sinaia Nathanson. "Factors Affecting Entry into Psychological Traps." *Journal of Conflict Resolution* 24, no. 3 (Setembro de 1980): 405–26. doi.org/10.1177/002200278002400302.

Ruggeri, Kai et al. "Not Lost in Translation: Successfully Replicating Prospect Theory in 19 Countries." Versão pré-publicação, 21 de Agosto de 2019. osf.io/2nyd6.

Ruggeri, Kai et al. "Replicating Patterns of Prospect Theory for Decision under Risk." *Nature Human Behavior* 4 (2020): 622–33. doi.org/10.1038/s41562-020-0886-x.

Samuelson, William; Zeckhauser, Richard J. "Status Quo Bias in Decision Making." *Journal of Risk and Uncertainty* 1, no. 1 (Fevereiro de 1988): 7–59. doi.org/10.1007/BF00055564.

Schwartz, Barry. "The Sunk-Cost Fallacy: Bush Falls Victim to a Bad New Argument for the Iraq War." *Slate*, 9 de Setembro de 2005. slate.com/news-and-politics/2005/09/bush-is-a-sucker-for-the-sunk-cost-fallacy.html.

Schweitzer, Maurice. "Disentangling Status Quo and Omission Effects: An Experimental Analysis." *Organizational Behavior and Human Decision Processes* 58, no. 3 (Junho de 1994): 457–76. doi.org/10.1006/obhd.1994.1046.

Schweitzer, Maurice E.; Ordóñez, Lisa; Douma, Bambi. "The Dark Side of Goal Setting: The Role of Goals in Motivating Unethical Decision Making." *Academy of Management Proceedings* 2002, no. 1 (2002): B1–6. doi.org/10.5465/apbpp.2002.7517522.

Shu, Suzanne B.; Peck, Joann. "Psychological Ownership and Affective Reaction: Emotional Attachment Process Variables and the Endowment Effect." *Journal of Consumer Psychology* 21, no. 4 (Outubro de 2011): 439–52. doi.org/10.1016/j.jcps.2011.01.002.

Simons, Daniel J.; Chabris, Christopher F. "Gorillas in Our Midst: Sustained Inattentional Blindness for Dynamic Events." *Perception* 28, no. 9 (Setembro de 1999): 1059–74. doi.org/10.1068/p281059.

Simonson, Itamar; Staw, Barry. "Deescalation Strategies: A Comparison of Techniques for Reducing Commitment to Losing Courses of Action." *Journal of Applied Psychology* 77, no. 4 (1992): 419–26. doi.org/10.1037/0021-9010.77.4.419.

Sivanathan, Niro; Molden, Daniel C.; Galinsky, Adam D.; Ku, Gillian. "The Promise and Peril of Self-Affirmation in De-Escalation of Commitment." *Organizational Behavior and Human Decision Processes* 107, no. 1 (Setembro de 2008): 1–14. doi.org/10.1016/j.obhdp.2007.12.004.

Sleesman, Dustin J.; Conlon, Donald E.; McNamara, Gerry; Miles, Jonathan E. "Cleaning Up the Big Muddy: A Meta-Analytic Review of the Determinants of Escalation of Commitment." *Academy of Management Journal* 55, no. 3 (2012): 541–62. doi.org/10.5465/amj.2010.0696.

Spranca, Mark; Minsk, Elisa; Baron, Jonathan. "Omission and Commission in Judgment and Choice." *Journal of Experimental Social Psychology* 27, no. 1 (Janeiro de 1991): 76–105. doi.org/10.1016/0022-1031(91)90011-t.

Staw, Barry M. "Attribution of the 'Causes' of Performance: A General Alternative Interpretation of Cross-Sectional Research on Organizations." *Organizational Behavior and Human Performance* 13, no. 3 (Junho de 1975): 414–32. doi.org/10.1016/0030-5073(75)90060-4.

Staw, Barry M. "The Escalation of Commitment to a Course of Action." *Academy of Management Review* 6, no. 4 (Outubro de 1981): 577–87. doi.org/10.2307/257636.

Staw, Barry M. "The Experimenting Organization." *Organizational Dynamics* 6, no. 1 (Verão de 1977): 3–18. doi.org/10.1016/0090-2616(77)90032-8.

Staw, Barry M. "Knee-Deep in the Big Muddy: A Study of Escalating Commitment to a Chosen Course of Action." *Organizational Behavior and Human Performance* 16, no. 1 (Junho de 1976): 27–44. doi.org/10.1016/0030-5073(76)90005-2.

Staw, Barry M. "Stumbling Toward a Social Psychology of Organizations: An Autobiographical Look at the Direction of Organizational Research." *Annual Review of Organizational Psychology and Organizational Behavior* 3 (Março de 2016): 1–19. doi.org/10.1146/annurev-orgpsych-041015-062524.

Staw, Barry M.; Barsade, Sigal G.; Koput,Kenneth W. "Escalation at the Credit Window: A Longitudinal Study of Bank Executives' Recognition and Write-Off of Problem Loans." *Journal of Applied Psychology* 82, no. 1 (1997): 130–42. doi.org/10.1037/0021-9010.82.1.130.

Staw, Barry M.; Boettger, Richard D. "Task Revision: A Neglected Form of Work Performance." *Academy of Management Journal* 33, no. 3 (Setembro de 1990): 534–59.

Staw, Barry M.; Fox, Frederick V. "Escalation: The Determinants of Commitment to a Chosen Course of Action." *Human Relations* 30, no. 5 (Maio de 1977): 431–50. doi.org/10.1177/001872677703000503.

Staw, Barry M.; Hoang, Ha. "Sunk Costs in the NBA: Why Draft Order Affects Playing Time and Survival in Professional Basketball." *Administrative Science Quarterly* 40, no. 3 (Setembro de 1995): 474–494. doi.org/10.2307/2393794.

Staw, Barry M.; McKechnie, Pamela I.; Puffer, Sheila M. "The Justification of Organizational Performance." *Administrative Science Quarterly* 28, no. 4 (Dezembro de 1983): 582–600. doi.org/10.2307/2393010.

Staw, Barry M.; Ross, Jerry. "Behavior in Escalation Situations: Antecedents, Prototypes, and Solutions." *Research in Organizational Behavior* 9 (Janeiro de 1987): 39–78.

Staw, Barry M.; Ross, Jerry. "Commitment to a Policy Decision: A MultiTheoretical Perspective." *Administrative Science Quarterly* 23, no. 1 (Março de 1978): 40–64. doi.org/10.2307/2392433.

Staw, Barry M.; Ross, Jerry. "Understanding Behavior in Escalation Situations." *Science* 246, no. 4927 (Outubro de 1989): 216–20. doi.org/10.1126/science.246.4927.216.

Steinkühler, Dominik.; Mahlendorf, Matthias D.; Brettel, Malte. "How SelfJustification Indirectly Drives Escalation of Commitment." *Schmalenbach Business Review* 66, no. 2 (2014): 191–222. doi.org/10.1007/bf03396905.

Tenney, Elizabeth R.; Logg, Jennifer M.; Moore, Don A. "(Too) Optimistic about Optimism: The Belief That Optimism Improves Performance." *Journal of Personality and Social Psychology* 108, no. 3 (Março de 2015): 377–99. doi.org/ 10.1037/pspa0000018.

Tetlock, Philip E. "Close-Call Counterfactuals and Belief-System Defenses: I Was Not Almost Wrong but I Was Almost Right." *Journal of Personality and Social Psychology* 75, no. 3 (1998): 639–52. doi.org/10.1037/0022-3514.75.3.639.

Thaler, Richard H. "Mental Accounting and Consumer Choice." *Marketing Science* 4, no. 3 (Agosto de 1985): 199–214. doi.org/10.1287/mksc.4.3.199.

Thaler, Richard H. "Mental Accounting Matters." *Journal of Behavioral Decision Making* 12, no. 3 (Setembro de 1999): 183–206. doi.org/10.1002/(sici)1099-0771(199909)12:3 <183::aid-bdm318> 3.0.co;2-f.

Thaler, Richard H. (featured). "The Sports Learning Curve: Why Teams Are Slow to Learn and Adapt." Vídeo do debate na MIT Sloan Sports Analytics Conference, Março de 2020. sloansportsconference.com/event/the-sports-learning-curve-why-teams-are-slow-to-learn-and-adapt.

Thaler, Richard H. "Toward a Positive Theory of Consumer Choice." *Journal of Economic Behavior & Organization* 1, no. 1 (Março de 1980): 39–60. doi.org/10.1016/0167-2681(80)90051-7.

Thaler, Richard H.; Johnson, Eric J. "Gambling with the House Money and Trying to Break Even: The Effects of Prior Outcomes on Risky Choice." *Management Science* 36, no. 6 (Junho de 1990): 643–60. doi.org/10.1287/mnsc.36.6.643. Thibodeau, Ruth e Elliot Aronson. "Taking a Closer Look: Reasserting the Role of the Self--Concept in Dissonance Theory." *Personality & Social Psychology Bulletin* 18, no. 5 (Outubro de 1992): 591–602. doi.org/10.1177/0146167292185010.

Tversky, Amos; Kahneman, Daniel. "Advances in Prospect Theory: Cumulative Representation of Uncertainty." *Journal of Risk and Uncertainty* 5 , no. 4 (1992): 297–323. jstor.org/stable/41755005.

Tversky, Amos; Kahneman, Daniel. "Availability: A Heuristic for Judging Frequency and Probability." *Cognitive Psychology* 5, no. 2 (Setembro de 1973) 207–32. doi.org/10.1016/0010-0285(73)90033-9.

Tversky, Amos; Kahneman, Daniel. "Belief in the Law of Small Numbers." *Psychological Bulletin* 76, no. 2 (Agosto de 1971): 105.

Tversky, Amos; Kahneman, Daniel. "Causal Schemas in Judgments under Uncertainty." *In: Progress in Social Psychology*, editado por Martin Fishbein, 49–72. Londres: Psychology Press, 1980.

Tversky, Amos; Kahneman, Daniel. "Causal Thinking in Judgment under Uncertainty." *In: Basic Problems in Methodology and Linguistics*, editado por Robert E. Butts e Jaakko Hintikka, 167–90. Dordrecht, Netherlands: Springer, 1977.

Tversky, Amos; Kahneman, Daniel. "Evidential Impact of Base Rates." *In: Judgment under Uncertainty: Heuristics and Biases*, editafo por Daniel Kahneman, Paul Slovic e Amos Tversky, 153–60. Cambridge, UK: Cambridge University Press, 1982.

Tversky, Amos; Kahneman, Daniel. "Extensional vs. Intuitive Reasoning: The Conjunction Fallacy in Probability Judgment." *Psychological Review* 90 (Outubro de 1983): 293–315.

Tversky, Amos; Kahneman, Daniel. "The Framing of Decisions and the Psychology of Choice." *Science* 211, no. 4481 (Janeiro de 1981): 453–58. doi.org/10.1126/science.7455683.

Tversky, Amos; Kahneman, Daniel. "Judgment under Uncertainty: Heuristics and Biases." *Science* 185, no. 4157 (Setembro de 1974): 1124–31. doi.org/10.1016/0010-0285(73)90033-9.

Tversky, Amos; Kahneman, Daniel. "Loss Aversion in Riskless Choice: A Reference Dependent Model." *Quarterly Journal of Economics* 106, no. 4 (Novembro de 1991): 1039–61. doi.org/10.2307/2937956.

Tversky, Amos; Kahneman, Daniel. "Rational Choice and the Framing of Decisions." *Journal of Business* 59, no. 4 (Outubro de 1986): 251–78. jstor.org/stable/2352759.

Tversky, Amos; Slovic, Paul; Kahneman, Daniel. "The Causes of Preference Reversal." *The American Economic Review* 80, no. 1 (Março de 1990): 204–17. jstor.org/stable/2006743.

Van Putten, Marijke; Zeelenberg, Marcel; van Dijk, Eric. "Who Throws Good Money after Bad? Action vs. State Orientation Moderates the Sunk Cost Fallacy." *Judgment and Decision Making* 5, no. 1 (Fevereiro de 2010): 33–36. journal.sjdm.org/10/91028/jdm91028.pdf.

Varadrajan, P. Rajan; Jayachandran, Satish; White, J. Chris. "Strategic Interdependence in Organizations: Deconglomeration and Marketing Strategy." *Journal of Marketing* 65, no. 1 (Janeiro de 2001): 15–28. doi.org/10.1509 jmkg.65.1.15.18129.

Von Culin, Katherine R.; Tsukayama, Eli; Duckworth, Angela L. "Unpacking Grit: Motivational Correlates of Perseverance and Passion for Long-Term Goals." *The Journal of Positive Psychology* 9, no. 4 (Março de 2014): 306–12. doi.org/10.1080/17439760.2014.898320.

Weber, Martin; Camerer, Colin F. "The Disposition Effect in Securities Trading: An Experimental Analysis." *Journal of Economic Behavior & Organization* 33, no. 2 (1998): 167–84. doi.org/10.1016/S0167-2681(97)00089-9.

Wrosch, Carsten; Miller, Gregory E.; Scheier, Michael F.; de Pontet, Stephanie Brun. "Giving Up on Unattainable Goals: Benefits for Health?" *Personality and Social Psychology Bulletin* 33, no. 2 (Fevereiro de 2007): 251–65. doi.org/10.1177/0146167206294905.

Wrosch, Carsten; Scheier, Michael F.; Carver, Charles S.; Schulz, Richard. "The Importance of Goal Disengagement in Adaptive Self-Regulation: When Giving Up is Beneficial." *Self and Identity* 2, no. 1 (2003): 1–20. doi.org/10.1080/15298860309021.

Wrosch, Carsten; Scheier, Michael F.; Miller, Gregory E.; Schulz, Richard; Carver., Charles S. "Adaptive Self-Regulation of Unattainable Goals: Goal Disengagement, Goal Reengagement, and Subjective Well-Being." *Personality and Social Psychology Bulletin* 29, no. 12 (Dezembro de 2003): 1494–1508.i.org/10.1177/0146167203256921.

ÍNDICE

A

ABC Stores, 65, 155
Accel, 20
Adventure Consultants, 3
Afeganistão, 70
aforismo(s), xvi, 15, 48, 135
Akepanidtaworn, Klakow, 51
Ali, Muhammad, xiii–xxii, 25
Allstate, 142
Alphabet, 94
Armstrong, Cleo, 146
Aronson, Elliot, 148
Asana, 121
Autoridade Ferroviária de Alta Velocidade da Califórnia, 74

B

Babcock, Linda, 42
Ball, George, 69
Barsade, Sigal, 169
Bazerman, Max, 203
benchmark(s), 51, 101, 161
Berle, Milton, xix
Beshears, John, 152
bin Laden, Osama, 34–37, 106
Bird, Larry, 136
Blockbuster, 14, 37, 137, 155, 176
bootstrapping, comparado com financiamento de risco, 120, 154
Brady, Tom, 14
Branson, Richard, xvi
Brenner, Teddy, xiv, 25
Brin, Sergey, 93
Brockner, Joel, 71, 89
Butterfield, Stewart, 19, 84, 135, 155, 163, 189, 214

C

Caldwell, Tommy, 58
Callahan, Dan, 136–137
Camerer, Colin, 42, 131
cara ou coroa, jogar, 28, 35, 45–50, 78
Carter, Jimmy, 80, 106
Chabris, Christopher, 215
Chappelle, Dave, 37–40
Chin, Jimmy, 57
Cohen, Alexandra "Sasha", 113–116, 132, 147, 189, 206
Colborne, Graham, 202
Coldwell Banker, 142
Connolly, Sean, 36–40
contabilidade mental, 87, 150, 199
fechar a, 207
contratação, 26
contratos de pré-compromisso, 101
Conway, Ron, 159–173
Covid-19, 198
crença(s), 27, 70, 121, 127, 144–154, 164–165
critério de eliminação premortem, 103
critérios de eliminação, 100–110, 161, 210
gerenciamento de funil, 102
incluir estados e datas, 105
custo-benefício, análise de, 208
custo irrecuperável, xx, 76, 155, 183
falácia do, 80, 86, 123, 172
custo(s) de oportunidade, 53, 79
negligência do, 214
reduzindo os, 97

D

Dean Witter, 142
Debreu, Gerard, 94
decisão, tomada de, 43, 60, 76, 166
　habilidade de, 8
　incerteza na, 26
Denton, Jeremiah, 80
desistência
　a favor da, xvi
　armadilhas cognitivas e identitárias, 156
　autoimagem, 150
　comportamento de, 41–48
　conotação negativa, xvii
　conseguir, 23
　decisão, 9, 134, 154, 169
　de quem você é, 144
　e admitir a derrota, 98
　é a ferramenta, 10
　eufemismo para, xviii
　forçada, 191
　incapacidade, 69, 87
　opção de, 16–18
　paradoxo da, 207
　persistência ou, 35–40
　persistir ou, 126
　quando é a hora certa, 5, 160
　reabilitar a própria ideia, 217
　recusa a, xiv
　sinais, xv, 5
　ter a opção de, 12
　tomar boas decisões sobre, 25
　treinador de, 167, 210
　vínculo de, 37–40
　virtudes, 3

desistência e perseverança, 155
　erro de calibração entre, 44
　escolhas de, 197
　desperdício, redefinir o, 217
Dickinson, Charles, 8
Discover, 142
dissonância cognitiva, 148–153
diversificação, 197
dividir e conquistar, estratégia, 169–171
dotação, efeito de, 123–128, 172
Douma, Bambi, 203
Duckworth, Angela, xx, 43

E

Eastman, Bob, 146
economia comportamental, 42–49, 76
Edison, Thomas, xv–xvii
El Capitan, 57, 84
erros de ação vs de omissão, 134
escalada de compromisso, 69–72, 89, 129, 151, 170, 203
Everest, monte, 3–11, 34, 100, 205

F

Facebook, 121
Farber, Henry, 51
feedback, 85
　ciclo de, 132
　crítico, 10
　problema de, 54
Festinger, Leon, 144
Fields, W. C., xvi
Flickr, 19, 189
Flow, 120, 154

Ford, Henry, 41
Foreman, George, xiii, 25
formigas, 175–178, 188–200, 214
Fox, Frederick, 151
fracasso, 23, 213
Frazier, Joe, xiii
Fred Meyer Inc., 67, 86, 128

G

Galinsky, Adam, 203
Game Neverending, 189
garra, xv, 9, 217
　Monte Everest, 3
Giblin, Colleen, 127
Gladwell, Malcolm, xx
Gleitman, Lila, 185
Glitch, 20, 84, 100, 163, 189
Goldman Sachs, 140
Google, 93, 120, 184.
　Consulte X
Grande Reabertura, 199
Grande Renúncia, 198
Guerra do Vietnã, 69

H

Hall, Rob, 7, 34–37, 205
Hansen, Doug, 7, 116, 205
Hein, Jon, 36–40
heurística, 26, 43, 51
Hillary, Sir Edmund, 34–37
Hilton, Conrad, xvi
Hoang, Ha, 129
Hoffman, Reid, 22
Holmes, Larry, xiv
Honnold, Alex, 57, 84, 155
Hopson, Angie, 202
Horowitz, Andreessen, 20
Hughes, Sarah, 113–116
Hutchison, Stuart, 3–14, 23, 134

Índice • 263

hyperloop, 97

I

identidade, 144–158, 173, 182
IKEA, efeito, 127
Imas, Alex, 49
incerteza, 10
inovação, 94

J

Jackson, Andrew, 8
James, William, 164
Johnson, Lyndon Baines, 69

K

Kahneman, Daniel, xxi, 5, 44, 78, 124, 166
Kalil, Tom, 184
Kasischke, Lou, 3–14, 23, 134
katamari, 99, 150, 168, 199
Katamari Damacy videogame, 81
Keech, Marian, 144
Keefer, Quinn, 132
Keller, Helen, 164
Keynes, John Maynard, 133
Kmart, 66, 141
Knetsch, Jack, 124
Koput, Kenneth, 169
Krakauer, Jon, 7, 205
Kwan, Michelle, 113

L

Landau, Barbara, 185
Larcom, Shaun, 191
Lederer, Howard, 186
Levitt, Steven, 35–40, 43
Lewis-Copeland, Mike, 202
linha de chegada, 203
Liston, Sonny, xiii

Loewenstein, George, 42
Logg, Jennifer, 164
Lowell, Ella, 146
lucratividade sustentável, 15–18

M

macacos e pedestais, 172
  identificar os, 210
  modelo mental, 95–98
MacTeens.com, 119
maratona, correndo, 201–214
Mauboussin, Michael, 136–137
McGuff, Kevin, 193
McRaven, William, 34–37, 106, 169
Metalab, 119
metas, 201–218
  aprovação/reprovação, 203–214
  estabelecer, 203
  lado sombrio das, 204
  miopia induzida pelas, 214–216
  precisam de ressalvas, 210
Milkman, Katy, 152
Moore, Don, 164
Morewedge, Carey, 127
Morgan Stanley, 143
Moskovitz, Dustin, 121
motoristas de táxi, 41–54
mParticle, 102
MVP (Produto Viável Mínimo), 10–12

N

Navy SEALs, 168
NBA, draft, 129–137
Neighbors, Mike, 192
Netflix, 14, 37

Newsom, Gavin, 75
Norgay, Tenzing, 34–37
Norton, Ken, xiii

O

O'Keeffe, Siobhan, 201
Oliver, Darren, 202
Olstyn Martinez, Sarah, 30–33, 83, 132, 155, 172
Operação Eagle Claw, 106
Operação Neptune Spear, 106
Ordóñez, Lisa, 203
otimismo, 25, 164–166

P

Pacheco, Ferdie, xiv, 25
Page, Larry, 93
perda, aversão à, xx, 44, 116, 126, 133, 173
Perlman, Itzhak, 181, 212
perseverança, xiv, 3, 13
  descrição positiva, xvii
  desejo de certeza, 13
  tempo demais, xx
persistência, xiv, xvi, 36–40, 136–137
  culpa é da, 71
  em demasia, xxi
  nem sempre uma virtude, 5
  tendência à, 68
Philips, 155, 197
Pinker, Steven, 182
Plum, Kelsey, 194
pôquer, 86, 108, 186, 214
projeção positiva, 164
Projeto Foghorn, 95
Projeto Loon, 95
propriedade, efeito de, 124
prudência, 7
Pryor, Richard, 10

Q

qualidade de vida, 29
Quayle, Steven, 202

R

Rauch, Ferdinand, 191
relacionamento(s), 26, 83, 101, 134, 171
Riecken, Henry, 144
Rock, Chris, 11
Rogers, Kenny, 15–18
Ross, Jerry, 80
Rubin, Jeffrey, 71, 89

S

Sage Stores, 65–67
Salesforce, 24
saltar sobre o tubarão, 37–40
Samuelson, William, 132
Santos, Laurie, 184
Schachter, Stanley, 144
Schweitzer, Maurice, 203
Sears, 139–144, 197
    empresa de serviços financeiros, 141.
    Consulte Allstate
Sears, Richard, 139
Seeger, Pete, 69
Seekers, 145
Seinfeld, Jerry, 11
Shankar, Maya, 181
Shavers, Earnie, 25
Simons, Daniel, 215
Simonson, Itamar, 90, 100
Slack, 24, 120, 189, 214
Smart, Geoff, 26
Spinks, Leon, xiv
SS Kresge, 66
Stallone, Sylvester, xiv
startup(s), 29, 119, 160

Staw, Barry, 69, 80, 84, 100, 129–134, 151, 169
Staw, Harold, 63, 86, 100, 127, 134
Staw, Shirley Posner, 63
stop-loss, operação, 49, 78, 108
Sunstein, Cass, 184
Super Bowl, anunciantes do, 14–18, 68, 137
SV Angel, 159

T

take-profit (ou take-gain), ordens, 49
Target, 66, 141
Taske, John, 3–15, 23, 34, 134
Teller, Edward, 94
Teller, Eric "Astro", 93, 172, 212
Tennessee-Tombigbee Waterway, 80
Tenney, Elizabeth, 164
teoria do prospecto, 44, 78, 130
Thaler, Richard, xxi, 42, 76, 123, 167, 184, 205
Thomas, Tony, 88
Thrun, Sebastian, 93
Tiny, 119
Tiny Speck, 20–24, 29
traders, 49, 78
trem-bala da Califórnia, 100, 127
Turner, Ted, xvi
Tversky, Amos, 44, 78

U

Usina Nuclear de Shoreham, 80

V

valor esperado, 27–34, 43, 188, 209
    maximizar seu, 87
    negativo, 109
    negativo ou positivo, 48
    positivo, 154
    problema de, 172
Vasarhelyi, Elizabeth Chai, 59
Verily Life Sciences, 95
viés de omissão-comissão, 134–135
viés do status quo, xx, 132–138, 155, 172
vieses cognitivos, 166
Vonn, Lindsey, xviii

W

Waller-Bridge, Phoebe, 39–40
Walmart, 66, 141
Wambach, Abby, xv
Waymo, 95
Weber, Roberto, 131
Wilkinson, Andrew, 119–129, 134, 154, 167
Willems, Tim, 191
Wing, 95

X

X, 94, 172, 213

Y

Yahoo, 20
Yamaguchi, Kristi, 113

Z

Zeckhauser, Richard, 132
Zollman, Kevin, 107